민주주의의 탄생

민주주의의 탄생

왜 지금 다시
토크빌을 읽는가

이황직 지음

아카넷

다시 토크빌을 읽는 까닭

2009년 7월 1일 자 《뉴스위크》는 미국과 서유럽의 주요 언론사와 도서관이 선정한 명저 목록을 종합하여 '세계 100대 도서'를 발표했다. 톨스토이의 『전쟁과 평화』가 1위에 이름을 올린 가운데 상위 25위까지를 문학 작품이 독차지했다. 사상·학술서로 가장 높은 순위인 26위에 오른 책은 알렉시 드 토크빌Alexis de Tocqueville(1805~1859)의 『아메리카의 민주주의』였다. 다윈의 『종의 기원』(27위), 루소의 『사회계약론』(29위), 맑스의 『자본론』(30위)이 그 뒷자리라는 사실을 통해, 토크빌에 대한 서구의 관심이 얼마나 뜨거운지 알 수 있다. 토크빌은 미국인에게 자신들의 민주주의를 분석하는 언어를 선물한 학자라는 자격 외에도 장래 민주주의의 위기를 예견하고 해결책을 제시한 사상가로서 오늘 다시 부름을 받고 있다.

그런데 토크빌은 유럽에서 오랫동안 잊힌 사상가였다. 모국인 프랑스에서조차 그는 100년 넘게 망각되었다. 현대 프랑스의 대표적인 철학자 베르나르-앙리 레비Bernard-Henri Lévy조차 대학생 시절 토크빌에 대해 전혀 배우지 못했다고 고백했을 정도다. 레비의 말마따나 1960년대 신좌파가 득세한 문화혁명의 한가운데에서, 토크빌 같은 중도적 입장의 자유주의 사상은 고리타분해 보였을 것이다. 바로 그 무렵 레이몽 아롱Raymond Aron은 『사회사상의 흐름』(1967)에서 토크빌을 "사회학적 사상"의 선구자로 재발견했다. 1930년대 나치 반대 투쟁에 나선 청년 리더로서 1951년부터 완벽한 수준의 『토크빌 전집』 편찬 작업을 수행한 페터 메이어Jacob-Peter Mayer(1992년 작고), 이미 1938년에 토크빌 가문의 문서고를 뒤져 찾아낸 미국 여행 노트를 이용하여 『아메리카의 민주주의』 연구에 필요한 자료를 제공한 피어슨George W. Pierson(1993년 작고) 등의 선구적인 자료 정리와 생애사 연구에 의해 축적된 양질의 해석들을 토대로, 이후 서구 사상계는 토크빌의 지적 유산에 열광한다. 21세기까지의 토크빌 연구 성과를 책으로 묶어낸 웰치Cheryl B. Welch는 이를 '토크빌의 부활'이라 부르기도 했다.

오늘날 토크빌은 자유주의 정치사상가로서의 위상을 넘어서 사회과학의 여러 분야에서 선구자로 자리매김했다. 사회학적 비교 방법을 통해 제도와 습속의 방법을 개척한 사회과학자, '다수의 폭정'과 '민주적 전제'에 맞서 자유의 본질적 가치를 지켜낸 사회이론가, 나아가 시민 결사와 참여를 통해 비로소 달성할 수 있는 '강한 민주주의'의 선구자라는 명예로운 칭호가 토크빌의 이름 앞에 붙었다. 최근에는 욘 엘스터Jon Elster에 의해, 토크빌 당시는 물론 현재에도 여전히 맹위를 떨치는, 구조주의적 또는 방법론적 전체주의의 흐름에 맞서 미시적 합리성에 바탕을 둔 방법론적 개인주의를 개척한 "최초의 사회과학자"라는 평가가 덧붙었다.

그런데 세계적 흐름과 달리 한국에서 토크빌은 여전히 인기 없는 사상가이다. 그의 주저인 『아메리카의 민주주의』와 『구체제와 프랑스혁명』이 1980년대에 비로소 우리말로 옮겨지면서 토크빌에 대한 관심이 생겨났지만, 토크빌에 대한 본격적인 연구는 제대로 수행되지 않았다. 1980년대 맑스주의와 1990년대 포스트모더니즘 열풍에도 영미권의 자유주의 사상에 대한 소개와 정전화의 흐름이 더디게나마 진행되었는데, 토크빌에게는 그만큼의 관심이 쏠리지 않았다. 그런 상황에서 토크빌에 대한 연구에 불을 붙인 것은 소수의 학자 집단이었다. 1988년 진덕규를 중심으로 한 사회과학 연구 단체 '글방모임'(1998년에 결성된 '한국사회역사학회'의 모체)이 체계적인 토크빌 강독을 시작했다. 이들은 국내 최초로 토크빌 학술대회(1993)를 개최했고, 그 결과를 묶어 『알렉시스 드 또끄빌을 찾아서』(1996)를 간행했다. 이 책의 저자들은 토크빌의 사상을 그 문화적 기초인 종교와 습속의 차원에서 검토하고, 고전사회학자인 베버와 뒤르케임의 전통에 연결짓는 작업을 수행했다. 2002년부터 2년간 박영신 외 4인은 로버트 벨라가 불러일으킨 토크빌의 미국 습속 연구에 대한 관심을 바탕으로 한국 사회의 습속 연구를 진행했다. 이미 1989년에 『구체제와 프랑스혁명』(2013년 『앙시앵 레짐과 프랑스혁명』으로 재간행)을 옮긴 이용재의 후속 연구와 방문숙의 전기적 연구를 통해 서양사학계의 관심도 이어졌다. 사회과학계에서는 프랑스의 지적 전통 속에서 토크빌의 사상을 검토한 홍태영과 현대 민주주의의 문제점을 극복하는 자유주의적 대안으로 토크빌을 검토한 민문홍 등의 연구 성과를 계기로 토크빌에 대한 연구가 질적으로 심화되었다. 토크빌의 중앙집권화 테제에 대해 관심을 기울여온 최장집, 그리고 토크빌과 존 스튜어트 밀의 삶과 생각을 비교 연구한 일련의 노작을 발표하고 있는 서병훈의 작업은 현재 우리 학계의 토크빌 연구를 대표하고 있다.

오늘 토크빌을 다시 읽어야 하는 까닭은 단순히 서구 학계의 학문 수준을 따라잡기 위해서가 아니다. 우리 민주 체제가 과거에는 경험해보지 못했던 새로운 위협에 직면하고 있는 상황에서 이를 진단하고 해결할 수 있는 언어를 토크빌에게서 얻을 수 있기 때문이다. 1987년 민주화 이후 군사독재 같은 전통적인 탈민주화 방식에 대한 우려는 사라졌다. 혹시나 그런 시도를 하려는 세력이 접하게 될 반응은 아마도 웃음이거나 무관심일 것이다. 이제 민주주의에 대한 위협은 민주 체제의 밖이 아니라 내부에서 출현하게 된다. 민주주의의 원리 안에는 이미 민주주의를 붕괴시킬 위협 요소가 들어 있다. 과거 권위주의 체제 아래서는 그런 위협 요소에 관심을 기울일 필요도 없었다. 그런데 민주화 이후 등장한 민주주의 체제가 한 세대를 더 지나면서 상상 속의 위협은 이제 현실화되기 시작했다. 독재 체제를 무너뜨리는 데는 한 번의 집합적 열정만 있으면 된다. 하지만 민주주의를 유지하는 데는 더 많은 요소가 투입되어야 한다.

토크빌이 경고한 민주주의 원리 안에 내장된 위협 요소에 맞서 민주주의를 지켜내기 위해, 우리의 민주주의도 새롭게 탄생해야 한다. 토크빌의 사상을 깊숙이 조명하려는 목적으로 집필한 이 책의 제목을 『민주주의의 탄생』으로 정한 까닭이 바로 여기에 있다. 토크빌이 탐색한 미국이 근대 민주정의 탄생지라는 것도 감안했다. 아울러 이 제목에는 토크빌이 민주주의 수호를 위해 제시한 핵심 논제가 민주정치에 참여할 의지와 용기를 갖춘 '시민의 탄생'이라는 것을 강조하려는 뜻도 포함되어 있다. 한편, 얼마 전 이용재 교수가 불어판 De la Démocratie en Amérique을 최초로 완역하면서 기존의 익숙한 서명인 『미국의 민주주의』 대신 『아메리카의 민주주의』로 옮겼는데, 이 책에서도 새 서명을 따랐다.

이러한 관심을 바탕으로 필자는 독자들이 토크빌의 생각을 쉽고 정확하게 이해할 수 있는 방식으로 책을 구성했다. 우선, 토크빌의 삶을 통해 그 사상의 결을 드러내고자 했다. 1부에서 당대 프랑스의 정치·사회사를 바탕으로 토크빌의 삶의 궤적과 사상의 발전 과정을 자연스럽게 연결하여 보여주고자 했고, 2부의 첫 장에서는 토크빌이 자신의 미국 여행에서 관찰한 당대 미국(인)의 민주정치의 실제를 점검하고 그것을 바탕으로 민주주의에 대한 생각을 정교하게 가다듬어가는 과정을 생생하게 재현하고자 했다. 다음으로, 경험적 접근과 분석적 종합이 돋보이는 토크빌의 방법론적 특성을 감안하여 『아메리카의 민주주의』를 쉽게 소개하고자 했다. 2부의 나머지 장에서는 『아메리카의 민주주의』 I권의 서술 흐름을 따라 미국의 제도와 습속을 검토하면서 독자 스스로 정치제도와 정치과정의 세부를 경험하도록 했고, 3부에서는 『아메리카의 민주주의』의 내용을 핵심 논제별로 나누어 서술하면서 토크빌의 논증 과정에 독자들이 동참할 수 있도록 했다. 마지막으로, 4부에서는 토크빌의 민주주의론을 오늘의 미국과 한국 사회에 적용하면서 그 현재성을 검토해보았다.

필자가 구성 방식만큼이나 주의를 기울인 것은 글의 서술 방식이었다. 민주주의의 이상을 앞세워 현실의 민주정체와 정치과정을 재단하는 정치운동가의 접근 방식과 거리를 두고자 했을 뿐 아니라 그 반대로 정치적 이슈를 오로지 정파들 간의 권력 경쟁만으로 다루는 정치평론가의 언어와 닮지 않으려 노력했다.

현재의 세계 정치 상황을 언급하지 않을 수 없는 책의 성격을 감안하여 이념적 편향과 기계적 중립을 모두 지양하고, 대신 사안별로 옳고 그름을 검토하여 서술했다. 그런 노력에도 불구하고 인문교양서로 기획된 이 책이 독자들의 학문적·정치적 관심을 모두 충족시킬 수는 없다. 그러나 적어도 우리가 경험했던 민주주의 정치와 운동을 절대화하려는 자만에서 벗어나서 스스로를 성찰하기 위한 근거를 토크빌에게서 발견할 수 있을 것이다. 이것만으로 이 책의 소임은 다한다고 믿는다.

차례

3부 토크빌 민주주의론의 재구성

1부

토크빌과 그의 시대

일러두기

『아메리카의 민주주의』 본문 인용은 이용재 교수의 번역본(아카넷, 2018)을 참고했다. 불어판을 기준으로 한 구분에 따라 '권-부-장'의 순서로 출처를 표기했다. 한편 인용한 글에서 괄호 속 첨언과 볼드체의 강조는 독자의 이해를 돕고자 필자가 작성한 것이다.

한 사상가를 깊이 있게 이해하기 위해서는 그가 살아간 시대를 살펴보는 것이 필수적이다. 이는 인간이 자신을 둘러싼 물질적 조건에서 자유롭지 못하기 때문이 아니라, 긍정적이든 부정적이든 자신의 의지와 무관하게 던져진 역사적 조건과 기억을 토대로 관심의 영역을 만들어가기 때문이다. 토크빌의 민주주의 사상에 내재한 진보와 보수의 복합적 성격은 18세기 후반에서 19세기 중반까지 혁명과 반동을 왕복하던 프랑스의 정치 상황을 감안해야만 비로소 제대로 파악될 수 있다.

프랑스에서는 1789년 대혁명으로 절대왕정이 막을 내렸지만, 새로 탄생한 민주공화정은 혁명의 속도를 둘러싼 강온파 사이의 갈등과 분열로 혼란에 빠졌다. 그 틈에 혁명의 결실은 코르시

카섬 출신의 포병장교 나폴레옹에 의해 탈취되었고, 종신 통령에 만족하지 못했던 그는 기어이 1804년 황제에 즉위하여 제1공화정을 말살시켰다. 토크빌이 1805년 7월 29일 파리에서 태어났으니, 그는 '대혁명의 시대'가 아닌 '나폴레옹 황제 시대'의 공기로 첫 숨을 쉰 것이었다. 그러나 직접 경험하지 않은 대혁명의 공포는 어린 시절 내내 토크빌을 엄습했다. 그의 외가가 겪어야만 했던 비극적 운명은 토크빌의 사상에 보수성의 그늘을 짙게 드리웠다. 반면에 역시 그의 외가가 목숨을 내걸고 그 운명에 맞선 자유의지의 기억은 그의 생애 전체를 관통하며 토크빌이 자유의 진보적 가치를 옹호하는 바탕이 되었다.

대혁명에 맞선 계몽주의자, 외증조부 말제르브

이야기는 토크빌의 외증조부 라므와뇽 말제르브Chretien-Guillaume de Lamoignon de Malesherbes(1721~1794)에게서 시작한다. 부친이 절대왕정기 신흥 귀족 집단인 이른바 법복귀족으로서 루이 15세 치하의 대법관으로 재직하던 때 말제르브는 서적검열관장으로 일했는데, 가톨릭교회와 왕정에 회의적이었던 계몽주의자들을 후원하던 그는 디드로와 달랑베르가 편집한 『백과전서』의 출판을 허가하여 양심적 지식인으로서 명망을 드높였다. 그런데 말제르브가 보호하고 후원했던 계몽의 이념은 그것이 막상 대혁명으로 현실화하자 그를 배신했다.

외증조부 라므와뇽 말제르브

노년의 말제르브는 정계 은퇴 후 스위스로 이주해서 한가한 노후를 보내고 있었다. 그런데 대혁명 이후 1792년에 국민공회가 왕정을 폐지하고 제1공화정을 선포하면서 말제르브는 고국의 정세에 촉각을 곤두세웠다. 얼마 후 국민공회 내 급진파인 자코뱅 당이 로베스피에르를 중심으로 권력을 장악하면서, 이들은 루이 16세를 공화국 성립의 희생양으로 삼아 처형하려 했다. 이 소식은 정의로운 인간 말제르브를 다시 프랑스로 이끌어갔다. 급거 귀국한 말제르브는 인간에 대한 순수한 자애심과 법률 앞 평등의 원칙에 따라 루이 16세를 변호했다. 사실 루이 16세에 대한 기소와 재판은 불법적이었다. 재판소가 아닌 의회가 처형 여부를 심의했다는 점과 의회에서의 투표가 공개투표로 이뤄졌다는 점에서 그러했다. 법치가 붕괴되는 현장에는 언제나 자신의 주관만이 정의라고 선동하

21

는 정치 세력이 등장한다. 생쥐스트 Louis Antoine Léon de Saint-Just 같은 급진파는 노골적으로 루이 16세에 대한 재판은 '재판이 아닌 혁명' 이라고 선동하는 가운데, 1792년 12월에 겨우 두 차례 루이 16세의 변호를 허락한 국민공회는 1793년 1월 그에게 사형 선고를 내렸다. 선고 사흘 만인 1793년 1월 21일, 혁명광장(현재 콩코드 광장)에서 루이 16세는 기요틴(단두대)에 섰다.

말제르브는 루이 16세가 비록 폐위된 왕이자 '인민과 싸우다 패배한 포로'일지라도 적법한 재판 절차를 받아 합당한 형을 받아야 한다고 믿었다. 온갖 혁명적 수사를 동원한 선동으로 공포 분위기를 자아냈던 극렬 행동대원들인 상퀼로트 Sans-Culotte의 위협에 맞서 자원해서 변호를 맡았다는 것만으로도 그가 얼마나 용기 있는 지식인이었는지 알 수 있다. 하지만 1793년 6월 지롱드 당을 숙청하고 권력을 쥔 로베스피에르 일파는 공포정치야말로 공화국 건설의 필수 요소라고 선전했다. 그 후 채 1년도 안 되는 기간 동안 2만여 명이 처형되었다. 합리적 온건 세력에 대한 노골적 국가 테러리즘의 화살은 결국 말제르브에게 향했다. 1793년 12월, 말제르브와 그 직계 가족은 물론 손녀사위들까지 모두 반혁명죄로 체포되었다. 그는 이듬해 4월, 자신의 친딸과 사위가 먼저 처형당하는 것을 지켜본 다음에 처형되었다.

나이가 들어 자신의 정체성을 형성할 때 토크빌은 자신의 외증조부인 말제르브의 용기 있는 행동에서 삶의 지향점을 찾았다.

"나는 말제르브의 후손이다. 루이 16세 앞에서 인민을 변호했던 말제르브는 인민 앞에서 루이 16세를 변호했다. 나는 이 두 모범적 행위를 잊지 않았고 결코 잊지 않을 것이다."(토크빌의 '수고')

　이것으로 토크빌의 외증조부인 말제르브의 이야기는 끝난다. 하지만 역사에는 에필로그가 없다. 단지 막간이 있을 뿐이다. 말제르브의 손녀인 루이즈가 토크빌의 아버지인 백작 가문의 에르베 토크빌과 결혼한 때는 공포정치가 절정으로 치닫던 1793년이었다. 토크빌의 부계 혈통은 전형적 세습 귀족인 대검귀족帶劍貴族, noblesse d'épée 가문으로서 군대에 복무하여 지도적 권위를 축적해왔다. 반면에 모계 혈통은 법복귀족法服貴族, noblesse de robe 가문이다. 법복귀족은 루이 14세(재위: 1643~1715) 치하에서 정통 귀족을 견제하고 절대왕정 체제를 공고히 하면서 새롭게 형성되었다. 주로 부르주아계급 출신인 이들은 행정 관료나 법관으로 임명되어 권위를 얻었다. 특히 파리 고등법원을 법복귀족이 장악했다는 말이 나돌 정도로 절대왕정기에 이들은 큰 세력을 구축했다. 정통 귀족인 대검귀족과 신흥 집단인 법복귀족은 서로를 경멸하는 사이였다. 하지만 대혁명이라는 위기 상황에서는 예외였다. 토크빌의 부친 에르베와 모친 루이즈의 결혼은 그런 상황을 상징적으로 보여주었다. 그런데 루이즈와 에르베는 결혼식을 올리자마자 말제르브와 함께 체포되어 처형을 기다리는 신세가 되었다.

부친 에르베 드 토크빌

다행히 1794년 7월 이른바 '테르미도르의 반동'에 의해 잠시 권력을 장악한 온건파에 의해 로베스피에르가 숙청되고 공포정치의 막이 내리면서, 토크빌의 부모는 구사일생으로 풀려나게 되었다. 그 충격이 얼마나 컸는지, 에르베는 20대에 이미 백발이 되었다. 혁명재판소에 끌려가 사형언도를 받던 '오후 3시 30분'의 공포를 잊기 위해, 에르베는 평생 3시에서 4시 사이에 일부러 낮잠을 청했다고 한다. 그 기억은 루이즈를 통해 어린 토크빌에게 그대로 전승되었다. 루이 16세를 추모하면서 흐느껴 우는 어머니 루이즈의 노랫가락은 평생 토크빌을 따라다녔다. 루이즈는 훗날 왕정복고 후 세 번째 왕이 되는 루이 필리프를 인정하지 않을 만큼 정통 부르봉 왕조에 대한 충심이 대단했다.

토크빌의 소년기는 나폴레옹 황제 통치기에서 1814년 이후 왕정복고기까지 걸쳐져 있다. 토크빌 가문의 고성이 위치한 토크빌 마을은 노르망디의 망슈Manche 주에 속해 있고, 파리에서 서북쪽으로 360킬로미터쯤 떨어져 있다. 제2차 세계대전의 향배를 바꾼 노르망디 상륙작전의 루트에 포함되지 않은 까닭에 고성은 아직까지 잘 보존되어 있다. 영화 〈셰르부르의 우산〉으로 잘 알려진 셰르부르Cherbourg에 인접한 이 아름다운 마을에서 토크빌은 왕정복고기 귀족의 아이로서 유복한 어린 시절을 보냈다. 루이 18세 치하에서 아버지 에르베 백작은 다시 관직에 참여하게 되어 디종, 메스Metz, 아미앵, 베르사유 등의 지방 행정장관직을 수행한다. 아버지가 메스의 주지사로 일하던 시기에는 그곳 리세(고등학교)의 선생 무장Mougin에게서 그리스와 로마의 고전과 역사 연구 방법 그리고 논리학과 수사학을 배웠는데, 이후 파리에서 법률을 배우면서 방황할 때마다 토크빌은 무장에게 돌아가서 학문의 방법을 재점검 받으며 도움을 받았다. 『아메리카의 민주주의』의 논리적 서술 능력과 『구체제와 프랑스혁명』을 저술할 때 보여준 철학적 역사가의 면모는 이 스승에게서 결정적으로 힘입은 것이었다.

청소년기 토크빌의 사상과 성향에 장기적으로 영향을 끼친 또 다른 인물은 가정교사인 르쇠르Abbé Louis Le Sueur 신부였다. 르쇠르는 어린 토크빌이 스스로 생각하는 힘을 키우도록 가르쳤다. 훗날 미국 여행에서 보고 들은 자료들을 바탕으로 『아메리카의 민주주의』를 저술할 때 자료 더미에 눌리지 않고 대신 스스로 질문을 던지고 거기에 적절한 논리와 근거를 제시할 수 있었던 것은 르쇠르에게서 받은 전통적인 교육 방법 덕분이었다. 르쇠르의 영향은 어린 토크빌이 종교와 도덕성의 상호연관성을 깨닫게 하는 데에서 더욱 뚜렷하게 나타난다. 종교 자체로만 보자면 르쇠르는 (모친 루이즈처럼) 보수적 가톨릭으로서 교황권주의자였다. 청년기 신앙의 회의기에 토크빌은 르쇠르의 보수 가톨릭 전통에서 벗어났지만, 훗날 『아메리카의 민주주의』에서 미국인의 민주적 제도와 습속에 미친 개신교의 영향력을 분석해낸 토크빌의 가슴에는 여전히 르쇠르의 위엄이 남아 있음을 알 수 있다.

7월 혁명, 젊은 자유주의자의 좌절

토크빌은 1824년부터 2년간 파리에서 법률 관련 책을 읽으며 법학을 배웠다. 그의 두 형들이 대검귀족의 전통에 따라 군인의 길을 간 것과 달리, 아버지의 사랑을 듬뿍 받은 막내 알렉시는 오히려 모계 법복귀족의 길을 간 것이다. 물론 이는 아버지 에르베의 뜻이기도 했다. 에르베는 영리한 토크빌에게 자기의 정치적 자산을 물려줄 요량으로 정치 경력에 도움이 될 법조인의 길을 걷도록 유도했다. 하지만 아버지의 배경은 아들의 실제 법관 생활에는 도움이 되지 않았다. 토크빌은 1827년부터 베르사유 법원의 배석판사_juge auditeur_로 일하기 시작했는데, 그 자리는 최말단으로 급여조차 없었다.(4년 뒤 공식 시찰인 미국 여행 때도 법원이 보조한 경비는 푼돈에 불과했다.) 확고한 위계제로 운영되던 프랑스 사법부에서 그가 할 일은 서기나 조사 역할이 전부였다. 법복귀족이 장악한 사법부는 개혁에 적대적이었다. 이런 경험 때문에 토크빌은 법률가에 대해 경멸감을 내보였다. 훗날 토크빌은 미국에서 판사들이 시민들의 존경을 받는 문화가 형성된 것을 보고 놀라게 된다.

실의와 좌절의 시기에 토크빌에게 희망을 불어넣은 이가 있었으니, 평생의 친구 귀스타브 드 보몽Gustave de Beaumont이었다. 1802년 사르트Sarthe 보몽-샤르테Beaumont la Chartre의 귀족 가문에서 태어난 보몽은 토크빌보다 세 살 연상이었는데, 자상함과 배려로 토크빌의 학문적 성장을 이끌어 주었다. 이들이 가장 먼저 벌인 일은 파리 대학의 기조François Guizot 문명사 수강이었다. 이 강좌에서 기조는 새로운 시대에는 귀족이나 사제가 아닌 제3 신분(곧 비특권적 시민 계층)이 지배하는 시대가 올 것이고, 이들에 의해 진보된 평등의 세계가 만들어질 것이라고 역설했다. 기조의 '기독교 도덕을 위한 단체'에 가입한 젊은 자유주의자 토크빌은 도덕성은 양심의 자유로부터 우러나오는 것으로서 인간의 평등은 이러한 도덕적 기초에 이어진다고 생각했다. 왕정복고 시대의 자유주의적 개혁가에게서 배운 이 같은 통찰은 토크빌이 미국 사회를 분석할 때 부르주아의 사회에서도 개인의 자유에 기반을 둔 도덕적 질서가 가능하다는 원리를 깨닫게 하는 데 도움이 되었다. 이후

귀스타브 드 보몽

로도 토크빌과 보몽은 둘만의 스터디 클럽을 만들어 공부를 계속해 나갔다. 그러나 불만 속의 안온한 일상은 곧 깨어지고 말았다.

1830년, 샤를 10세의 구체제 복귀 움직임에 반대하여 7월 혁명이 발발했다. 혁명의 결과 샤를 10세가 퇴위하고 1789년에 대혁명을 지지했던 왕족인 오를레앙 공작(루이 필리프 조제프)의 아들 루이 필리프가 새 왕위에 올랐다. 이른바 '7월 왕정'이 수립된 것이다. '신의 은총과 국민의 의사에 의한 프랑스 국민의 왕'이라는 수식어처럼, 루이 필리프의 등극은 더 이상 왕과 귀족이 시민계층을 위협해서도 안 되고 또한 위협할 수도 없는 사회적 조건을 기정사실화한 상징적 사건이었다. 이때부터 프랑스는 기조의 예언대로, 또 7월 왕정에 적극 참여한 기조 자신의 정책대로, 부르주아지의 국가를 지향하게 되었다. 하지만 7월 왕정이 안정화되기에는 시간이 필요했다. 언론은 섣부른 개혁 약속이 양산해낸 수많은 선동가들이 장악했고, 거리는 선동에 응답한 시위대로 가득 찼다. 혁명 1년 후 (토크빌과 보몽이 미국 체류 중일 때) 벌어진 노동자들의 리옹 봉기 구호는 "일하면서 살거나,

싸우면서 죽자"였다. 문제는 노동자들뿐만이 아니었다. 보나파르트파, 공화파, 급진개혁파의 정치 세력들까지 사사건건 서로 대립하면서 사회 혼란을 증폭시켰다. 대립의 핵심은 저항파(온건파)와 운동파(급진파)의 대립이었는데, 저항파는 왕정에 저항하면서도 과거 대혁명과 같은 사회혁명으로의 진행에는 반대했고, 운동파는 이를 사회혁명으로 계속 진전시키고자 급진적 개혁을 시도했다. 이에 더해 부르봉 왕조에 대한 미련을 버리지 못한 왕당파는 루이 필리프를 왕으로 인정하지 않은 채 정부 전복을 꾀할 지경에 이르렀다.

유년기 이후를 줄곧 왕정복고 시기의 상대적으로 질서 잡힌 체제에서 살았던 토크빌에게 7월 혁명이 야기한 정치적 급변 상태는 커다란 충격을 불러일으켰다. 우선, 혁명기의 정세가 급변하면서 미래를 위한 정치적 비전이 상실되는 위기를 경험했다. 7월 왕정의 자유주의적 노선이 실제로는 사유재산의 자유를 보장하는 데 초점을 맞추게 되면서 혁명의 주역인 공화파 다수가 이에 반발하여 노동자들과 결합하기 시작했다. 자유주의 노선이 분열되면서 개혁적인 귀족과 자유주의적인 부르주아지 사이의 연대 가능성은 이제 사라져 버렸다. 극렬 시위와 정부의 강경 대응이 반복되면서 프랑스 사회에서 중도적 지성의 역할은 무시되었다. 다음으로, 새 왕정은 토크빌 개인의 앞날을 어둡게 만들었다. 원래 루이 필리프 1세에 대한 토크빌 가문의 기본 태도는 '멸시'

29

였다. 앞서 언급했듯이 옛 왕가에 대한 회고적 애정을 가졌던 모친 루이즈는 새 왕을 그저 '필리프'라고 부르며 비하했다. 새로운 왕과 그 가신들은 토크빌 가문의 옛 왕조에 대한 인간적 충성심을 결코 좌시하지 않았다. 이들의 끊임없는 의심에, 일개 배석 판사에 불과했던 토크빌과 보몽은 새 왕에게 굴욕적인 충성 서약을 하지 않을 수 없었다. 10월에 대리판사_{juge suppleant}로 승진할 때 한 번 더 서약을 하면서 토크빌의 굴욕감은 더욱 커졌다.(부친 에르베는 충성 서약 대신 공직에서 스스로 물러나는 길을 선택했다.) 국왕 뿐만 아니라 7월 왕정의 지지 세력인 상층 부르주아지들에게도 귀족 가문 출신인 토크빌은 달갑지 않은 존재였다. 이런 상황은 그에게 탈출구를 찾게 했다.

참담한 분위기에서 벗어나기 위해 토크빌은 보몽과 함께 미국의 새로운 교정矯政 방식에 대한 시찰을 이유로 출장 계획서를 제출했다. 하지만 이러한 행동에는 프랑스 교도행정에 대한 항의의 뜻이 담겨져 있었기 때문에 출장 계획은 기약 없이 보류되었다. 보몽이 내무장관 앞으로 프랑스의 행형 제도가 잘못되었다는 분석을 담은 보고서를 제출하고 얼마 후 1831년 2월에 이들은 여행 경비를 스스로 충당한다는 조건으로 18개월 기한의 출장 허가를 받을 수 있었다.(그나마 정부의 변덕으로 출장은 중간에 정지되어 9개월로 그쳤다.) 비록 프랑스에 대한 환멸도 영향을 미쳤지만, 이미 토크빌의 미국행 계획은 심원하고 뚜렷했다. 친구인 슈토펠

Eugène Stoffels에게 보낸 편지에서 그는 "우리는 누구나 떠들지만 아무도 알지 못했던 거대한 미국 사회가 작동하는 방식을 가능한 과학적으로 상세히 조사하고자 출발하는 것"이라고 썼다. 그 '방식'은 바로 민주주의의 원리였다. 따라서 토크빌의 미국행은 일찍이 기조의 문명사 강의와 보몽과의 공부를 통해 얻은 정치적 구상, 곧 시민들의 정치적 영향력이 커진 새로운 시대에 문명의 힘으로 대중의 폭력을 제어하는 대의민주주의라는 자신의 구상이 현실화되었다고 믿어지는 미국 사회를 직접 눈으로 확인해보려는 열망의 표현이었다.

미국 여행과 『아메리카의 민주주의』

1831년 4월 2일, 노르망디의 르아브르Le Havre 항구를 떠난 토크빌과 보몽은 37일간의 항해 끝에 미국에 도착했다. 미국 7대 대통령인 앤드루 잭슨 시대의 미국에서 이들은 그 사회가 사회 상태의 평등이라는 조건을 바탕으로 민주적 제도와 관습을 발전시키며 활기차게 발전하고 있는 모습을 목격한다.

편견 없이 관찰한 미국은 더 이상 예전 유럽 방문객들이 경멸했던 속물들의 사회가 아니었다. 이들은 부르주아적 이기심에 휩싸여 있지만 동시에 그것을 시민적 덕성에 의해 제어할 줄 아는

31

영리한 국민이었다. 토크빌 일행은 뉴욕이나 보스턴 같은 대도시만 방문한 것이 아니었다. 이들은 말을 타고 역마차에 몸을 실어 당시 막 개척되고 있던 황무지도 들렀다. 강제 이주중인 인디언, 노예노동에 시달리던 흑인, 개척지를 찾아 떠나는 프론티어 가족들, 새로 건설 중인 도시의 시민들, 이들과의 생생한 만남을 통해 일행은 문서로는 얻을 수 없었던 미국 사회 심층의 움직임까지 꿰뚫을 수 있었다. 뛰어난 웅변가로 유명했던 보몽은 화가로 인정받을 만큼의 훌륭한 그림 솜씨도 갖춰서, 미국 여행 중에 그가 그린 수많은 스케치는 현재도 미국 역사 연구에서 중요한 사료로 남아 있다. 이들은 뉴잉글랜드 지방에서 북동부와 캐나다는 물론 중부의 새 개척지와 남부 일대를 대부분 돌아보았다. 당시 24개 주 가운데 17개 주를 순방했다는 사실에서 이들이 실제 미국인의 삶을 직접 관찰하는 데 얼마나 관심을 기울였는지 잘 알 수 있다. 그런데 이들이 본래 계획했던 일정은 프랑스 정부의 변덕으로 인해 단축되고 말았다. 이로써 9개월 만에 일정을 마친 일행은 1832년 2월 20일 미국을 떠나 3월 하순경 출발지였던 르아브르 항구로 귀환했다.

고국의 정치적 상황은 여전히 절망적이었다. 미국과 비교할수록 그러한 감정은 더욱 깊어만 갔다. 토크빌에게는 여행 때 작성한 엄청난 양의 메모와 수많은 문서 자료가 남겨져 있었다. 미국에 관한 최고의 저서를 쓰겠다는 의욕이 클수록 수많은 자료

민주주의의 탄생

더미들은 오히려 부담감만 불러일으키며 토크빌의 정신을 어지럽혔다. 그런데 책을 저술할 수 있는 여유는 뜻밖에 외부에서 찾아왔다. 법원장과 갈등을 빚었던 보몽이 해고되자 토크빌도 주저 없이 사임했다. 이제 둘은 출장 보고서를 작성하는 데 매진할 수 있었다. 1833년 1월에 보고서인 『미국의 행형제도와 프랑스에서의 적용에 대하여』가 출간되자 프랑스 한림원은 이들에게 몽티옹 상Prix Montyon을 수여했다. 그들은 부상으로 3,000프랑을 받았다. 토크빌은 이 보고서가 거의 전적으로 보몽의 손에 의해 집필되었다고 말했다.

그해 잠깐 영국 여행을 마치고 돌아온 토크빌은 9월부터 본격적으로 『아메리카의 민주주의』 집필에 들어가 이듬해(1834년) 가을 무렵 초고를 완성했고 1835년 1월에 공식 출간했다. 미국에 대한 상세한 자료와 빼어난 분석, 그리고 그런 내용을 뒷받침하는 유려한 문장 덕분에, I권은 출간과 동시에 상업적으로 커다란 성공을 거두는 한편 지성계에서 높은 학술적 평가를 받았다. 초판 500권이 순식간에 동이 나서 7쇄까지 찍었다. 프랑스 한림원은 이 책에도 몽티옹 상을 수여했는데, 상금은 1만 2,000프랑이나 되었다. 출간 당시 만 30세의 청년에게 소르본의 철학교수이자 입헌왕정파의 원로인 루아예콜라르Pierre Paul Royer-Collard는 '새로운 몽테스키외'라는 명예로운 별칭을 붙여주었다. 그 책의 가치는 몇 달 만에 바다 건너 영국에까지 알려져서, 존 스튜어트 밀이 《런던 리뷰》 10월호에 토크빌의 업적을 칭송하는 평론을 발표할 정도였다.(이러한 성공에 힘입어 토크빌은 1838년에 '도덕과학과 정치학 아카데미' 회원으로 선출되었고, 1841년에는 마침내 프랑스 한림원 회원이 되는 영예를 누렸다.) 한편, 미국 여행 중 노예들의 삶에 연민을 느낀 보몽은 1835년 『마리 또는 미국의 노예제Marie, ou l'esclavage aux Etats-Unis』를 출간했다. 보몽은 이 책의 1부에 소설 형식으로 프랑스계 이주 남자와 물라토(백인과 흑인의 혼혈인) 여성의 사랑을 그리면서 미국 노예제를 비판했고, 2부에는 미국 사회의 인구와 문화에 대한 여러 자료들을 담아냈다. 학술서인 『아메리카의 민주주의』에 싣기 어려웠던 미국의 속살을, 보몽은 『마리 또는 미국의 노예제』에서 성공적으로 재현해냈다.

『아메리카의 민주주의』 I권의 성공으로 자신감을 얻은 토크빌은 그해 10월에 베르사유 배석판사 시절에 만난 영국 태생의 아홉 살 연상 연인인 마리 모틀리Marie Motley와 결혼한다. 마리는 부유하지도, 지체가 높지도, 매력적이지도 않았다. 병약하기는 토크빌과 마찬가지였다. 가족의 반대가 심했지만, 삶의 진정한 혁명가인 토크빌은 그것을 무릅쓸 수 있었다. 비록 자녀를 갖지 못했고 때로 다툼도 있었지만, 조용히 정신적 고독을 다독여준 친구 같은 아내를 토크빌은 일생토록 사랑했다. 이듬해 모친 루이즈가 죽은 다음 그에게는 토크빌 마을의 장원과 고성이 유산으로 남겨졌다.

토크빌 고성

　이 성은 1848년까지 비어 있었다. 하지만 그곳은 토크빌의 정계 진출에 큰 도움이 되었다. 1837년 첫 출마한 하원의원 선거에서 낙선한 토크빌은 2년 후 그 마을에서 가까운 발로뉴Valognes에서 당선되어 정계에 진출하게 된다. 후원자인 루아예콜라르는 토크빌이 문필가로 남는 것이 좋겠다며 반대했지만, 토크빌은 출마를 강행했다. 이는 현실 정치를 통해 프랑스를 개선시키려는 그의 꿈이 얼마나 강렬한 것이었는지를 잘 보여준다. 34세의 토크빌은 이제부터 학자이면서 동시에 정치인이었다. 토크빌이 하원의원에 당선되던 그해 겨울의 보궐선거에서 보몽도 당선되어 이들은 의정 활동도 함께했다. 그리고 이듬해인 1840년에

『아메리카의 민주주의』 II권이 출간되었다. I권이 차분하고 담담한 묘사 중심이었던 데 반해, II권은 미국의 민주주의에 대한 논쟁적인 성찰과 함께 프랑스에 대한 언급이 많아졌다. I권과 II권의 차이에 대해 여러 해석이 가능하지만, 확실한 것은 그러한 내용과 구성상의 변화에 정치인으로서의 자의식이 영향을 미쳤다는 점이다.

2월 혁명, 희망에서 악몽으로

토크빌의 정치 경력은 그리 성공적이지 못했다. 보몽과 달리, 토크빌의 연설 솜씨가 부족했던 것도 한 가지 이유였다. 그러나 토크빌이 오직 세력 확대에만 몰두했던 주요 정파들에 기대지 않고 "독립적인 입장"을 가졌던 것이 더 큰 이유였다. 어떤 당파에도 기대지 않겠다는 선거 유세 때의 약속을 그는 평생 지켰다. 그런데 토크빌이 어느 정파에도 기대지 않았던 데는 오늘날 토크빌이 존경받게 되는 이유이기도 한 그의 독특한 정치사상이 있었다. "내가 태어났을 때 귀족주의는 이미 죽어 있었고 민주주의는 아직 실제로 존재하지 않았다. 내 본능은 맹목적으로 어느 하나로 기울어질 수 없었다."

　이미 지배계급의 지위를 잃은 귀족의 후예로서 토크빌은 오직 드높은 자유의 이상과 수련된 덕성 그리고 정직함을 바탕으로 부르주아지가 장악한 권력에 맞섰다. 1847년 기조가 수상에 올라 선거권 확대를 요구하는 시위를 진압하고 "일해서 부자가 되라. 그러면 유권자가 될 수 있다."며 선거 개혁을 외면하자, 토크빌은 한때 스승이었던 기조의 보수 노선에 더는 동조할 수 없었다. 같은 해 그는 몇몇 의회 동료들과 함께 개혁 프로그램을 담은 선언을 발표하기로 뜻을 모아 그 초안을 준비했다. 비록 간행되지는 않았지만, 그 핵심은 "가진 자와 못 가진 자 사이의 전쟁터로 변해버린" 프랑스를 구하기 위해 공공의 덕성을 자극하고 진정한 정당을 만들기 위해 노력하자는 데 있었다.

"폭동이 없기에, 또 겉으로 보기에 우리 사회에 눈에 띌 만한 무질서가 아직은 없기에, 지금은 혁명의 위험에 처하지 않았다는 말이 있습니다. 우리는 아직 무질서에 의해 교란당하고 있지는 않습니다. 하지만 무질서는 이미 대중의 마음에 깊게 아로새겨 있습니다. 아직 침묵하고 있는 노동계급 사이에 어떤 일이 벌어지고 있는지를 보십시오. 그들은 과거 한때 품었던 그런 정치적 열정에 다시 사로잡힌 것이 아닙니다. 그들이 이제 과거식의 정치적 열정을 거대한 사회 개혁의 열망으로 변환시키고 있는 것이 눈에 보이지 않습니까? 이제 불평등을 야기하는 법률 한 조항 고치자는 것이 아니라, 각료 한두 명 교체를 요구하는 것이 아니라, 심지어 정부를 뒤엎자는 수준까지도 뛰어넘어, 사회 전체를 뒤엎겠다는 생각이 노동계급의 마음에 점차 확산되는 지경에 이른 것입니다. (……) 확실한 것은, 지금 우리는 활화산 위에 잠들어 있다는 사실입니다."(「1848년 혁명의 회상」 중)

토크빌의 이 연설(1848년 1월 29일)이 있고 나서 채 한 달이 지나지 않은 1848년 2월에 프랑스에서는 실제 혁명이 발생했다. 본격적인 산업화에 따른 계급 갈등에 더해 기상재해로 흉작까지 겹치자 유럽 전역이 자연발생적인 민중 봉기에 휩싸였다. 프랑스에서는 2월 혁명의 결과 루이 필리프 왕정이 붕괴되고 공화주의 계열 저명인사들에 의해 임시정부가 선포되었다. 그렇게 경멸했던 루이 필리프가 몰락했다는 것과 왕당파의 전제로부터 해방되었다는 점에서 토크빌은 2월 혁명을 기쁘게 받아들였다. 새로운 공화국은 그의 정치사상을 구현할 좋은 기회가 되리라고 믿었다. 잠시 소원했던 토크빌과 보몽의 관계도 1848년 혁명 앞에서 다시 회복되었다.

새 공화국의 헌법을 기초할 18인 소위원회에 선임된 토크빌은 미국과 영국 등 앞선 민주주의 국가에서 체류하며 연구했던 경험을 바탕으로 모범적인 헌법안을 만들기 위해 노력했다. 개인의 자유를 폭넓게 보장하는 조항을 삽입하고자 했고, 미국에서 성공적이었던 상하 양원제 모델을 제안하기도 했다. 또한 대혁명을 겪고도 살아남은 절대왕정의 유산인 권력의 중앙집중 문제를 해결하기 위해 각 지방에 폭넓은 자치권을 부여하고자 했다. 하지만 이런 모든 구상들은 결국 실패로 돌아갔다. "그 어떤 경우보다 이번 위원회에서처럼 스스로가 초라해진 적은 없었다." (『회상록』 중) 보몽이 신중하게 제안했던 대통령 연임 금지 조항만을 삽입시킬 수 있었다. 결과적으로 이 조항은 제2공화정의 몰락을 앞당기는 데 기여했을 뿐이다.

혁명 이후 품었던 정치적 구상이 좌절되면서 실의에 잠긴 그를 더욱 힘겹게 만든 것은 격화되고 있는 계급 갈등이었다. 2월 혁명 후 새로운 선거법(성인 남자 모두에게 선거권을 부여한 법률에 따라 유권자 수는 그 전의 25만 명 수준에서 삽시간에 960만 명으로 수십 배 확대되었다)에 따라 4월 23일 국민회의 선거가 실시되었다. 유권자의 대폭 증가로 내심 승리를 꿈꿨던 사회주의 정당은 뜻밖에 참패를 당했다. 공화파가 500석, 왕당파가 300석을 획득한 데 반해, 사회주의 세력은 고작 100석 획득에 그쳤다. 이에 불만을 품은 급진 사회주의 세력과 도시 빈민들은 6월 봉기를 일으켰다. 위기 상황에서 의회에 의해 임시정부 수반으로 임명된 카베냐크 Louis-Eugène Cavaignac 장군은 강경하게 봉기를 진압했다. 이는 공화정의 가장 열렬한 지지자들이 결국 공화파 정부에 의해 제거되었다는 것을 의미했다. 이 사건 이후 온건 공화파 세력은 인기를 잃게 되었다.

노동계급의 성장과 중도 공화파의 인기 하락은 그 반동으로 반드시 옛 전제정의 향수를 자극하게 된다. 12월 첫 대통령 선거를 앞두고 망명지에서 귀국한 나폴레옹의 조카 루이 나폴레옹 보나파르트의 인기가 치솟으면서 우려는 현실이 되었다. 토크빌과 보몽은 의회주의와 자유를 지키기 위한 정치적 대안으로 카베냐크 장군을 지지했지만, 삼촌 나폴레옹이 정국 혼란 속에 1789년 대혁명의 성과를 찬탈했듯이 조카 루이 보나파르트도 역시 압도적 차이로 대통령에 당선되어 2월 혁명의 성과를 전유하는 데 성공했다. 이는 루이 보나파르트가 당선 직후 옛 집권세력이었던 오를레앙파派(루이 필리프 왕가를 재건하려는 왕당파)를 중심으로 내각을 구성했다는 점을 통해 확인할 수 있다. 여기에 실망한 제헌의회가 자진 해산하면서 치러진 두 번째 의회 선거(1849년 5월)에서 총 의석의 거의 3분의 2에 해당하는 500석을 오를레앙파와 정통파(부르봉 왕조 재건을 꿈꾸는 왕당파)의 두 보수파가 석권했고, 첫 선거에서 참패했던 급진 공화파(사회주의자)도 무려 200석을 얻으며 약진했다. 반면 온건 공화파는 80석을 획득하는 데 그쳐 사실상 몰락했다.

이 두 번째 의회 선거는 토크빌에게도 부담이 컸다. 직전의 대통령 선거에서 10년 동안 자신의 지역구였던 망슈 주에서조차 카베냐크가 아닌 루이 보나파르트의 지지표가 높았기 때문이었다. 다행히 지역구민들은 폐병으로 거동조차 힘들었던 토크빌에게 여전히 지지를 보내서 다시 의원으로 당선되었다.

토크빌의 기대는 이제 절망으로 바뀌었다. 1년여의 시간 동안 벌어진 봉기와 탄압의 악순환, 보수건 진보건 강경파들끼리의 대결에 의해 온건한 공화주의자들이 몰락해버린 뜻밖의 사태. "모든 사람들이 새 정치체제를 폐기하려고 했다. 한편은 사회주의자들이었고, 다른 한편은 왕당파들이었다." 이런 상황에서 토크빌은 이제 새로운 선택을 해야만 했다. 당시 루이 보나파르트의 국내 정치 기반이 매우 취약했기 때문에 우선 오를레앙파를 중용하기는 했지만 직전 왕조에 대한 충성심이 남아 있는 그들을 언제나 믿을 수는 없었다. 그런 상황에서 루이는 소수파인 온건 공화파에서 가장 지성적인 인물이자 국제적으로 명성이 높았던 토크빌에 대해 관심을 가졌다. 썩 내키지는 않았지만 토크빌은 왕당파들과 급진 공화파들이 갈기갈기 찢어놓은 프랑스 사회를 재통합하기 위해서 명색으로는 공화정인 현 정부를 강화할 필요성을 느꼈다. 토크빌은 1949년 6월 루이 보나파르트 정권에 오딜롱 바로Odilon Barrot 내각이 들어서면서 외무장관으로 입각한다. 약 4개월여의 짧은 장관직 수행 기간 동안 토크빌은 직전 해에 유럽을 휩쓸었던 혁명의 결과로 어수선한 국제 정세를 해결하는 데 진력했다. 특히 루이 보나파르트가 서툴게 벌여놓은 '로마 문제'를 해결하는 데 주력하여 프랑스가 다시 전쟁의 소용돌이에 휩쓸리는 것을 막아냈다. 로마 문제는 프랑스 내 절대 다수를 구성하고 있는 카톨릭 신자들의 지지를 얻으려던 루이 보나파르트가 당시 이탈리아 독립운동을 이끌던 마치니에 의해 수립된 로마 공화국을 견제하여 교황 피우 9세를 복귀시키는 과정에서 벌어진 사태이다. 토크빌 취임 이전인 4월에 이미 프랑스 군대가 파견되어 로마 공화국을 포위하고 있었는데, 토크빌은 전쟁이 국제전으로 번지지 않게 하고 또한 로마 유적과 시민을 보호하기 위해 최선을 다했다. 다행히 토크빌 입각 직후 마치니가 로마를 떠나 도망치면서 사태는 일단락되었다. 이후에도 토크빌은 특히 프로이센, 오스트리아, 러시아 등의 반동적 전제주의 국가들에 맞서 온화한 공화주의 국가들 사이의 연대를 유지하는 데 주력했다. 하지만 그의 관료 경력은 오딜롱 바로 내각이 해산되면서 끝났다.

마지막 불꽃, 『구체제와 프랑스혁명』

이때부터 토크빌은 폐결핵으로 고통 받았다. 그 기간 동안 의정 생활을 돌아보는 『회상록Souvenirs』을 저술했다. 루이 나폴레옹 보나파르트 대통령이 1851년 12월 친위 쿠데타를 일으켜 황제에 오를 길을 트자, 토크빌은 의원들과 함께 이에 맞서다 하루 동안 구금되기도 했다. 루이가 나폴레옹 3세로 즉위한 이후 토크빌은 중앙 정계는 물론 오랫동안 봉사했던 망슈 주 행정위원 직에서

민주주의의 탄생

도 사임하고 다시 학문의 길로 되돌아가 프랑스 혁명사 연구에만 집중했다. 그 결과가 바로 역사사회학 분야의 최고 고전으로 손꼽히는 『구체제와 프랑스혁명』(1856)이다. 정계 은퇴 후 자기 가문의 고성에서 칩거하던 보몽은 이번에도 토크빌을 도와 그 책을 감수했다. 당시 빅토르 위고 역시 루이 보나파르트의 친위 쿠데타에 맞서다 해외로 망명했는데, 그 19년간 망명지의 고독 덕분에 「레미제라블」 같은 걸작이 탄생할 수 있었다. 뜻하지 않은 정치적 탄압이 때로는 위대한 걸작을 낳는 배경이 된다는 것은 역사가 주는 위안이다.

『구체제와 프랑스혁명』을 저술하는 동안 토크빌의 마음은 편치 못했다. 그토록 바랐던 자유 프랑스가 결국은 전제 왕정으로 회귀하는 일련의 사태를 지켜보면서 토크빌은 절망하지 않을 수 없었다. 이런 상황에서 벗어나려면 먼저 냉철한 분석이 요구된다. 토크빌은 '왜 프랑스는 결국 전제왕정과 무정부적 혁명 사이에서 시계추처럼 오가게 되었는가'라는 질문을 던지고 스스로 답을 찾아내려 했다.

『구체제와 프랑스혁명』은 3개의 부로 구성되었는데, 토크빌은 각 부에서 프랑스대혁명의 원인을 하나씩 찾아내 분석하고 있다. 1부에서는 프랑스대혁명이 이미 17세기 루이 14세 때 완성된 절대왕정 체제와 연속성이 있다는 것을 논증한다. 대혁명이 정치혁명에서 그치는 것이 아니라 일종의 종교혁명으로서 혁명 자체를 '정치종교'로 만들었다는 분석을 제외한다면, 1부에서 토크빌은 "구체제를 파괴하도록 혁명을 이끈 이념들마저도 구체제로부터 물려받았다"는 것을 입증하는 데 주력했다. 실제로 대혁명은 르네상스부터 백과전서파에 이르는 적어도 열 세대에 걸친 진보적 사상에 의해 성취된 것이며, 동시에 이미 서서히 붕괴되어가던 구체제의 관습이 특정한 시점에 순식간에 허물어진 결과이다. 그런 와중에도 절대왕정기에 강력해진 공권력의 권위는 혁명의 무정부적 경향이라는 일반성을 억제하고 오히려 혁명정부는 물론이거니와 이후 수차례의 정치 변동에도 불구하고 프랑스가 행정 권한을 키우고 유지해가는 데 결정적인 영향을 미쳤다.

『구체제와 프랑스혁명』의 2부는 국립도서관, 국립문서고, 심지어 여러 코뮌의 지역문서고 등을 뒤져 찾아낸 문서 더미를 바탕으로 18세기 프랑스의 상황을 복원하고 있다는 점에서 역사학자로서 토크빌의 성취를 잘 보여준다. 1부에서 검토했던 구체제와 대혁명 사이의 연속성이 2부에서는 실증 자료를 통해 입증되고, 나아가 절대왕정기의 '행정의 집중화'가 국가와 개인 사이의 모든 중간 권력을 궤멸시켜 대혁명 이후 중앙 정치가 더욱 집중화되는 길을 열어 놓았다는 주장을 펼친다. 이를 흔히 '중앙집권화 테제'라고 부른다. 중앙집권화는 계급 관계에도 영향을 미쳤는데, 귀족계급을 사회에서 배제시켜 영향력을 약화시킨 결과 프랑스는 돌이킬 수 없을 정도로 부르주아지의 힘이 강해졌다.

본래 법복귀족은 절대왕정기 국왕 권력의 파트너였지만, 부르주아적 가치가 대세를 이루자 이들은 이제 민주주의를 지지하는 계급으로 쉽게 변신했다. 혈통에 의한 귀족이 더는 부를 축적하지 못한 채 쇠퇴하자 부르주아계급의 문필가들은 자신들의 이익을 위해 민주적 질서를 지지하는 혁명적 이념을 쏟아내게 된다. 이러한 계급상의 변화는 평등한 사회라는 하나의 이상만을 강조하게 되고, 그 풍조에서 귀족계급에 의해 지탱되어왔던 자유의 가치는 더욱 쇠퇴하게 된다. 그런 까닭에, 명예욕을 추구하는 지식인 집단이 국가를 장악한 집단의 정책과 쉽게 결합될수록 개인의 자유는 억압되기 쉬워진다. 토크빌에 대한 학술적 비판은 대부분 그가 당시 프랑스 사회를 너무 단일하게 묘사했다는 데 초점을 맞추고 있지만, 부록에 실린 랑그도크Languedoc 지방에 대한 토크빌의 분석을 통해 그가 지역적 다양성까지 세심하게 고려했다는 것을 알 수 있다.

3부는 대혁명의 발발과 관련하여 그 장기 지속적인 요인에 초점을 맞춰 분석하고 있다. 혁명 직전 민중의 곤궁함과 불만 같은 사회-경제적 요인도 분석했지만 특히 지식인의 역할을 강조했다는 점에서 특별하다. 혁명 이전에 이미 프랑스의 엘리트들은 계몽주의의 이성 중심 관념에 입각한 정치사회를 구상했는데, 자유보다 평등을 지나치게 강조하면서 결과적으로 대의제 민주주의보다 민주적 전제를 지지하는 결과를 낳게 되었다. 중앙집권화

45

는 자유와 자치를 파괴하는 반면에 평등의 가치를 일깨운다. 이 평등은 조화를 이루는 대신 사회적 적대감을 증폭시킨다. 여기에 민중들의 불만이 섣부른 사법과 행정상의 개혁과 맞물리면서 대혁명이 발발한 것이다. 중요한 것은, 절대왕정의 통치는 사라졌지만 그것의 유산인 집중화된 행정 체계가 평등주의적 열정에 사로잡히는 순간 새로운 형식의 절대 정부를 탄생시켰다는 점이다.

『구체제와 프랑스혁명』은 정치적 반대파에게서도 칭찬을 받을 만큼 그에게 새로운 영예를 안겨주었다. 대체로 나폴레옹 3세에 반대하는 자유주의자의 기념비적 업적으로 평가되었다. 악화된 폐결핵도 그의 학구열을 가로막을 수 없었다. 혁명사에 대한 후속 저술을 준비하기 위해 토크빌은 런던의 대영박물관에 들르기도 했고, 파리로 돌아와 문서고를 다시 뒤지기 시작했다. 그러나 1858년 급속하게 악화된 병세 때문에 후속 작업을 중단한 토크빌은 지중해의 휴양지 칸에서 요양을 시작했다. 1859년 4월 16일, 아내 마리가 지켜보는 가운데 토크빌은 세상을 떠났다. 평생의 학문적 동료인 보몽이 함께 임종을 지켰기에 그의 죽음은 외롭지 않았다. 1859년 보몽은 『토크빌 전집』 발간에 착수했는데, 1865년에 보몽마저 숨지자 그의 아내 클레망틴Clémentine의 손을 거쳐 전집 1차분의 출간이 완료되었다.

민주주의의 탄생

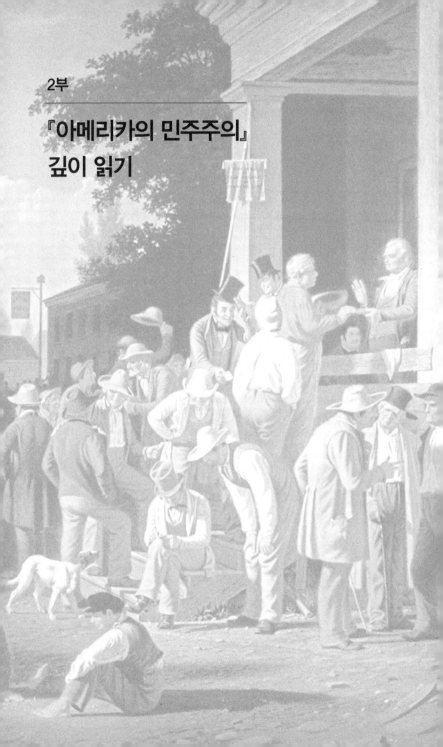

2부

『아메리카의 민주주의』
깊이 읽기

토크빌과 미국

미국 여행의 동기

토크빌의 생애를 다룬 1부에서 이미 서술했듯이, 미국 여행은 루이 필리프의 7월 왕정에서 겪어야 했던 굴욕에서 탈출하기 위한 몸부림이었다. 공식 방문 목적은 미국의 선진적인 교도행정 체제를 시찰하려는 것이었지만, 이미 출발 전부터 토크빌에게는 미국 사회 전반의 작동 원리와 방식을 조사하려는 원대한 포부가 있었다.

토크빌이 미국과 민주주의에 대해 관심을 갖게 된 데는 복합적인 배경이 있었다. 우선, 귀족 가문의 후예인 토크빌이 민주주의에 대한 관심을 갖게 된 이유부터 살펴보자. 훗날 민주주의에 대한 관점의 차이로 멀어지게 되지만, 적어도 미국 여행 전후와 『아메리카의 민주주의』를 저술하던 시기의 토크빌에게 기조의 영향은 절대적이었다. 기조는 뛰어난 역사학자이자 정치사상가 였지만 무엇보다도 루이 필리프 왕정의 대부분을 교육 장관, 주駐 영국 대사, 외무 장관으로, 그리고 막바지인 1847년에는 내각을 이끄는 수상으로 활약한 현실 정치인이었다.

기조가 속했던 독트리네르 집단Doctrinaires(1814~1830)은 왕정과 혁명 정신, 권력과 자유를 화해시키려던 소수 자유주의 지식인 의 모임이었다. 루아예콜라르가 지도자였고, 역사학자 기조와 철학자 쿠쟁Victor Cousin 등이 주로 참여했다. 이들은 세금 납부액에 따라 엄격히 제한된 선거를 통해 구성되는 의회가 실질적으로 국 정을 주도하는 입헌왕정 체제를 옹호했고, 형 루이 16세의 처형 을 지켜보며 강경한 복고 회귀를 꿈꾸던 루이 18세를 설득하여 국왕이 직접 귀족원과 하원에 헌장을 선서하고 온건 보수 노선 을 실행하도록 이끌었다. 독트리네르는 루이 18세에 이어 왕위에 오른 동생 샤를 10세의 극단적 복고 정책과 쥘 드 폴리냐크Jules de Polignac 공 정부에 의해 일차적으로 분쇄되었다가 1830년 7월 혁 명 이후 들어선 루이 필리프 왕정 체제를 옹호하는 오를레앙파 로 흡수되었다. 당시 정세에서, 정통 부르봉 왕조의 복귀를 꿈꾸 는 왕당파에 비해 오를레앙파는 상대적으로 온건한 자유주의를 유지하고 있었다. 따라서 이들은 왕당파와 사회주의 세력 양쪽에 의해 끊임없이 비판받는 위치에 있었다. 1848년 혁명과 함께 기조의 영향력은 사라졌지만, 그의 정치는 부르주아적 자유주의 질서에 입각한 입헌 왕정의 실현에 거의 근접했다는 평가를 받는다.

1820년대 후반 이후 왕당파와 멀리하고 또 급진 공화파에도 가까울 수 없었던 토크빌은 베르사유 배석판사 시절 보몽과 함께 기조의 강의를 수강하며 독트리네르의 이념에 흥미를 가졌다. 따라서 미국 여행의 배경 중에는 부르주아지가 지배하고 있는 사회의 실제를 관찰하고자 하는 생각이 분명히 포함되어 있었을 것이다.

토크빌은 기조에게서 다가올 산업사회를 부르주아지가 주도할 것이라는 인식을 얻었지만, 그 계급의 성장을 대변하는 소유권적 자유에 대한 기조의 믿음에는 동의할 수 없었다. 토크빌은 이미 그때 경제적 자유를 무한정 허용해야 한다는 부르주아지의 주장은 '시대의 돌이킬 수 없는 대세'인 민주주의와 양립하기 어려울 것으로 파악하고 있었다. 자유를 위해 민주주의를 희생시키려던 스승 기조와 달리, 토크빌은 자유와 민주주의의 진정한 결합을 평생의 과제로 삼았던 것이다. 당시 미국은 그 가능성을 현실화한 유일한 나라였다. 토크빌의 미국 여행의 여러 배경 가운데 사상적인 수준의 핵심 요인이 바로 여기에 있었다.

미국 자체에 대한 토크빌의 개인적 관심은 사실 꽤 오래된 것이기도 했다. 소년기에 토크빌은 『오네이다 호수로의 여행』이라는 감상적인 소설을 읽었다. 프랑스대혁명 때 고국을 탈출한 귀족 부부가 뉴욕 외곽에 있는 오네이다 호수 인근의 이로쿼이 인디언 부족의 마을에 정착해서 살아가는 내용을 담은 이 소설의 이미지는 토크빌이 "평생 뇌리에서 사라지지 않았다"라고 회고할 만큼 강렬했다. 물론 그것만으로 토크빌의 미국행을 설명할 수는 없지만, 적어도 일종의 탈출구로서의 미국행에 어린 시절의 강렬한 기억이 작용했다는 것만큼은 분명하다. 실제로 토크빌 일행은 미국 여행 중 오네이다 호수에 들러 매우 감상적인 편지글과 여행기를 작성하기도 했다.

토크빌이 미국에 대해 더욱 진지한 관심을 갖게 된 데는 가족사적 배경도 크게 작용했다. 작가이자 정치가로 유명했던 그의 이모부 샤토브리앙François-René de Chateaubriand(1768~1848)은 청년 시절인 1791년에 미국을 여행하고 나서 미국 남부를 다룬 여러 편의 낭만적 소설을 발표했다. 그런 그가 초로에 접어든 1827년에 『미국으로의 항해』를 출간했는데, 비록 젊은 시절 이후 36년간 미국에 다시 다녀온 적이 없었지만, 그 책은 축적된 새로운 정보와 옛 경험을 바탕으로 당시로서는 가장 정확하게 미국을 그려낸 해설서로서 큰 인기를 끌었다. 책에는 미국의 현재와 미래에 대한 전망이 담겨 있었다.

민주주의의 탄생

"미국에서 대의제에 기초한 공화정의 출현은 세계사에서 가장 위대한 사건이다. 그것은 두 종류의 실천 가능한 자유를 보여주었다. 하나는 습속과 덕성의 소산으로서의 자유로서, 그것은 고대 그리스와 로마가 보여주었던 것을 미국인들이 실현시켰다는 것이다. 다른 하나는 계몽과 이성의 소산으로서의 자유로서, 인디언을 대체한 미국인들이 역시 구현한 것이다."(샤토브리앙, 『미국으로의 항해』 중)

비록 그 책이 너무나 고전적인 내용 위주로 되어 있어서 토크빌에게 새로운 사실을 알려주지는 않았지만, 샤토브리앙이 남긴 통찰은 대부분 토크빌의 『아메리카의 민주주의』에서 재확인되거나 계승되었다. 샤토브리앙은 "나는 왕권의 신성함을 믿지 않고, 혁명과 사실의 힘을 믿는다"라고 선언하며 루이 필리프 1세에 대한 충성 서약을 거부했다. 당당하게 정치를 포기한 이모부를 젊은 토크빌은 더욱 존경하게 되었다.

1831년의 미국

1831년, 건국 이후 50여 년이 지나는 동안 미국은 이중의 역동성에 노출되어 있었다. 신생국으로서 법과 제도를 정비하는 국가 건설 과제 추진의 역동성과 서부로의 팽창이라는 지리적 조건상의 역동성이 바로 그것이다. 토크빌과 보몽이 미국을 여행하던 당시 미국은 모두 24개 주(건국 당시 13개 주에서 11개 주 추가)로 구성된 연방국가였고, 노예 200만 명을 포함해도 전체 인구는 1,300만 명에 지나지 않았다. 이 숫자는 프랑스 인구의 약 3분의 1에 불과한 수준이었다. 미시시피강 너머로의 진출이 막 시작된 시점이었기에 광활한 중서부 대륙으로의 이주는 거의 이루어지지 않았다. 플로리다반도는 아직 정식 주로 편입되기 이전의 준주 상태에 머물러 있었다. 미시간주 북부의 대부분, 그리고 오하이오주는 사실상 황무지에 가까웠다. 가장 번영한 뉴욕시의 인구도 토크빌의 기록에 따르면 20만 명에 불과했다. 다만 영토의 팽창 속도가 관심거리였는데, 그것도 주변에 강대국이 존재하지 않는다는 지정학적 조건 덕분이었다. 영토 팽창을 제외한다면, 인구수로나 산업의 발전 정도로 볼 때 당시 미국은 구대륙 지식인들이 아직 관심을 보일 수준이 아니었다.

문학이나 예술의 발전도 기대하기 힘들었다. 1831년의 시점에서, 훗날 미국 문학의 수준을 세계에 알리게 될 너새니얼 호손은 27살의 나이로 겨우 소설가로서의 첫발을 내디뎠을 뿐이고, 그가 랠프 월도 에머슨과 헨리 데이비드 소로와 함께 보스턴 교외의 소도시 콩코드에 모이기까지는 아직 몇 년을 더 기다려야 했다. 1831년은 에드거 앨런 포의 초기 시 「헬렌에게」와 「바닷속 도시」가 창작된 해였을 뿐이다. 미국 문학을 본궤도에 올려놓게

도표 1 건국기, 토크빌 방문기, 현대의 미국 비교

연도	주	인구 (명)	면적 (평방마일)	인구밀도 (명/평방마일)
1790	13개 주*	3,929,214	891,364	4.5
1830	24개 주**	12,866,020	1,749,462	7.4
2000	50개 주***	281,421,906	3,537,441	79.6

『사료로 읽는 미국사』 참조하여 작성.

* 독립전쟁 참가했던 13개 주(연방 가입 순서대로): 델라웨어, 펜실베이니아, 뉴저지, 조지아, 코네티컷, 매사추세츠, 메릴랜드, 사우스캐롤라이나, 뉴햄프셔, 버지니아, 뉴욕, 노스캐롤라이나, 로드아일랜드.

** 1830년 당시 24개 주(추가 11개 주): 버몬트, 켄터키, 테네시, 오하이오, 루이지애나, 인디애나, 미시시피, 일리노이, 앨라배마, 메인, 미주리.

*** 현재 50개 주(추가 26개 주): 아칸소, 미시간, 플로리다, 텍사스, 아이오와, 위스콘신, 캘리포니아, 미네소타, 오리건, 캔자스, 웨스트버지니아, 네바다, 네브래스카, 콜로라도, 노스다코타, 사우스다코타, 몬태나, 워싱턴, 아이다호, 와이오밍, 유타, 오클라호마, 뉴멕시코, 애리조나, 알래스카, 하와이.

되는 소설가와 시인인 허먼 멜빌과 월트 휘트먼은 모두 12세의 어린 소년에 불과했다. 『아메리카의 민주주의』 II권에서 토크빌이 미국에 고급 문학 작품이 없다고 평한 것은 충분히 이해될 만한 말이다.

미국으로의 항해

1831년 4월 2일, 노르망디의 르아브르 항구에서는 작은 소란이 있었다. 18명의 선원과 163명의 승객을 태운 정기선 르아브르호號는 원래 당일 낮에 출항하기로 예정되어 있었는데 그만 조류를 놓치고 말았다. 엿새 뒤에나 배를 띄울 수 있다는 소문이 돌자 승객들의 실망감은 커져만 갔다. 선원들의 헌신적 노력 덕분에 그날 밤 르아브르호가 항구를 벗어나게 되면서 승객들은 그제야 안도의 숨을 내쉴 수 있었다. 도버 해협을 빠져 나가는 이틀간 심하게 휘몰아친 폭풍우는 앞으로 9개월간 지속될 미국 여행의 험난함을 예고했다.

프랑스를 대표하는 공적 업무를 수행하게 된 토크빌과 보몽은 그 승객 가운데 가장 돋보이는 인물이었다. 비록 독립 선실에 묵을 31명 중에 포함된 까닭에 다른 승객들에 비해서는 사정이 나은 편이었지만, 그렇다고 요즘 크루즈 여행의 안락함을 떠올리면 안 된다. 1829년 미국에서 건조된 르아브르호는 당시 최고 수준의 '거대한' 상선이었다. 이중 갑판에 3개의 돛이 위용을 자랑했고 구리로 표면을 코팅하여 선체를 강화시켰다. 하지만 연장 126피트(약 38m)에 폭은 29피트(약 9m)에 불과한 이 배가 상선이라는 점을 잊어서는 안 된다. 대다수가 프랑스와 스위스 출신으로 미국 이민을 떠나려는 가족 단위로 구성된 163명의 승객이 뿜

증기선에 의해 예인되고 있는 르아브르호

어내는 소음으로 선실은 언제나 소란스러웠고, 포도주 같은 수출품과 당나귀 같은 가축들을 비롯한 화물을 실은 선내 창고까지 승객이 자리를 잡으면서 발을 내디딜 틈조차 없었다. 토크빌과 보몽이 머물던 선실도 너무 좁아 누운 자리에서 몸을 돌리기 힘겨울 정도였다. 더구나 르아브르호는 범선이어서 바람의 변덕에 운항을 맡겨야만 했다. 르아브르호가 대서양을 건너 미국 뉴포트 항에 잠시 기항했을 때, 토크빌과 보몽이 재빨리 하선하여 증기선인 프레지던트호로 갈아타고 뉴욕까지 간 것은 미국의 앞선 기계 문명을 체험하려는 욕망과 동시에 범선 여행의 지루함

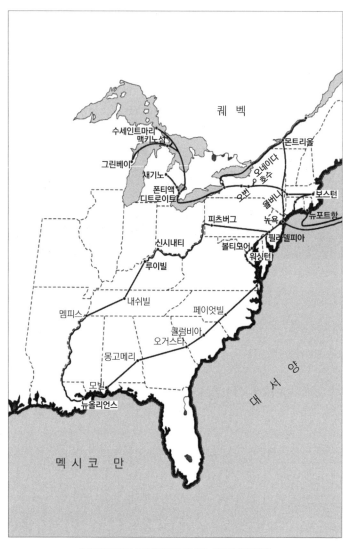

토크빌의 미국 여정(1831년 5월 9일~1832년 2월 20일)

민주주의의 탄생

때문이기도 했다.

르아브르 항을 떠난 지 37일째 되는 5월 8일, 토크빌과 보몽은 로드아일랜드의 뉴포트 항에 도착했다. 곧장 증기선에 오른 이들은 사흘 후 5월 11일 뉴욕에 도착해서 본격적인 일정을 시작했다. 이들의 입국은 커다란 화젯거리였다. 뉴욕의 《상업신문 Mercantile Advertiser》을 비롯해 보스턴, 필라델피아, 볼티모어 등지의 여러 지역 신문은 "두 명의 프랑스 사법 관리가 미국의 교도행정 체계 연구를 위해 입국했다"고 보도했다. 마치 프랑스의 고위 인사가 방문하기라도 한 듯이 융숭한 대접을 하는 미국인들의 반응은 조금은 의아스러운 것이었다. 당시에도 미국을 방문한 유럽인들이 적지는 않았다. 하지만 그들은 구대륙으로 귀환하자마자 신대륙에서 받은 환대를 잊고 미국 사회를 부정적으로 묘사하곤 했다. 유럽인들이 당시 미국을 바라보는 시각은 틀에 박힌 것이어서, 미국 사회의 속물근성에 관한 인상 비평을 늘어놓는 수준이었다. 미국의 정치체제, 곧 민주주의에 대한 학문적 연구나 비판을 본격적으로 시도하지 않았는데, 이는 신대륙에 대한 구대륙의 경멸이자 동시에 '언제까지 잘 하나 보자'는 식의 시샘이기도 했다. 그런 선례에도 불구하고, 토크빌과 보몽의 방문이 환영받은 것은 이들이 미국 독립을 도운 프랑스인이면서 동시에 (비록 교도행정에 한정된 것이었을지라도) 미국의 선진 제도를 배우려는 공식적인 목적으로 입국했기 때문일 것이다.

토크빌과 보몽도 뉴욕 시민들과 첫 만남을 통해서 당시 미국인의 속물적 성격을 바로 알아차릴 수 있었다. 개개인으로 보자면 니커보커Knickerbocker(뉴욕 시민)들은 상업에 종사하는 중간계급의 구성원으로서 이들은 모든 사람에게 친절하지만 동시에 다들 우쭐해하는 자기기만에 빠져 있었다. 집합적으로도 봐도, 미국의 중앙정부라는 것은 루이 14세 시절부터 200년 가까이 이어진 프랑스 관료제의 완벽함에 비추어볼 때 매우 보잘것없었다. 지성의 문화도 아직 성장하지 못했다. 여기까지는 앞선 방문객들과 일치하는 인상이다. 하지만 토크빌과 보몽은 불과 2주일의 첫 뉴욕 체류 기간 동안, 앞으로 그들이 만나게 될 미국 사회의 특성을 예리하게 간취했다. 토크빌이 볼 때 미국 사회가 매혹적인 것은 구대륙과 달리 다양한 인종적 구성을 가진 사람들이 민주적 관행을 바탕으로 행복하게 살아가게끔 하는 독특한 사회철학이 있다는 점이었다. 뉴욕을 대표하는 시장조차 작은 기숙사에서 생활한다는 것은 중간계급이 지배적인 사회의 민주적 관행이 얼마나 깊게 뿌리내리고 있는가를 깨닫게 하는 사례였다. 그리고 그러한 각성은 미국에 도착해서 처음 쓴 편지에 잘 나타난다. 토크빌은 친구 샤브롤Ernest de Chabrol에게 다음과 같이 썼다.

"영국인, 프랑스인, 독일인을 비롯한 세계 모든 민족들로 구성되어

민주주의의 탄생

있는 나라를 생각해보게. 언어와 신앙 그리고 견해들이 서로 다른 국민들을 말일세. 공유할 수 있는 역사도 기억도 없고, 편견과 상궤와 상례도 없는, 민족성이라고 아직 부를 것도 없는 그러한 나라 사람들이 우리[프랑스인]보다 100배는 더 행복하다는 것을 상상할 수 있겠나?"

첫인상

뉴욕 체류 1주일째 되던 5월 15일, 토크빌은 그때까지 미국 시민과의 만남을 통해서 얻은 첫인상을 상당한 분량의 일기로 남겼다. 토크빌 가문의 문서고를 뒤져 찾아낸 일기와 편지들로 토크빌과 보몽의 미국 여행을 복원한 『미국에서의 토크빌Tocqueville in America』을 쓴 피어슨George Wilson Pierson은 "미국에서 첫 일주일간 토크빌과 보몽이 남긴 기록의 중요성은 엄청났다"고 평가한다. 사실상 그 기록들은 그들이 미국을 여행하며 연구하는 데 필요한 나침반 역할을 하고 있다. 거기에는 그들이 향후 연구할 세세한 목록이 담겨 있다. 그것만 보아도 이들 일행이 "단순한 방문객이 아니었다"는 것을 쉽게 알 수 있다. 일기 가운데 중요 내용을 함께 읽어보자.

• 미국인의 애국심

— "미국인들의 국가적 자긍심은 대단하다. 그들에게서 과연 미국에게 호의적이지 않은 최소한의 진실을 끌어낼 수 있을까?"

• 미국인의 종교관

— "전체적으로 볼 때, 미국인들은 종교적인 국민인 듯하다. 종교 예배를 비웃는 자는 만나 볼 수 없었고, 종교의 미덕과 진실은 가르침 그대로 수용되고 있다. 도대체 그들은 무슨 목적으로 교리에 따라 사는가? 종교가 가르치는 원리들은 그들의 영혼에 얼마나 위력을 발휘하는가? 다양한 교파가 경쟁하는데도 겉으로는 물론 심층적으로도 종교에 대해 냉담한 태도를 야기하지 않는 이유는 무엇인가? 앞으로 살펴볼 문제들이다."

• 미국의 중간계급

— "확실히 현재 미국은 중간계급의 성장이 뚜렷이 달성되었다. 더 정확히 말하자면, 전체 사회가 중간계급화 했다. 그들 누구도 유럽의 상류층과 같은 우아한 매너와 세련된 예의를 갖추지는 못했다. 그러나 그들이 속되고 세련되지 못했지만, 프랑스에서라면 후레자식이라고 부를 만한 사람도 없었다. 우리가 만난 모든 미국인들은, 비록 잠깐 만나는 상점 점원이라 할지라도 좋은 교육을 받은 것처럼 친절했다. 그들의 매너는 수수하고도 사려 깊었으며 겸양을 갖췄다."

- 미국 도덕성의 기원: 종교, 상인정신, 냉철한 기질

― "이 국민의 습속에 그토록 강력하게 영향을 미친 도덕성은 어디서 왔는가? 시간이 흐를수록 이 문제에 대해 답할 수 있을 것이다. 나는 이미 미국인의 도덕성을 설명할 수 있는 요인들을 어느 정도 알고 있다. 첫 번째 요인은 미국 사회를 지배하는 종교적 영성이 될 것이다. 그 어느 곳에서도 미국처럼 종교에 대해 경의를 표하지 않는다. 모든 예배가 자유롭고 또 존중된다. 어느 종교라도 갖지 않는 사람은 불량배로 간주된다. 전체 사회를 관통하고 있는 이런 견해들을 언젠가 밝혀낼 것이다. 두 번째로, 이미 내가 미국 사회는 상인 계급 하나로 구성되었다고 언급했듯이, 미국인들은 오직 하나의 관심, 곧 서로 간에 부를 축적하기 위한 경쟁에만 관심을 갖는다는 것이다. 여자 뒤꽁무니를 쫓거나 아무 일 없이 빈둥거리는 사람들이 미국에는 없다. (……) 상업과 산업에 종사하려면 하루 종일 시간을 바쳐야 한다. 하나 더 덧붙이자면, 미국인들은 우리 프랑스인들보다 냉철한 기질을 가졌다. 그래서인지 이 사람들은 도덕적으로 행동하는 데 관심을 갖는다. 게다가 그들은 도덕성을 강요하는 종교를 믿고 있다. 미국인들에게 종교는 도덕성 형성에 장애가 되는 것이 아니라 오히려 의지해야 하는 대상이다."

증기선과 역마차를 타고

5월 말에 뉴욕을 떠난 토크빌 일행은 당시 미국의 24개 주 가운데 17개 주를 순회하는 271일간의 기나긴 여행길에 오른다. 그 기간에는 캐나다에 방문한 15일도 포함된다. 첫 여행길은 뉴욕주州 북부 오지에 자리한 싱싱Sing Sing의 교도소 방문으로 시작했다. 본래 여행 목적이 교도소 시찰이라는 점을 감안하면 자연스럽다. 30명의 교도관에 900여 명을 수용한 싱싱 교도소는 오번 시스템 Auburn System으로 운영되고 있었다. 이 방식은 수감자들이 밤에는 독방에 수감되지만 낮에는 협력하여 노동하고 그 성과로 받은 노임 일부를 저축할 수 있게 하는 것이 특징이었다. 수감자들에게 침묵을 강요하기는 했으나, 노동의 소중함을 깨닫게 하여 재범을 방지하는 데 초점을 맞춰 설계되었다. 미국 문화의 정수인 개신교의 경제 윤리가 이러한 교정 행정상의 시도를 가능하게 했던 것이다.

1차적인 여행 목적을 달성한 토크빌은 다시 뉴욕으로 돌아와 본래 마음에 품었던 미국 연구를 위한 향후 일정을 짰다. 7월 들어 일행은 증기선 북아메리카호를 타고 뉴욕주 정부 소재지인 올버니Albany로 이동했다. 말과 역마차를 번갈아 이용하여 오번과 버팔로를 여행하던 일행은 버팔로 근처에서 처음으로 인디언 부족과 마주치게 되었다. 그들은 이로쿼이족이었는데, 하필 1830년에 시행된 '인디언 이주법'에 의해 서부로 강제 이주되던 상황이었다. 감성이 풍부한 보봉은 이들의 처지를 생각하며 커다란 슬픔을 느꼈다. 토크빌은 이로쿼이족 인디언들에게서 동질감을 느꼈다. 인디언들은 자신들의 처지가 악화되어 쫓겨가면서도 귀족적인 숭고함을 잃지 않았다. 토크빌은 인디언들의 숭고한 의식을 높게 평가하면서도 바로 그런 품성 때문에 그들이 비극적인 운명을 맞게 될 것이라고 예견했다. 유럽 사회에서 몰락해가는 귀족의 운명과 인디언 부족의 운명이 겹쳐진 것이다. 앞서 언급했던, 토크빌이 소년기에 읽은 소설의 무대인 오네이다 호수에서 감상에 잠긴 것도 그때였다. 이어지는 클리블랜드와 디트로이트 여행에서 일행은 산업국가로 변모해 갈 미국의 미래를 예측하기도 했다.

7월 23일, 이들은 이제 황무지로의 여행을 시작했다. 각자 말을 타고 디트로이트를 출발하여 새기노 길Saginaw Trail을 따라 미시간 주 중동부의 전초 기지인 새기노로 떠났다. 원래 인디언이 이동로로 사용하면서 형성된 길이었기에 일행의 여정은 험난했다. 도중에 토크빌 일행은 토지 개척을 위해 서부를 향해 길을 떠난 백인 가족을 만났다. 부부 모두에게서 풍기는 자부심에서 토크빌은 큰 감명을 얻었다. 새기노 길을 따라 여행한 기록은 바로 「황무지에서 보낸 2주일A Fortnight in the Wilderness」이란 여행기로 따로 남겨졌다.

다시 디트로이트로 귀환한 일행은 증기선 슈퍼리어Superior호를 타고 5대호 북변을 따라 맥키노Mackinac섬 등을 여행했다. 미국의 북부 국경을 넘었다고 판단한 이들은 이번 기회에 캐나다를 잠깐 둘러보기로 마음먹었다. 프랑스인들이 개척한 퀘벡의 몬트리올에 들른 이들은 신대륙에 뿌리내린 프랑스 문화를 관찰했는데, 여기서 앵글로색슨 이주민 문화와의 현격한 차이를 발견했다. 나이아가라 폭포를 둘러보고서는 북아메리카 자연의 위엄에 다시 한 번 놀라기도 했다. 자연의 위대함은 미국 사회를 특징짓는 매우 중요한 변수였다. 『아메리카의 민주주의』를 서술할 때 주로 제도와 문화적 조건에 초점을 맞추면서도 지리적 조건의 중요성을 지속적으로 강조한 것은 몸소 힘겨운 여행을 감행하여 얻은 관찰 결과 때문이었다.

미국 지성들과의 만남

가을로 접어드는 9월부터 토크빌 일행은 미국 문화의 요람이자 당시 미국 사회의 핵심인 뉴잉글랜드 지역에서 미국 정치에 대해 본격적인 탐구를 시작한다. 특히 보스턴에서 3주일 반을 머물면서, 토크빌은 미국의 정치와 사회를 대표하는 지성인들과 만나 '미국인이 이해하는 미국'에 대한 이야기를 듣는다. 직전 대통령이었던 존 퀸시 애덤스 John Quincy Adams, 전 국무장관으로서 연방 유지를 위해 헌신했던 유력 정치인 다니엘 웹스터Daniel Webster, 그리스 고전문학 박사 출신의 당시 하원의원 에드워드 에버렛 Edward Everett(훗날 하버드대 총장과 매사추세츠 주지사를 역임, 미국 역사상 최초의 인문학 박사

자레드 스파크스

출신 주지사로 기록됨), 당시 하버드대 총장이었던 조사이어 퀸시 2세Josiah Quincy, Jr., 출판업자 조지 티크너 등이 토크빌 일행이 만난 대표적인 인물들이다. 그동안 만났던 상공인이나 개척민과 달리 보스턴의 인사들은 매우 높은 지성을 소유했기에, 토크빌이 미국을 이끌어가는 사회철학과 정치제도를 이해하는 데 큰 도움을 얻을 수 있었다.

그 가운데에서도 토크빌에게 가장 중요한 인물은 자레드 스파크스Jared Sparks(1789~1866) 목사였다. 그는 독립기 미국사 연구의 권위자이자 유니테리언파 목사로서 1849년부터 4년간 하버드대 총장을 지낸 1급 지식인이었다. 당시 스파크스 목사는 영국과 프랑스의 자료까지 섭렵하여 대작『조지 워싱턴의 삶과 저술』

(1834~1837)을 쓰고 있었는데, 책 발간 전에 방문한 토크빌에게 조지 워싱턴의 중요한 자료들을 보여주었을 뿐만 아니라 미국 사회와 역사에 대한 토크빌의 끊임없는 자문에 성실히 응해주었다. 미국 정치와 사회의 복잡성을 꿰뚫고 있던 스파크스와의 대화는 토크빌의 저술 작업에 큰 힘이 되었다. 토크빌 일행은 미국을 떠나며 그에게 특별히 감사를 표했다.

또 보스턴 체류 중 일행은 뉴잉글랜드의 타운 제도가 실제로 어떻게 작동하고 있는가를 차분히 관찰할 수 있었다. 이 경험에서 미국 시민의 자치와 참여의 문화를 깊이 있게 들여다보았다. 이때부터 토크빌과 보몽은 미국에 대한 자신의 첫인상을 수정하게 되었고, 미국의 민주주의 실행이 구대륙과는 비교할 수 없을 정도로 높은 수준에 이르렀다는 것을 인정하게 되었다.

그러던 한편으로 토크빌 일행에게 뜻밖의 소식이 전해졌다. 프랑스 법무장관의 명령으로 그들의 출장 기간이 단축되었다는 것이다. 이제 막 미국 사회를 이해할 단서를 찾았다고 즐거워하던 일행에게는 안타까운 소식이었다. 이들은 마음이 급해졌다. 급한 대로 여행의 공식 목적인 교도행정 체계에 대한 분석을 완전히 끝마치기 위해 토크빌 일행은 1829년에 건립된 최신 시설인 필라델피아 외곽의 '펜실베이니아 주립 이스턴 교도소Eastern State Penitentiary'를 찾았다. 앞서 방문했던 뉴욕 북부의 싱싱 교도소가 낮에는 동료 죄수들과 함께 노동을 하던 것과 달리, 이른바

이스턴 교도소

'펜실베이니아 시스템'에 의해 운영되던 이스턴 교도소의 죄수들은 작은 독방에서 종일 침묵할 것을 강요받았다. 침묵을 통해 고해하고 신앙의 길로 나아가게끔 하는 퀘이커교의 영향에 따른 것이었다.

남부를 돌아 다시 북부로

공식 일정을 모두 소화한 토크빌 일행은 미뤄뒀던 남부 여행에 나섰다. 남부는 북부와는 확연히 구분되는 또 하나의 미국이었다. 볼티모어에 이르렀을 때 이들은 흑인 노예와 처음 만나게 된다.

인디언의 고난에 마음 아파했던 보몽은 노예제도를 경험하면서 더욱 인간적인 동정심을 느낀다. 이는 훗날 보몽이 미국의 노예제와 인디언 연구에 힘을 쏟게 되는 계기가 되었다.

11월에는 볼티모어를 출발하여 오하이오강을 따라 피츠버그로 이동했다. 웨스트버지니아주의 휠링Wheeling에서는 증기선이 난파당해서 익사의 위기를 겪기도 했다. 오하이오주의 신생 도시였던 신시내티에 정박하면서 토크빌 일행은 30년 후 링컨 대통령 시기 재무장관이 될 체이스Salmon P. Chase와 얘기를 나눴고, 영민한 변호사 맥클린John McLean을 만나 미국의 선거제도와 사법 체계에 대해 의견을 나누기도 했다. 이들에게서 토크빌 일행은 민주주의가 만능이 아니며 미국의 '다수의 지배' 원칙이 얼마나 위험한 상황을 낳을 수 있는가에 대해 경고받았다. 이는 『아메리카의 민주주의』에서 '다수의 폭정' 또는 '민주적 전제' 이론으로 발전했다. 이들은 여기서 노예제가 없는 오하이오강 일대가 새로운 개척 지대인데도 놀라운 속도로 발전한다는 것을 지켜보았다. 노예제에 의존하는 켄터키주가 정체된 모습을 보이는 것과 비교해보면 결론은 뚜렷했다. 노예제는 노예를 비참하게 만들 뿐만 아니라 생산성도 낮은 체제였고, 무엇보다도 노예제는 소유주를 나태하게 만들어 스스로를 도태시킬 것이라고 예측했다.

오하이오에서 며칠 체류한 뒤, 이들은 다시 미국의 최남단 지방으로 이동했다. 이미 계절은 한겨울로 접어들었기에 강이 얼음으로 뒤덮여 루이빌에서 열흘간 발이 묶이기도 했다. 크리스마스를 맞아 재출발한 일행은 새해(1832년) 1월 1일에 뉴올리언스에 도착했다. 기예망Guillemain 영사가 손수 가이드를 자청한 이 마지막 남은 프랑스풍의 도시에서 이들은 오랜만의 여유를 갖고 사흘을 보냈다.

이제 여행은 막바지에 이르렀다. 토크빌 일행은 역마차를 타고 앨라배마, 조지아, 남·북 캐롤라이나주 등을 거쳐 빠르게 북상하면서 최종 목적지인 수도 워싱턴으로 향했다. 워싱턴에 이르기 전에 일행은 사우스캐롤라이나의 찰스턴에 들러 미국 건국의 아버지이자 『페더럴리스트 페이퍼』의 공동 기고자 중 유일한 생존자였던 제임스 매디슨(4대 대통령 역임)을 방문하고자 했으나, 뉴올리언스에서 지체된 시간 때문에 그냥 지나치고 말았다. 미국 정치의 중심지인 워싱턴에서 이들은 2주 넘게 체류하면서 현역 정치인들과 교유했다. 토크빌 일행은 현직 대통령인 앤드루 잭슨과 45분간 면담했으나 형식적인 사교적 방문이었기에 특별한 대화를 나누지는 못했다. 지성적이지 않은, 군인 출신의 잭슨 대통령은 그 전에 만났던 미국 지성인들과는 대조적으로 보였다. 이들은 국무장관인 리빙스턴의 주선으로 상원과 하원도 방문했는데 전반적으로 강렬한 인상을 받지는 못했다. 다만 『아메리카의 민주주의』 서술에서 보이듯, 주민들의 직접 선거로 선출된 하원이 난장판이었던 데 반해, 그때까지만 해도 주를 대표하여 간접

에드워드 리빙스턴

선출된 상원의원들이 의회에서 보여준 토론 솜씨에 대해서는 경의를 표했다.

1832년 2월 20일, 토크빌과 보몽은 9개월간의 미국 여행을 마치고 귀국길에 올랐다. 본래 2월 10일 출항 예정이었던 정기선 샤를마뉴호에 사정이 생겨, 이들은 열흘간 자신들에게 호의를 베푼 스파크스 목사 등과 여유 있게 작별의 시간을 보낼 수 있었다. 자신들을 미국으로 태우고 왔던 바로 그 배(르아브르호)에 지친 심신을 맡기고, 3월 하순에 토크빌과 보몽은 출발지였던 르아브르 항구에 귀환하며 여행을 끝냈다.

『아메리카의 민주주의』의 구성과 특징

앞 장에서 서술했듯이, 『아메리카의 민주주의』는 여행 후 3년 만인 1835년에 I권이, 그 5년 후인 1840년에 II권이 각각 간행되었다. I권과 II권은 미국과 그 민주적 제도에 대한 서술이라는 공통점이 있을 뿐, 형식과 서술 방식 등에서 크게 다르기 때문에 별개의 책으로 간주하기도 한다. 하지만 I권과 II권은 서로 부족한 내용을 보완하면서, 미국의 민주주의에 대한 온전한 이해를 가능하게 한다.[1] I권을 저술하던 시기에 토크빌의 구상은 미국 사회를 정치사회, 시민사회, 종교사회의 3개 부문으로 나누어 분석하는 것이었다. 그러나 실제 작업은 쉽지 않았다. 거의 매일 작성된 방대한 분량의 노트와 자료들을 분류하고 압축하는 작업에도 많은 시간을 할애해야 했다. 거의 1년여를 "수도승처럼 규칙적인 생활"을 해가며 작업한 끝에 그는 최초의 구상을 포기하고, 대신 1부를 개괄과 정치제도 분석, 2부를 실제 정치과정과 시민사회의 습속 분석으로 할애했다. 미국의 민주주의에 끼친 종교의 영향은 독립적으로 서술되지 않고, 대신 책 전체에 골고루 녹아들었다.[2]

I권은 서론과 2개의 독립된 부部로 구성되었다. I권의 서론은 저술을 완료한 상태에서 씌어졌기에 토크빌의 최종 구상을 알 수 있는 가장 좋은 자료이다. 물론 독자들로서는 저자의 문제의식과 주요 내용을 미리 알 수 있는 독서의 출발점이기에 빼놓을 수 없는 부분이다. 분량이 길고 서술 내용이 복잡하지만 차분히 정독하면 책 이해에 큰 도움을 얻을 수 있다.

이어지는 1부는 토크빌의 원래 구상대로 미국의 '정치사회'를 기원, 제도, 실제 운영 과정의 순서로 체계적으로 분석하고 있다. 1장에서 미국의 지리학적 특징을 개괄한 다음, 2~5장에서는 식민지 시기 뉴잉글랜드에 정착한 영국계 이주민들의 종교적 특성과 독자적인 사회규약 등을 통해 형성된 (훗날 미국 사회의 원형을 이루게 될) '아래로부터의 민주주의'의 핵심인 지역 자치 기구의 특성을 구명한다. 6~8장은 미국의 사법제도와 정치제도를 세밀하게 분석하여 그것이 주권재민이라는 민주주의 원리가 구현된 것임을 제시하고 있다. 물론 미국 '건국의 아버지'들도 민주주의가 만능이 아니라는 점을 알고 있었기에 헌법 설계 과정에서 민주주의의 문제점을 보완하기 위해 권력 분립과 상호 견제의 수단을 체계적으로 배치한 것에 대해 토크빌은 높게 평가하고 있다.

I권의 2부 저술 과정에서 토크빌은 어려움을 겪었다. 1부가 본래 구상대로 정치사회의 제도를 저술하는 것으로 충분했던 데 반해, 2부는 여러 차례 원고를 수정해가면서 미국의 실제 정치과정과 동학을 분석하고 동시에 정치사회가 시민사회 및 종교사회와 주고받는 영향 관계까지 함께 서술에 녹여내야 했다. 저술의 성격과 수준도 차이가 나는데, 1부는 기원과 정치제도에 대한 약간의 평가적 분석을 담은 일종의 해설 수준이었다. 하지만 2부는 우선 자료 자체가 많지 않은 실제 미국 정치의 작동 과정에 대해 친절한 설명을 하면서도, 무엇보다도 그것을 작동시키는 습속 mores과 마음의 습관habits of the heart, 사상 등과 같은 다양한 매개 변수들을 찾아내 민주주의 제도와 시민 문화 사이의 관련성을 분석적으로 제시했다는 점에서 매우 어려운 작업이었다. 오늘날의

민주주의 탄생

학문 구분으로는 '문화사회학'과 '정치문화론'에 해당하는 이 연구 방법은 그 당시에는 알려져 있지 않았기에 2부의 연구 방법은 독창적이면서 동시에 획기적인 것이었다.[3] 서론의 표현에 따르면, 토크빌은 2부에서 "미국에서 평등한 생활 상태와 민주적인 정부가 시민사회, 관습, 사상 및 습속에 미친 영향"을 제시한 셈이다.

I권의 성공 이후 5년 뒤에 저술된 II권은 형식과 내용 양면에서 I권과 큰 차이를 보인다. I권이 실제 존재하는 제도와 문화를 경험적으로 탐구하여 귀납적으로 논리를 전개한 데 반해, II권은 더 이론적인 수준에서 민주주의가 가져온 미국 사회의 여러 양상들의 특성을 논쟁적으로 조명한다. I권이 '미국'에 더 초점을 맞췄다면, II권은 '민주주의'에 대해 초점을 맞췄다고 볼 수 있다. 가장 최근에 출간된 토크빌 평전의 저자인 브로건Hugh Brogan이 I권과 II권의 저술을 다룬 장의 제목을 순서대로 "Writing America", "Writing Democracy"라고 붙인 것은 매우 적확했다. 토크빌의 『아메리카의 민주주의』I권과 보몽의『마리 또는 미국의 노예제』는 미리 약속한 것처럼 분업하여 미국의 표면에 해당하는 정치사회와 그 이면에 해당하는 억압된 이들의 삶을 드러내는 데 성공했다. 따라서 더는 미국 사회 자체를 자료 수준에서 설명할 필요가 없게 된 토크빌은 홀가분하게 II권에서 본래 의도했던 미국의 '민주주의'에 대한 분석적 서술에만 초점을 맞출 수 있게 되었다.

민주주의에 대한 일반 이론 수준의 분석을 통해 II권은 자연스럽게 미국과 프랑스를 비교하게 된다. I권에서는 절제되었던 프랑스 사회와의 비교가 II권에서는 더욱 본격화되어 일종의 비교사회학적 분석이 전개되는 것은 거기서 연유한다. 실제로 토크빌은 "나는 『아메리카의 민주주의』를 프랑스에 대한 고려 없이는 단 한 줄도 쓰지 않았다"고 회고한 바 있다. 앞서 언급했듯이, II권을 서술할 때 토크빌이 이미 정치인으로서의 경력을 시작했다는 점은 새 책이 미국의 민주제도와의 비교를 통해 당시 프랑스의 지체된 정치적 민주화에 대한 '민주주의자로서의 토크빌'의 정치사상을 정교하게 제시한 것으로 평가할 수 있게 한다. 이는 II권의 총 75개 장의 세목들이 겉으로는 미국을 언급하면서도 실제 내용상으로는 이미 도래했거나 아니면 곧 도래하게 될 민주주의 사회의 현상들에 대해 분석과 예측을 평가적으로 서술하고 있다는 데에서 확인할 수 있다.

사회학적 관점의 우월성이 돋보이는 II권에서 토크빌의 기본 시각을 한마디로 정리하자면, '민주주의는 문화를 파괴하는 것이 아니라 다른 성격의 문화로 변형시킨다'는 것이다. 보수주의자들은 민주주의가 귀족들이 이끌어온 교양 있는 문화를 돈벌이 수단으로 타락시켜 새로운 암흑시대를 만든다고 보았지만, 토크빌에게 그것은 타락이 아니라 새로운 단계의 문화로의 진입이었다. 민주주의 사회에는 오히려 예술과 학문에 대한 열망을 모든 계층의 사람들에게 개방하여 그들 모두가 정신적·문화적 활동에 참가함으로써 그 수준을 비약적으로 발전시키게 되는 것이다. '타락이 아니라 변화'라는 시각을 담은 토크빌의 목록들은 그 밖에도 많다. 민주주의 사회에서 명예는 고갈되는 것이 아니다. 오히려 귀족만의 명예 관념이 시민적 명예 관념으로 새롭게 성격이 전환된다. 또한 민주주의는 가족을 파괴하는 것이 아니라 오히려 사랑의 공동체라는 새로운 가족 관계로 심오하게 수정시킨다. 민주주의는 무질서와 무정부를 가져오는 게 아니라 시민들의 자발적인 준법정신을 촉진시켜 사회를 안정시킨다. 민주주의는 반드시 종교에 적대적인 것이 아니라, 오히려 자유의 정신과 종교의 정신을 새로운 방식으로 결합시켜 시민들이 자연스럽게 종교를 자유의 수호자로 여기게끔 할 수 있다.

이런 점에서 가장 뛰어난 토크빌 연구자 가운데 하나인, 『토크빌의 『아메리카의 민주주의』의 저술 과정』의 저자 제임스 슐라이퍼James T. Schleifer가 "『아메리카의 민주주의』 II권의 세목은 당시 민주주의에 적대적인 세력들에 의해 제기된 '민주주의의 문제점'들에 대해 토크빌이 하나하나 재반박하며 민주주의를 옹호하기 위해 저술된 것"이라고 평가한 것은 그 요점을 잘 파악한 것이라고 할 수 있다.

끝으로, 토크빌 연구자들 사이의 논쟁, 곧 『아메리카의 민주주의』 II권이 I권의 속편으로서 같은 책인지 아니면 완전히 별개의 책으로서 단지 출판상 이익의 목적으로 제목만 같게 한 것인지에 대해서 살펴보자. 현대의 토크빌 연구를 주도하는 노야 Eduardo Nolla는 II권에서 사용된 추상적인 어휘의 존재 덕분에 II권은 I권과는 전혀 다른 새로운 책이 되었다고 주장한다. 사용된 어휘 가운데 새로운 단어도 매우 많고 문장 구조가 무척 다른 것도 그러한 평가의 주된 근거였다. 하지만 II권을 I권의 속편으로 보나 별개의 책으로 보나 책의 이해가 달라지지는 않는다. 목차만 봐도 II권이 I권과 다른 구조라는 것은 누구나 쉽게 알 수 있다. 중요한 것은 I권과 II권 사이의 주제적 연관성 여부이다. 필자는 I권에 이미 '평등의 일반화', '민주적 전제' 등의 기초 개념이 어렴풋하게나마 전개되고 있었다는 점을 볼 때, II권은 I권의 짜임새 때문에 (또는 토크빌 자신의 생각이 아직 정리되지 않아서) 유보되었던 민주주의 이론에 대한 깊이 있는 성찰을 녹여낸 후속 저작으로 봐도 무방하다고 생각한다. 슐라이퍼 역시 민주주의의 딜레마에 대한 토크빌의 처방이 I권과 II권에서 일치한다는 점을 근거로 두 권 사이의 연속성을 강조한다.

민주주의의 탄생

2

미국의 자연 조건과 역사적 기원

나라를 구성하는 데 필수적인 세 가지 요소는 영토, 국민, 주권이다. 미국은 강대국 가운데 이 세 가지 요소 모두를 기원에서부터 탐구할 수 있는 유일한 나라이다. 1775년 제2차 대륙회의에서 영국에 맞서 독립전쟁을 선포하고 이듬해 1776년 7월 4일 독립을 선언하면서 미국은 신대륙 최초의 독립된 주권국가로 발돋움할 계기를 마련했다. 이후 7년간 계속된 영국과의 독립전쟁에서 승리하고 1787년 5월부터 9월까지 필라델피아에서 55명의 대표가 참석하여 열린 제헌 회의에서 지루한 토론 끝에 마침내 연방헌법이 제정되었으며, 조지 워싱턴의 대통령 취임(1789)과 13개 주 가운데 마지막까지 주저했던 로드아일랜드주의 연방 가입(1890) 절차를 마치면서 비로소 미합중국이 온전한 모습을 드러냈다.

이러한 독립과 건국의 과정은 '아래로부터의 혁명'의 특성을 가장 정확하게 보여준다. 민족국가의 영속성이라는 가상의 관념을 수용한다면, 미국은 최초 건국 과정을 신화가 아닌 역사로 기록한 최초의 국가이다.

그런데 미국의 영토에는 영국 식민지 시기보다 훨씬 이전부터 사람들이 거주하고 있었다. 약 3만 년 전 빙하기에 얼어붙은 베링해협을 건너서 시베리아에서 이주해간 아메리카 인디언들이야말로 이 지역의 주인이었다. 이들을 예외로 치더라도, 미국은 백지상태가 아니라 영국 식민지 시기의 영토와 국민이라는 이전부터의 연속성을 가진 조건들에 의해 형성되었다. 따라서 미국에 대해 관심을 갖는 사람이라면 누구나 북아메리카 대륙이라는 지정학적 조건과 미국 국민의 기원을 형성한 유럽계 이주민들이라는 역사적 조건에서부터 출발하게 된다. 1830년대는 물론이었거니와 2010년대의 미국을 탐구할 때도 출발점은 같을 수밖에 없다.

토크빌의 『아메리카의 민주주의』도 그렇게 시작한다. 지구 운동의 결과인 자연지리적 조건과 이주민들의 집합적 노력이 보태진 인문지리적 조건들이 건국 이후 미국의 사회 상태와 작동 방식을 규정짓게 될 핵심 배경이기 때문이다. 『아메리카의 민주주의』 I권 1부의 1장은 지리와 지형이라는 자연적 조건을 다룬다. 2~3장은 영국계 이주민들의 역사와 그 결과로서의 사회 상태를 다룬다. 물론 미국에 대해 어느 정도 알고 있는 독자라면 이 장들을 건너뛰려는 생각이 들 수도 있다. 하지만 더할 수 없이 우아한 문체로 미국의 자연사와 역사를 해설하고 분석하는 이 대목에 이미 책 전체의 주제가 녹아들어가 있기 때문에 읽어 보는 것이 좋다. 그것이 지금부터 170여 년 전의 기록으로서, 훗날 미국에 대한 교과서적 서술의 근간이 되었다는 점을 염두에 두고, 다큐멘터리를 보듯이 찬찬히 감상해가는 것도 좋다.

'지성의 영역으로 창조된 땅'

이모부 샤토브리앙이 약 30여 년 전에 독립 직후의 미국을 여행하고 발표한 소설들과 해설서에서 토크빌이 영감을 받았다는 것을 앞서 서술한 바 있다. 이미 여행 전에 미국이라는 나라의 작동 원리에 대해 책을 쓰겠다는 포부를 품었던 토크빌에게 미국의 자연은 절대로 빠뜨릴 수 없는 탐색 대상이었다. 환경결정론을 따르지 않더라도, 자연이 인간 문명에 미치는 영향력을 무시하지는 않을 것이다. 생동감 넘치는 저술을 위해 토크빌은 미국 여행의 많은 시간을 당시 미국의 경계 지역을 돌아보는 데 할애했다.

1차 뱃길 여행에서 그는 캐나다와 국경을 이루는 뉴욕주 북부

이모부 샤토브리앙

의 버팔로에서 이리호를 거쳐 휴런호, 초기 개척 단계인 미시간, 슈피리어 호수 연안을 탐색했고, 곧이어 온타리오 호수 뱃길로 캐나다 퀘벡까지 직접 탐사했다. 최전선이었던 요새 도시 새기노까지 직접 말을 타고 다녔던 토크빌이다. 2차 여행에서는 오하이오강과 미시시피강을 따라 서부의 최전선

인 오하이오, 켄터키, 테네시, 그리고 남부의 최전선인 미시시피와 루이지애나 주를 탐사했고, 돌아오는 길은 육로를 이용하여 이른바 딥 사우스deep south라고 불리는 남부 노예노동 지역인 미주리, 앨라배마, 조지아, 사우스캐롤라이나 주 일대를 모두 둘러보았다. 이러한 체험을 바탕으로 토크빌은 당시 미국이 남부와 북부, 오하이오강의 동편과 서편 사이에 커다란 차이가 있다는 것을 발견했다. 이와 같은 차이는 물론 이주민 문화의 차이 때문이기도 하지만 무엇보다도 거대한 자연적 경계와 지형적 특성에 따라 이주민들이 선택적으로 적응한 결과에서 발생한 것이기도 했다. 그 차이를 분석하기 위해서 먼저 자연적 조건을 설명하지

않을 수 없는 이유다.

북아메리카의 외형에 대한 설명 부분을 제외하면, 첫 장에서는 다음 두 가지 서술 내용에 집중할 필요가 있다. 첫째, 자연이 문명의 성격에 미치는 역설적인 영향에 대한 토크빌의 통찰이다. 사실 북아메리카에 비해 남아메리카가 더욱 풍요로운 환경을 가졌는데, 그러한 남미의 자연은 "사람을 미래에 대해 생각하게 하지 않고 현재에 집착"하게 만든다는 것이다. 반면 북아메리카의 첫 정착 지역인 앨러게니 산맥(애팔래치아 산맥의 한 줄기) 동부의 해안 지대는 지극히 척박한 토양으로 "정착민들에게 더할 수 없는 고난"을 안겨주었다. 하지만 이 자연 조건 속에서 정착민들은 근면함을 발휘하여 훗날 미국의 토대를 만들었다. 해안가에서 바로 이어진 삼림지대의 웅장함과 그 뒤를 잇는 중부의 황량한 초원지대를 탐사한 토크빌이 "남아메리카가 감각의 영역으로 만들어졌다면 북아메리카는 지성의 영역으로 만들어졌다"고 서술한 것은 탁월한 통찰이었다.

둘째, 한동안 북아메리카의 주인이었던 아메리카 인디언이 패퇴해가는 안타까운 상황에 대해 묘사하면서 토크빌 자신의 역사관을 은연중에 드러냈다. 이미 세계는 부르주아지가 장악했다. 인디언은 부르주아지의 경제관념이 없어서 몰락했다. 처음부터 평등한 상태의 사회 공동체를 이뤘던 인디언 부족들은 마치 유럽에서 (특히 프랑스에서) 몰락해가던 귀족들이 그랬듯이 일상에서의 정중한 예절과 전쟁에서의 물러설 줄 모르는 강인함을 가장 소중한 명예의 징표로 삼았다. 더구나 그들은 (비록 기독교의 신과는 다르지만) 창조주를 섬기는 독실한 종교인들이었다. 그러나 그들 인디언들은 "이 지역을 점거했으나 소유하지는 않았다." 그들에게 토지는 성스러운 대상이었지 이익을 낼 수 있는 생산의 요소가 아니었다. 따라서 그들은 자신들의 터전에 '소유권 등기'를 할 필요가 없다. 반면에 유럽에서 온 이주민들은 자신들의 '노동을 투입'하여 농업 생산물을 획득하는 데 그치지 않고 그 땅을 자신의 것으로 '소유'하기 시작했다. 바로 그러한 부르주아지의 삶의 방식에서 볼 때 구대륙의 귀족적 명예나 신대륙의 종족적 명예는 일몰 직전의 저녁놀처럼 가장 아름답지만 닥쳐올 어둠을 예고하는 표지에 불과했다. 인디언에 대한 이러한 감정이입은 귀족의 후예로서 토크빌에게 자연스러운 반응이었다.

하지만 토크빌은 감상에 오래 젖어 있지 않았다. 인디언을 끊임없이 서쪽으로 몰아내며 새로이 북아메리카의 승자가 된 영국계 이주민들이야말로 자신이 살펴볼 당대의 미국을 건설한 주인공이었기 때문이다. 미국의 민주주의를 설명하려면 이들의 역사를 서술해야만 했다.

민주주의의 탄생

사회 규약으로 시민 공동체를 결성하다

북아메리카의 지역적 광대함 때문에 토크빌은 여정을 이어가기 위해 말과 역마차, 그리고 증기선을 이용해야만 했다. 황무지, 경계 지역, 그리고 남부에 들르기 위해서 많은 시간을 낭비하기도 했다. 그런 와중에도 토크빌 일행은 미국의 경제와 사상의 중심지에서 가장 오래 체류했다. 그때 이미 상업의 중심지였던 뉴욕, 그리고 지식인들이 모여 있었던 보스턴과 필라델피아는 토크빌 일행이 발전하는 미국 사회를 생생히 관찰하고 그 배경 역사에 관한 지식을 얻을 수 있었던 점에서 특히 중요한 장소였다. 당시 미국의 고위직 관리와 명사들과 대화를 나누면서 토크빌은 『아메리카의 민주주의』의 서술에 필요한 자료를 모두 얻을 수 있었다. 이렇게 수집한 자료는 프랑스로 귀국한 후 숙독의 과정을 통해 비로소 저서의 내용으로 편입되었다.

1부 2장은 영국계 이주민들의 역사를 개괄적으로 서술하는 데 할애되었다. 미국사에 익숙하지 않은 독자들에게는 토크빌의 친절한 안내가 반가울 것이다. 그런데 이 장의 핵심 논제를 '오늘 미국의 사회·정치적 상태는 전적으로 영국계 이주민의 독특한 역사에서 비롯한 것이다'로 독해한다면, 이 장은 책 전체의 실질적인 서론 역할을 한다고 볼 수 있다. 청소년 시절에 무장에게서 역사적 연구 방법의 중요성을 배운 토크빌에게 한 사회의 문화적 기원에 대한 탐구는 단순한 지적 호기심 때문이 아니라 그것이 장차 한 사회에 지속적으로 미치는 규정적 역할 때문에 필수적이었다. 미국은 "한 국가의 출발점이 그 국가의 미래에 미치는 영향력을 고찰해볼 수 있는 유일한 나라"이기 때문이다.

"어느 족속이든 항상 그 기원의 흔적을 지니기 마련이다. (……) 만일 사회의 원초적인 요소들로까지 거슬러 올라가서 역사의 첫 유적들을 살펴본다면, 우리는 거기서 편견, 습관, 지배적 열정 등, 말하자면 오늘날 민족적 특성이라 불리는 것의 모든 양상의 자취를 발견할 수 있으리라는 것을 나는 믿어 의심치 않는다."(I-1-2)

북아메리카 해안에 도착한 이주민들은 이미 문화적으로 완성된 상태로 신세계에 상륙했다. 이들은 모두 같은 언어를 사용하는 영국계로서 대체로 분리파 프로테스탄트였다. 당시 영국의 종교 갈등은 이들을 경건하면서도 논리적인 집단으로 만들었다. 왕권에 대한 귀족들의 견제가 일상적이었던 나라 출신의 이 이주민들에게 정치적 권리의 개념은 매우 익숙했다. 이런 점에서 이들은 단순한 이주민이 아니었다. 일종의 정치적 망명객으로서 이들은, 맑스의 평가처럼, 모국의 가장 선진적인 이념을 토대로 새로운 세계를 설계하고 건설했다.

그런데 토크빌이 방문했을 무렵에 이미 미국에서 남북의 문화적 차이는 확연했다. 분명히 민족적으로 동일한데 왜 이러한 차이가 발생했을까? 토크빌은 특유의 대조와 비교의 방법을 통해 미국 남부와 북부의 차이를 생성해낸 기원적 요인들을 발견해낸다. 17세기 초 영국계 이주민들 정착지는 버지니아(남부)와 뉴잉글랜드(북부)로 대별된다. 1607년 제임스타운 건설로 시작되는 버지니아 개척민들은 투기적이고 모험심이 강한 사람들로 채워졌다. 이들은 대부분 처리 곤란한 방탕자와 사기꾼, 풀려난 하인들이었다. 물론 곧이어 장인과 농민들도 합류했지만 여전히 남부 정착지의 주류는 영국의 하층민 출신이었다. 결정적으로, 이들은 1620년경 최초로 20명의 흑인 노예를 '수입'하여 훗날 남부와 북부를 가를 커다란 사회문화적 차이를 만들었다.

"식민지들이 건설되자마자 노예제가 도입되었다. 남부 식민지들의 성격, 제도 그리고 미래 전반에 엄청난 영향력을 행사하게 될 중요한 사실이 바로 이것이다. 노예제는 노동의 가치를 훼손하고 사회 속에 게으름을 퍼트리며, 이와 함께 무지, 오만, 가난, 사치를 퍼트린다. 노예제는 지성의 힘을 고갈시키고 인간의 활동을 잠재운다. 영국적 특성과 결합된 노예제의 영향은 남부의 습속과 사회 상태를 설명해준다."(I-1-2)

북부의 정착민들은 이와 달랐다. 허드슨강 동쪽에 위치한, 이른바 뉴잉글랜드라고 불리는 코네티컷, 로드아일랜드, 매사추세츠, 뉴햄프셔, 버몬트, 메인 주에 정착한 이들은 이미 모국에서도 상당히 "유복한 계급"에 속했던 사람들이었다. 남부 식민지가 결혼하지 않은 남자들로 채워졌던 데 반해, 뉴잉글랜드의 정착지에는 '가족 단위'의 단체 이주객들이 주류를 이뤘다. 이들은 예외 없이 모국에서 이미 훌륭한 교육을 받았고, 일부는 이미 유럽에서도 명망가에 속하는 지식인이었다. 이들이 모국을 떠나 신대륙에 발을 디딘 이유는 단 하나, 이상적 삶에 대한 동경 때문이었다. 그것은 도덕적으로 고결한 퓨리턴의 길이자 정치적 권리를 지닌 각성된 시민으로서 프로테스탄트의 삶이었다. 1620년 11월 11일, 메이플라워호를 타고 신대륙에 도착한 청교도 분리파 계열의 첫 이주민들이 맨 먼저 한 일은 정치단체를 만들고 그 규약을 선포하는 것이었다. 그것이 바로 '메이플라워 서약The Mayflower Compact'이다. 훗날 '순례 시조Pilgrim Fathers'라는 영예로운 이름으로 불리는 이들이 제작한 이 사회 규약의 역사적 중요성 때문에, 토크빌도 2장에 그 전체 내용을 그대로 실었다. 서약을 현대적으로 풀어서 옮기면 다음과 같다.

"신의 이름으로, 아멘. 아래에 이름이 쓰인 우리, 곧 신의 은총으로 최고 통치자이자 신앙의 옹호자인 제임스 왕의 충성스런 신민臣民들은 신의 영광과 신앙의 발전, 그리고 국왕과 조국의 명예를 위해 버지니아 북부 지방에서 최초의 식민지를 건립하려고 항해했으며, 이 증서를 통해 우리의 더 바람직한 질서 수립과 보존, 그리고 이 목적들의 촉진을 위해 신과 서로의 면전에서 엄숙히 계약을 체결하고 시민적 정치단체로 결속한다. 이에 바탕하여 식민지의 일반적 복지를 위해 가장 합당하고 적절한 정의롭고 공평한 법률과 법령과 제도와 직위를 수시로 제정하고 구성하고 조직하기로 한다. 이를 입증하기 위해 우리는 1620년 11월 11일 코드곶에서 우리 이름을 여기에 서명한다."(이하 41명 서명)

이처럼 뉴잉글랜드 식민지에서는 처음부터 시민 자치가 전통이었다. 이주민들이 점차 늘어갔지만, 이들 대부분이 종교적으로는 청교도이고 경제적으로는 중간계급에 해당했기에 동질성이 훼손되지 않았다. 왕의 특허장 없이 건설된 식민지에서 이들은 자치 질서를 확립했고, 심지어 법률을 만들 때에도 왕의 이름을 넣지 않을 만큼 독립적이었다. 이들은 시민이면서 동시에 입법자였다. 이들은 (성인 남자라면) 누구나 자유롭게 참여하여 정착지의 사소한 사항까지 스스로 결정했다. 지나치게 엄격한 청교도적 관습을 반영한 조항도 있기는 했지만, 조항 대부분은 식민지 건설 초기인 17세기에 세계에서 가장 진보적인 정치 이념을 현실에서 실행했다는 평가를 받는다.

"현대 헌정의 기초가 되는 주요 원칙들, 즉 17세기에 대다수 유럽인들이 거의 이해하지 못했고 당시 영국에서만 불완전하게 승리한 원칙들이 뉴잉글랜드의 법제에 의해서 완전히 인정받고 제자리를 잡았다. 공공 업무에 대한 인민의 관여, 과세에 대한 자유투표, 권력기관의 책임 행정, 개인적 자유, 배심원 재판 등이 여기서 논란 없이 실행되었다."(I-1-2)

이러한 원칙의 실행 결과, 독립 이전에 이미 이들에게는 '아래로부터의 민주주의'가 공공의 관습으로 자리 잡았다. 타운 제도가 정착하면서 이들은 정치적 권리뿐만 아니라 약자에 대한 배려와 보호를 의무화했다. 가난한 사람들에 대해서는 생활 보조를 의무화하고 의무교육 제도를 시행했다. 이 이주민들의 관심은 처음부터 자유와 평등이 조화를 이루는 정치 공동체 건설에 있었다.

프랑스는 물론이고 영국에서조차도 불가능했던 이러한 진보적 사회 상태를 만들어낸 힘은 도대체 어디에서 왔는가? 토크빌은 책 전체를 관류하는 핵심 주제인 '종교'가 그러한 사회를 만들어낸 가장 핵심적인 동기 체계로 본다. 미국은 '종교 정신'과 '자유 정신'의 훌륭한 결합의 사례라고 토크빌은 힘주어 말한다. 흔히 종교와 정치는 대립한다고 알려져 있었다. 종교개혁 이후 유럽은 구교와 신교 사이의 갈등으로 대내외 전쟁이 끊이지 않았다.

프랑스는 신구교의 갈등 대신 기독교(구교)와 무신론자들이 대립했는데, 계몽주의의 후예들은 기독교를 구제도의 정점으로 파악하고 공격 대상으로 삼았다. 이 구도에서, 종교 정신을 대변하는 가톨릭은 변화에 저항하는 보수주의의 거점으로서 복고왕정에 줄을 댔고, 자유 정신을 대변하는 혁명가들은 가톨릭의 특권을 빼앗아 진보 사상을 실현하고자 했다. 독실한 가톨릭 신자인 어머니 루이즈의 품에서 자란 토크빌은 프랑스 가톨릭의 보수성에 염증을 느껴 학생 시절 이후 평생 성당에 나가지 않았다.[4] 그런 토크빌에게 종교와 정치적 자유가 공존을 넘어 사실상 하나로 훌륭하게 결합한 미국은 놀라운 사례였다.

> "자유는 종교가 자신이 펼치는 투쟁과 승리의 동반자이며, 자신의 유년기의 요람이고, 자신의 권리의 신성한 원천이라고 여긴다. 자유는 종교를 습속의 보호자로 여기며, 습속을 법제의 보증인이자 자기 자신의 존속을 위한 담보로 간주한다."(I-1-2)

'자연 상태' 대신 '사회 상태'에서 출발하다

미국에 처음 발을 디딘 토크빌에게 가장 놀라웠던 것은 미국이 오직 하나의 계층, 곧 중간계층의 시민만으로 구성되었다는 점이다. 구대륙의 신분제적 질서에서 완전히 자유로운 이 신대륙에서 (원주민과 노예를 제외한) 모든 거주자는 자신의 이익을 좇아 모든 산업 분야에서 자유롭게 활동할 수 있었다. 이러한 경제 질서는 자연스럽게 그들의 생각과 관습에도 영향을 미친다. 상업 중심지인 뉴욕의 시장이 기숙사 수준의 관사에서 사는 것이 미국인들에게는 지극히 자연스러운 일이었다.

이러한 현상을 목도한 토크빌은 여행 기간 내내 평등주의의 실제를 점검하고 그 원인에 대해서 탐색했다. 그리고 토크빌은 사회 상태의 평등이 훗날 미국의 정치와 사회에 어떤 영향을 미칠지에 대해 미국을 대표하는 지성인들과 대화를 나눴다. 따라서 『아메리카의 민주주의』는 그 사회 상태가 미국의 민주주의 작동에 끼친 영향을 분석하는 데 초점을 맞추게 되었다. 학술적으로 설명한다면, 미국의 '평등한 사회 상태'는 독립변수로서 다른 모든 정치제도와 사회문화적 습속에 영향을 미치는 핵심 요인에 해당한다. 실제 서술에서도 토크빌은 이 점을 먼저 강조하고 있다. I권 서론의 유명한 구절을 읽어보자.

"아메리카에 머무는 동안 나의 관심을 끈 생소한 것들 중에서 조건들의 평등만큼 나의 눈길을 잡아끈 것은 달리 아무것도 없었다. 이 으뜸가는 사실이 사회의 추세에 작용하는 엄청난 영향력을 나는 별 어려움 없이 찾아냈다. 그것은 여론에 일정한 방향을 제시하며 법제에 일정한 모양새를 부여하고 있다. 그것은 또한 통치자들에게는 새로운 준칙을, 피치자들에게는 특정한 습관을 부여해준다."(I-서론)

"단시일 안에 발견했다"는 말은, 이미 서술했듯이, 첫 여행지였던 뉴욕에 2주간 머무는 동안 경험했다는 뜻이다. 3장에서 토크빌은 서론에서 간단하게 제시된 내용을 상세하게 검토하고 있는데, 그의 독특한 개념인 '사회 상태'의 의미를 알게 되면 이해가 더 쉽다.

미국의 민주적 제도와 습속에 영향을 준 핵심 요인은 미국의 평등한 사회 상태이다. 토크빌에 따르면, 사회 상태는 "한 번 성립되면 그 자체가 국민들의 행동을 규제하는 거의 모든 법률, 관행, 사상의 원천"으로서, "스스로 만들어내지 않은 것이라도 그것이 무엇이건 간에 바꾸어버린다."(I-1-3) 토크빌에게 사회 상태는 이처럼 분석을 위한 토대이자 출발점 역할을 하는 개념인 것이다. 적어도 이러한 설명만 보자면, 사회 상태란 개념은 훗날 에밀 뒤르케임Émile Durkheim에 의해 사회학의 정초 개념이 되는 '사회적 사실'의 하나에 해당한다. 사회적 사실은 사회를 구성하는 개별 인간들에게 외재하여 존재하면서도 동시에 그들을 구속하고 있는 모든 행위 양식들을 의미한다. 그것은 지속적인 사회 제도일 수도 있고 특정 시기에만 관찰되는 사회적 조류일 수도 있다. 중요한 것은 개인들의 자율적 행위인 것처럼 보이는 일상의 사회적 삶에서도 분명히 위 사례들의 경우에서처럼 개인의 속성으로는 환원되지 않는 '발현적 속성emergent property'으로 작동하고 있다는 점이다.

그런데 특정한 시점의 사회 상태는 물론 그 앞선 상황이 빚어낸 결과일 수도 있고, 그것보다 앞서 존재하던 제도와 법률이 시행되어 정착된 결과이기도 하다. 만약 특정한 사회 상태(S)에 대해 시간적으로 앞선 요인으로 a, b, c 총 3개가 있었다면, S를 연구하는 학자는 a, b, c 각각을 먼저 검토하는 것이 옳다. 이를 수학 기호로 표시하면, $f(a, b, c)=S$이다. 그런데 요인 a, b, c 또한 그것보다 앞선 특정 요인들의 작용에 의한 결과이기에, 연구자는 새로운 요인을 찾고자 하는 유혹에 빠지게 된다. 만약 그런 방식으로 연구를 한다면, 꼬리에 꼬리를 무는 요인들의 무한연쇄에 빠져 결국 처음 목표였던 S에 대한 탐구는 시작조차 하지 못하게 된다. 사회과학자로서 토크빌은 처음 관심이었던 '미국 민주주의의 배경으로서의 평등한 사회 상태'라는 연구 목적을 달성하기 위해 논제를 단순화한다.

$$f(S) = D$$

곧, 지금 단계는 최종 연구 대상인 제도화되고 습속화한 미국의 민주주의(D)의 배경 요인을 찾고 살펴보는 과정이다. 따라서 토크빌은 지금 직접적 요인인 미국의 사회 상태를 조사하여 그 특징적 양상을 먼저 확정짓는다. 이러한 사회과학적 분석 능력이야말로 토크빌이 그보다 앞선 세대의 영국과 프랑스의 정치사상가들을 뛰어넘는 힘이다. 홉스, 로크, 루소 모두 창조적인 사상가이기는 했지만 이들은 이상적인 사유와 제도의 설계자였을 뿐이다. 사회계약론적 사상가들은 한결같이 사회계약 이전의 상태를 '자연 상태'로 규정하여 그것의 특성이 계약의 내용을 결정짓는 것으로 보았다. 이런 방식은 하나의 이상적 제도가 영국에서는 물론이거니와 러시아, 조선, 투르크 제국 모두에서 적용 가능하다는 것을 함의한다. 하지만 실제 사회 세계의 건설 방식은 기존 제도와 문화를 바탕으로 한다는 점에서, 곧 앞선 문명의 유산을 바탕으로 시작하기 때문에, 지역과 국가별로 다양한 방식이 존재하게 된다. 따라서 토크빌이 '자연 상태' 대신 '사회 상태'를 분석상의 출발점으로 선택한 것은 사회계약론 전통과 결별하고 정치를 과학적 탐구 대상으로 삼아야 한다는 의지를 내비치는 것으로 해석할 수 있다.

토크빌은 설계자가 아니라 분석자이다. 그는 민주주의 일반 이론을 설계하는 대신, '미국의 민주주의'라는 특정한 현상을 분석할 뿐이다. 미국이 어떤 요인과 경로로 민주국가 건설에 이르렀는지에 대한 분석을 마칠 때쯤, 연구자는 분석 결과를 통해 민주주의에 필요한 몇 가지 조건들을 얻을 수 있을 따름이다. 그것의 적용 범위는 제한적이고 한정적이다. 이 연구에서 토크빌이 전하고자 하는 의도는 대략 다음과 같다. '미국과 같은 사회적 조건을 갖추고 있지 않다면, 미국과 똑같은 제도를 도입할지라도 민주주의를 유지할 수 없다.'

평등, 미국을 민주주의로 이끌다

토크빌은 '평등'을 영국계 미국인들이 꾸린 사회 상태의 핵심으로 제시했다. 이때 사회 상태의 평등은 경제상의 평등은 물론 사회와 정치상의 평등까지 동시에 아우르는 개념이다. 토크빌의 놀라운 능력은 그것이 진행되는 과정에서 세부적인 제도상의 변화가 가져오는 양상들을 역사적, 구조적으로 검토한다는 것이다. 첫 번째 경제상 평등의 진전 양상에 대한 분석은 특히 당시 어떤 학자도 검토하지 않았던 상속법과 사회 상태의 연관성에 대한 실증 분석으로 의미가 있다.

미국인들이 이미 식민지 건설 단계부터 정치적으로 민주적이었다는 것은 이미 검토한 바 있다. 그런데 이는 허드슨강의 동북쪽, 곧 뉴잉글랜드 지역에만 국한되었을 뿐이다. 남부의 광활한 개척지에는 노예제에 기반을 둔 대토지 소유자들이 영국의 귀족주의 원리를 수용했다. 이들의 가장 큰 관심은 그들 가문의 유일

민주주의의 탄생

한 재산인 토지가 분할되지 않도록 하는 데 있었기에, 역시 영국의 상속제도의 특징인 한사상속법限嗣相續法(피상속인을 한정하여 지정하는 법)을 실행시켰다. 그렇게 하지 않고 균분상속을 시행한다면, 자녀가 여럿일 경우 토지는 잘게 분할되어 가문의 위세를 더는 유지할 수 없게 된다. 따라서 귀족제는 장자상속 또는 한사상속을 통해 대토지를 그대로 유지하는 것을 선호한다. 이러한 상속제도는 "평등을 가로막는 마지막 방해물"이었다.

미국인들은 독립과 건국 과정에서 영국 귀족제의 유제인 한사상속법을 거의 모든 주에서 폐지하고, 대신 분할상속법을 시행했다. 건국 후 약 50여 년이 지났으므로, 이전 대토지 소유 가문은 적어도 두 세대에 걸친 상속이 이루어졌을 것이다. 한 세대의 자녀 수를 3명이라 친다면, 두 세대의 상속을 통해 토지는 자녀 9명에게 9분의 1씩 분할되었을 것이다. 할아버지가 대농장 소유주였어도 손자들은 그저 소규모 토지를 소유한 평범한 가장에 불과하게 되는 셈이다. 이들은 이제 상업에 종사하거나 변호사 또는 의사가 되는 길을 택해야 했다. 상속에 기초한 재산의 유지가 불가능하게 되고 미국 경제의 다른 특징들이 개입되면서 평등화는 더욱 빠른 속도로 진행되었다. 가난한 가족들은 새로운 토지를 찾아 미시시피강 서쪽으로 이주하여 새로운 토지 소유자 대열에 합류했고, 공업과 상업의 발전은 토지 없는 이윤 창출을 가능하게 하여 새로운 대부호들을 탄생시켰다.

경제상의 평등과 더불어 미국 사회에서는 지식과 덕성의 평준화가 동시에 이루어졌다. 이들은 이미 식민지 시절부터 누구나 자기 마을에서 초등교육을 받을 수 있었다.(유럽의 경우는 19세기 후반에 이르러 비로소 국민교육의 필요성에 의해 초등교육이 의무화되었다.) 그런데 미국인의 대다수는 대학에 진학하지 않았다. 재산 추구가 삶의 목적인 이들에게는 직업만 있으면 충분했다. 전문적인 지식을 추구할 극소수를 제외하고는 말이다. 이는 새로운 개척지에서나 대도시에서나 마찬가지였다.

누구나 시민으로서 자기 주장을 효과적으로 펼칠 만큼은 지식과 덕성을 가지고 있었기 때문에 당연히 그 정치적 귀결 역시 평등주의의 확대로 나타나게 된다. 물론 평등주의가 저절로 민주주의로 이어지지는 않는다. 모두가 평등하다는 것은 마치 대혁명 이후 프랑스에서처럼 곧 하나의 독재 세력 아래의 평등을 가져올 수도 있기 때문이다.

토크빌은 평등에 대한 열정을 '씩씩하고 정당한 열정'과 '천박한 열정'으로 구분하여 그것이 각각 다른 결과를 낳을 수 있다고 경고한다. '정당한' 평등에의 열정은 모든 이가 지금보다 나아져서 평등에 이르도록 이끄는 데 반해, '천박한' 평등에의 열정은 강자를 약자의 위치로 끌어내려 평등에 이르고자 한다. 특히 후자의 경우, 자유 상태의 불평등보다 부자유 상태의 평등을 강조하여, 자유의 긍정성을 기초부터 붕괴시킨다. 토크빌은 미국 사회

에도 후자와 같은 천박한 열정이 존재한다는 사실을 부인하지
않으면서도, 다행히 자신의 방문 시점에는 정당한 열정에 의해
독립된 시민들이 연합하여 주권재민의 원칙을 실행했다고 보고
한다. 이제 그 결과로 구현된 실제 미국의 민주적 정치제도를 살
펴보자.

3

—

미국의 민주적 정치제도

토크빌은 『아메리카의 민주주의』의 I권 1부 1~3장을 통해 당시 미국의 지리적·역사적·사회적 조건들을 각각 검토했다. 이러한 요인들은 '사회 상태의 평등'이라는 결과로 합류하여 미국 민주주의의 제도적 형성과 실행을 가능하게 했다. 이를 바탕으로 『아메리카의 민주주의』 I권 1부의 4~8장은 실제 제도들을 하나씩 분석하면서 그것이 수행하는 기능을 밝히고 있다. 따라서 이 부분은 앞부분과 달리 어느 정도는 정태적 분석에 해당하지만, 토크빌은 각 제도 형성의 사회문화적 조건을 두루 참조하는 탁월한 종합 능력을 선보인다. 서술 순서와 내용도 더없이 간결하다. 토크빌은 미국 정치제도를 그냥 옮겨 적지 않고, 유럽과 비교할 때 특색 있는 부분만을 중점적으로 서술했다. 그 민주적 특징을 가능하게 한 제도는 크게 두 가지로서, 지역 자치와 연방제도가 그것이다.

주권재민의 원칙과 보통선거제

어떤 제도든 그 안에는 설립자들의 이상이 숨 쉬고 있기 마련이다. 그것이 국가 제도라면 그 국가가 추구해야 할 기본 방향이나 이념을 이르는 국시國是가 있다. 물론 1인 독재 또는 민중독재 국가에서도 실체가 모호한 '국가 의지'라는 표현으로 소수의 견해를 국가 목표로 포장하는 일은 흔하다. 이들은 '외부의 적'을 상정하고 자신들이야말로 국가의 수호자이자 국민의 보호자라고 자임했다. 로베스피에르에게는 그 적이 왕당파였고, 북한은 미국을 주적이자 세계의 적으로 상정한다. 북한의 침략을 겪은 우리나라에서 독재 세력들이 한동안 공산당을 주적으로 삼아 반공을 국시로 한 것은 일견 이해할 만도 하지만 이를 악용해서 1980년대까지 민주화를 가로막았던 것은 부끄러운 일이었다.

　미국에서 주권재민의 원칙은 모든 국민의 의지이면서 동시에 국가 의지이다. 이는 '독립선언서' 같은 문서를 통해서도 확인할 수 있지만, 그 원칙이 실제 정치적 관습과 법률에 의해 실행되고 있다는 점이 더 중요하다. 토크빌은 내심 이를 부러워했다. 미국은 당시 세계에서 유일하게 주권재민의 원칙이 이론과 실제 모두에서 통용되는 나라였다. 영국 법률에 의해 지배되던 식민지 시기에도 정착민들은 타운 단위에서 은밀히 주권재민의 원리를 실현했고, 독립 이후에는 모든 계급의 지지를 통해 자연스럽게 전국 단위에서 실행하고자 했다. 상층부의 시민들도 저항 없이 이러한 원칙을 수용했고 심지어 실행에 앞장섰다. 비록 성인 남자에게 국한되었다는 점에서 오늘날의 관점에서는 불완전한 것으로 평가되기는 하지만, 가장 지위가 높은 사람들로 구성된 메릴랜드주가 선도적으로 보통선거제를 선포한 것은 특기할 일이다. 보통선거가 예외가 아닌 원칙으로 자리 잡히면서, 미국 국민은 대표를 뽑아 입법에 참여하고, 행정부의 관리를 선출하여 법률 집행에 참여하게 되었다. 선출된 대표와 관리들은 자신들을 선출한 국민들에게 권력이 있다는 것을 잊지 않았다.

"합중국에서는 사회가 스스로의 힘에 의해서 스스로를 다스린다. 권력은 사회 안에서만 존재하며, 사회가 아닌 다른 곳에서 권력을 구할 생각을 품거나 심지어 그런 생각을 드러내는 사람은 찾아볼 수 없다. (……) 마치 하느님이 우주를 다스리듯이, 인민은 아메리카의 정치 세계를 다스리고 있다. 인민은 모든 것의 시작이요 끝이다. 모든 것이 인민에게서 나오고 인민에게로 들어간다."(I-1-4)

주권재민의 원칙은 미국 정부 형태에서 잘 드러난다. 미국은 독립된 국가인 주state들이 연합하여 세운 연방국가이다. 독립전쟁 시기의 13개 주들은 개별적으로 독립을 선포한 공화국들이었는데, 영국에 맞서 전쟁을 효과적으로 수행하기 위해 연합 군대를 운용했을 뿐이다. 전쟁 승리 후에 이들은 연합 또는 연방국가를 통한 발전을 모색했지만, 그 과정은 순탄치 않았다. 연방국가가 개별 국가(주)들의 권리를 짓밟을 수도 있기 때문에, 이들은 독립전쟁을 수행한 본래 목적인 '주권재민의 원칙'이 훼손되지 않도록 보완책을 마련해야 했다. 그 결과, 미국은 연방헌법 제정 과정에서 단일한 대통령과 연방정부를 구성하여 국가의 전반적인 이익에 관해서만 예외적인 권위를 행사하도록 규정하고, 개별 주의 정부들은 지역 사회의 요청에 부응하여 독자적인 통치를 수행하게끔 했다. 미국에서는 "연방정부가 예외이고, 주 정부들은 원칙"이라고 토크빌은 정확히 설명한다.

타운제도와 자치기구, 자치 없이 자유 없다

어떤 민족도 일시적 열정을 통해 전제정을 무너뜨리고 자유로운 정부를 수립할 수는 있다. 그러나 전제정 기간 동안 국민에게 내면화된 권위주의의 경향은 곧 다시 고개를 내밀어 자유 정부에 위협을 가하고 더 나아가 자유 정부를 무너뜨리기도 한다. 토크빌의 이러한 고민은 물론 프랑스의 경험에서 비롯한 것이다. 그런데 미국은 건국 후 50여 년이 흐른 당시에도 여전히 활기찬 민주국가로 남아 있었다. 토크빌은 그 주요 원인을 미국이 '아래로부터의 민주주의'의 핵심인 지역 자치의 경험을 통해 훈련된 시민들로 구성되었다는 점에서 찾았다.[5]

개별 주의 자치는 상향식(타운 → 카운티 → 주)으로 발전해나간다. 그 가운데 가장 핵심은 역시 타운이다. 타운은 미국인들에게 삶의 기반이면서 동시에 정치의 출발점이다. 식민지 시기부터 미국인들은 개척민들의 필요에 의해 자연발생적으로 형성된 타운에서의 삶의 방식과 타운 집회town meeting를 통해 획득한 특유의 자유와 자치 정신을 발전시켰다.

"마을 제도들이 자유에 대해 갖는 관계는 초등학교들이 학문에 대해 갖는 관계와 같다. 마을 제도들은 자유를 인민의 손이 닿는 곳에 놓아 주며, 자유를 평온하게 누리고 익숙하게 활용하는 방법을 가르쳐 준다. 한 국민은 마을 제도들이 없어도 자유로운 정부를 가질 수 있겠지만, 자유의 정신은 가질 수 없다."(I-1-5)

토크빌은 이미 타운을 고대 그리스의 아테네에 빗대기도 했고(I-1-2), 타운을 건설한 정착민들이 가장 먼저 학교를 설립하고 유지하는 일에 대해 칭찬한 바도 있다. 또 타운이 활성화된 뉴잉글랜드 지역을 보기로 타운 제도에 대해 세밀히 분석한다.(I-1-5)

매사추세츠주를 기준으로 볼 때, 한 타운의 인구는 대략 2,000~3,000명 수준이다. 고대 그리스의 정치 공동체인 폴리스의 평균 인구가 노예를 포함해서 약 20만 명이었다는 점과 비교할 때, 타운은 정치 공동체라기보다는 생활 공동체에 가깝다. 따라서 타운의 자치 밀도는 폴리스에 비해 상당히 높은 수준이라 할 수 있다. 규모가 너무 크지 않기 때문에 타운에서 주민들의 이해관계는 쉽게 조정될 수 있었고, 너무 작지도 않기에 공공의 자치 업무를 관장할 사람을 거주 시민 가운데 쉽게 구할 수 있었다. 거주민 대부분이 참여하는 타운 집회는 최고 자치 기관이다. 여기서 선출된 행정위원과 기타 관리[과세사정관, 징세관, 보안관, 구빈감독관, 도로감독관, 소방관, 교구(교회)위원, 교육위원 등]들은 공공의 업무에 종사하기에 보수를 지불 받고 그만큼 성실히 임무를 수행해야 했다. 이러한 타운 제도는 뉴잉글랜드 지역 주민들이 이주하면서 서북부의 개척지에서도 이식되어 잘 실행되었다. 이주민들은 이익에 대한 관심뿐만 아니라 고향의 타운 제도까지 함께 가져갔다.

이렇게 이상적인 자치가 가능했던 데에는 타운 주민들이 서로 평등한 지위를 바탕으로 계몽된 정치관을 수용했다는 점이 작용했다. 각 개인은 오직 신 앞에만 책임을 지는 독립된 인간이지만

2부 『아메리카의 민주주의』 깊이 읽기

동시에 동료 시민과의 결합을 통해서만 비로소 자신의 이익을 얻을 수 있는 상호의존적 존재이다. 이들은 동등한 협조자이고 동시에 결합체(타운)에 대해서는 신민(臣民)으로서 복종하기도 한다. 식민지 시기부터 이러한 원칙이 작동했기 때문에 독립 이후 주 정부들은 이 같은 자치 질서를 존중했다. 따라서 타운 내부의 문제에 관한 한, 주 정부에 대해서 타운은 종속적이지 않다. "타운들은 자신의 권력을 주로부터 받은 것이 아니었다. 오히려 타운들이 자신이 누리던 자주권 일부를 주에 양도했던 것으로 보인다."

이것이 미국이 유럽과 다른 점이다. 유럽의 집권자들은 지역 거주민들이 공공정신이 부족하다고 한탄하면서도 막상 지역에 정치적 권리를 주기는 꺼린다. 이는 자치가 중앙정부를 혼란에 빠뜨릴 가능성에 대해 우려하기 때문이다. 지역을 자신의 정치적 야망의 출발점으로 삼는 사람들이 있기에 그런 우려가 완전히 틀린 것은 아니다. 하지만 타운은 야망을 실현시키기에는 규모가 너무 작다. 대신 타운의 집회는 인간에게 내재한 정치적 인기에 대한 욕망을 마치 집안의 화롯가 대화처럼 자연스럽게 표출시켜 순화시키는 잠재적 기능을 수행한다. 신분제와 계급제가 없는 미국 사회가 내면에서 굳게 통합할 수 있게 된 데는 타운 단위에서 맺어진 결사와 자치의 경험, 그리고 거기서 얻는 자유와 협력의 훈련이 큰 기여를 했다.

반면에 타운의 상위 단계인 카운티는 순전히 사법 기능을 수행하기 위해 분할된 지역 단위이다. 카운티에 여러 타운이 속해 있을지라도 타운들 간에는 아무런 연관이 없고, 카운티 단위에서 수행되는 사법 기능에만 종속될 뿐이다. 따라서 카운티에는 자치 질서도, 정치적 지역 대표도 존재하지 않는다.(규모가 큰 주에서는 카운티에도 의회가 구성되기도 한다.) 다만 주 정부에서 파견한 행정관리와 사법치안관이 근무하고 법원, 감옥 등이 자리하면서, 주 의회가 배정한 예산 안에서 제한된 업무가 수행될 뿐이다. 정치적 대표성만을 놓고 보았을 때, 타운들을 대표하는 것은 주 정부이다. 물론 미국 전역이 똑같은 방식의 자치 제도를 갖고 있지는 않다. 주마다 다른 여건에 따라 발전해온 다양한 방식의 제도가 실행되고 있다. 그렇지만 기본적으로 타운이나 카운티를 중심으로 지역 자치를 실행하고 있다는 것은 확실하다.

기초 자치 제도를 상세히 설명하고 나서 토크빌은 주 정부에 대해서는 간단히 언급하는 데 그친다. 일종의 독립국인 각 주의 정치 및 행정 제도는 당시 유럽의 입헌왕정 국가들이 발전시켜온 것과 별 차이가 없었기 때문이다. 미국의 주는 (연방과는 별도로) 각기 상원과 하원을 구성하고 있다. 대개의 경우 양원제는 귀족제의 유산이다. 귀족제 국가의 양원제에서 하원은 시민들의 대표로, 상원은 귀족들의 대표로 이루어지기 마련이다. 그런데 미국의 주들은 귀족제의 경험 없이도 양원제를 시행하는데, 입법권의 분산을 통해 선동적인 정치운동의 영향을 축소시키려는 의도 때문이다. 주 하원이 입법 기능만 수행하는 데 반해, 주 상원은 입법과 함께 때로는 행정과 사법을 포함한 정치적 기능을 수행한다.

입법부 의원들도 주민을 '대표'하지만, 주 전체를 대표하는 것은 역시 주지사이다. 주지사는 최고의 권력인 행정권과 비상시 입법권, 군사권을 장악한다. 하지만 그런 권력의 소유자인 주지사라고 할지라도 타운과 카운티의 행정에는 전혀 관여하지 않는다. 또 주지사 역시 주민의 선거에 의해 선출되기 때문에 유권자인 시민의 여론을 무시할 수 없다.

미국의 지역자치 제도를 점검한 토크빌은 최종적으로 이를 프랑스와 비교 분석한다. 당시 프랑스는 루이 14세 때 완성된 중앙집권 체제가 지속되고 있었다. 이것이 행정적으로는 효율적일 수도 있다. 하지만 중앙집권 체제는 장기적으로 시민들의 자율성과 지역의 활력을 잃게 해 결국 나라의 힘을 약화시킨다. 그런 체제하의 주민은 자기 지역에 대해 무관심한 거주민일 뿐이기에 모든 행정 업무에서 방관자로 남게 되고, 심지어 자신들의 안전이 침해 받아도 국가가 개입해줄 때까지 기다릴 뿐이다. 무엇보다도, 강력한 중앙집권 체제는 그것을 만든 왕정을 무너뜨린 혁명 세력들이 기존 통치기구를 접수하여 절대 권력을 휘두를 수 있는 기회를 제공한다는 점에서 부정적인 측면이 크다. 민중의 이름으로 행해지는 무차별적인 폭정은 개인과 지방의 자유를 도로 억압하면서 공화국의 이름으로 전제 권력을 부활시키게 된다. 자유를 부르짖으며 시작했지만 결국 전제정의 부활로 막을 내리게 된 대혁명 시기에는 "속으로는 폭정에 맹종하는 자가 겉으로는 자유의 애호자로 행세"하는 것이 가능했다.

그러나 미국의 경우는 달랐다. 자기의 이익과 권리를 주장하면서도 이들은 자치의 경험을 통해 그것과 공동체의 이익을 조화시키는 방법을 배웠다. 이러한 경험적 성찰을 통해 계몽된 시민들은 위로부터의 통치의 경우에서보다 더 효과적으로 자신들의 결집된 의지를 실천하여 공공복리를 증진시킨다. "세계의 그 어떤 나라도 미국인들처럼 공공복리를 위해 이처럼 애쓰지는 않는다." 자치와 결합의 정신을 통해 개인의 이기심과 국가의 이익이 대립되지 않는다는 것을 배웠기에 미국인들은 적극적으로 국가 이익에 관심을 쏟을 수 있게 된다. 자유주의 고전 경제학의 논리는 미국에서 드디어 현실이 된 것이다.

"내가 아메리카에서 가장 높이 평가하는 것은 지방분권화의 '행정적' 결과가 아니라 '정치적' 결과이다. (……) 주민은 자기 고향의 이해관계에 대해 마치 자기의 이해관계인 양 관심을 가진다. 그는 나라의 영광에 자부심을 가진다. 그는 자기 나라의 융성을 통해 자기의 성취를 느끼며 고양된다. 그는 자기에게도 혜택이 돌아올, 나라의 전반적인 번영을 기뻐한다. 그가 자기 향토에 대해 가지는 감정은 자기

가족에 대해 가지는 감정과 유사하다. 그러므로 그가 주에 대해 관심을 갖는 것은 일종의 가족애의 연장선이라고도 할 수 있다."(I-1-5)

연방국가로서 미국의 제도와 법률

지역자치에 대한 서술을 마친 다음, 토크빌은 미국 정치제도의 또다른 특징인 연방국가 체제에 대해 소개한다. 『아메리카의 민주주의』의 I권 1부 8장은 미국의 연방헌법 제정의 역사와 그 제도상의 특징을 상세하게 검토하고 있다. 미국 정치제도에 대해 이미 익숙한 독자라도 꼭 이 장을 정독해야 하는 이유는 두 가지다. 하나는 이 부분이 I권 1부의 결론부에 해당하기 때문이고, 다른 하나는 토크빌의 서술이 오늘날의 제도분석 방법을 적용한 첫 사례로 평가받고 있다는 점 때문이다.

토크빌은 먼저 독립전쟁 이후 연방헌법이 제정되기까지의 역사를 분석한다. 13개 주들은 이미 자기 영역 내에서 독자 정부(주 정부)를 구성하고 있었지만, 언어와 종교 등에서 공통적 속성을 갖고 있었기 때문에 연방을 구성한다는 데 암묵적으로 동의하고 있었다. 그러나 개별 주의 독자성을 유지하면서 하나의 국가를 구성하는 일은 결코 쉽지 않았다. 각 주들은 먼저 자신들이 하나의 독립국임을 경쟁적으로 선포했다. 1776년에 버지니아 공화국, 이듬해에는 뉴욕 공화국, 1780년에는 매사추세츠 공화국 등이 각각 독자적 헌법을 제정하고 정부 수립을 선포했다. 동시에 이들은 1776년 '독립선언서'의 정신에 따라 연방국가로의 발전도 꾀했는데, 그해부터 준비한 '연합헌장'(정식 명칭은 '연합과 영원한 연방의 헌장')이 1781년에 모든 주에서 비준되었다. 연합헌장에 따라 연합회의가 설립되었지만 개별 주의 도움을 받지 못한 채 연방국가 건설은 한없이 늦춰지다가, 1787년 5월 필라델피아에서 제헌 회의가 개최되면서 비로소 제대로 된 연방헌법 제정에 대해 논의를 시작할 수 있었다. 로드아일랜드를 제외한 12개 주에서 파견된 대표 55명은 의장을 맡은 조지 워싱턴 외에 벤저민 프랭클린, 제임스 매디슨, 알렉산더 해밀턴 등의 지식인 명사가 대부분이었다. '독립선언서'의 초안을 작성한 토머스 제퍼슨은 당시 주 프랑스 대사로 파견되어 있었기에 참여할 수 없었다.

연방헌법 제정과 관련해서 특히 매디슨과 해밀턴은 존 제이와 함께 《더 페더럴리스트》를 통해 연방제의 필요성을 주장했다.[6] 어쨌든, 몇 개월간의 격론 끝에 9월 17일 39명의 대표가 연방헌법에 서명하면서 회의는 종료되었다. 그런데 그 헌법이 발효되기 위해서는 헌법 7조의 조항에 명시된 대로 9개 주 이상의 비준을 받아야 했다. 주 의회가 아니라 새로 주민대표를 뽑아 헌법을 세밀히 검토해야 했으므로 시간은 지루하게 흘렀다. 결국 9개월이 지난 1788년 6월에 뉴햄프셔주가 아홉 번째로 비준하면서 비로소 연방헌법이 효력을 발휘했다.

독립 후 11년 만에 겨우 완성된 헌법의 대원칙은 역시 연방정부의 역할을 최소화하여 주 정부의 독립성을 보장하는 것이었다. 토크빌은 이러한 연방헌법의 정신을 보여주기 위해《더 페더럴리스트》45호(이 호의 작성자는 매디슨)를 직접 인용하고 있다.

"헌법이 연방 정부에 위임한 권력은 한정적이고 그리 많지 않다. 반면에 주의 몫으로 남은 권력은 정해져 있지 않고 상당히 많다. 연방정부의 권력은 강화, 전쟁, 협상, 통상 등 주로 대외 업무에 대해 행사된다. 주들이 보유한 권력은 주의 안위, 자유, 번영과 관련된, 업무의 일상적인 흐름에 따르는 모든 사안에 미친다."(I-1-8;《더 페더럴리스트》45호)

이런 원칙은 헌법 전반에 깊게 새겨져 있다. 뒤에서 살펴보겠지만, 연방의회에서 상원의 주 대표성, 대통령 선거 방식, 연방정부의 취약성, 연방법원을 통한 주 정부와 연방정부의 세력 균형 등은 거대 연방권력에 대한 개별 주의 두려움을 감안하여 독특하게 타협된 내용이다. 그런데 그러한 악조건에서 제정된 연방헌법을 토크빌은 "오늘날까지 있었던 것 가운데 가장 완벽한 연방헌법"으로 평가한다.

연방헌법의 설계자들은 주 정부와 연방정부 사이의 권한 조정,

그리고 입법·사법·행정의 삼권분립 같은 제도들을 세심하게 설계하여, 민주적이면서도 국민의 변덕스러움에 휘둘리지 않는 최고의 헌법을 제정한 것이다. 연방국가 권력에 대한 논란은 외교 분야보다는 주로 내치 분야에 집중되었다. 물론 원칙상 주 정부의 독자성은 인정된다. 하지만 연방의회는 주 정부가 미국 전체의 안전을 깨뜨리거나 헌법정신에서 벗어난 정책을 펴지 못하게끔 선제적으로 간섭할 수 있는 권한을 부여받았다. 연방의회의 권한을 명시한 연방헌법 1조 8~10절은 주 정부(또는 주 의회)가 할 수 없는 일을 명문화했는데, 가령 작위를 부여한다든지 재판에 의하지 않고 처벌하거나 소급입법을 만드는 것과 같은 반민주적·반인권적 내용들은 아예 무효가 되게끔 규제할 수 있었다. 이제 헌법기관별로 하나씩 그 특징을 검토해보자.

　미국 헌법 1조가 입법부 관련 항목으로 구성되어 있는 까닭에, 토크빌의 서술도 입법기관에서부터 시작한다. 연방의 입법권은 상원과 하원에 함께 속해 있다. 귀족제가 없었던 미국에서 양원제가 채택된 이유가 단지 입법에서 신중함을 기하기 위해서라고 앞서 서술한 바 있다. 그런데 당시 미국은 상원과 하원의 의원 선출 방식이 달랐다. 하원의원이 주권재민의 원칙에 따라 적정한 인구 비례로 구획된 선거구에서 주민의 선거를 통해 선출되는 반면에, 상원의원은 연방을 구성하는 모든 주에서 (주의 크기나 인구에 관계없이) 각 2명씩 선출된다. 인구 비례에 따라 당시 가장 발전했던 뉴욕주가 33명의 하원의원을 선출하고 반대로 극소 주였던 델라웨어주는 단지 1명만을 선출했는데, 상원의원은 두 주 똑같이 2명씩을 선출했다.

미국의 대표적 정치학자인 로버트 달Robert Dahl(2014년 작고)을 비롯하여 많은 민주주의 이론가들은 미국 상원의 주 동등 대표제가 헌법 정신에 어긋난다고 비판했다. 하지만 미국의 상원이 오랫동안 하원과 대통령 사이에서 나름의 기능을 훌륭하게 수행했다는 점을 볼 때, 이들의 문제 제기에도 불구하고 그 전통은 쉽게 사라지기 힘들 것 같다. 토크빌도 상원의 주 동등 대표제가 국민 다수의 결정(곧 하원의 결정)을 마비시킬 수 있다는 점을 우려하기는 했지만, 이러한 규정이 없었다면 연방 결성 이후 큰 주에게서 주도권을 빼앗길 우려가 있었던 규모가 작은 주의 비준을 얻을 수가 없었을 것이다. 다만 당시까지의 실제 양원제 운영 과정에서 작은 주의 상원의원들이 국가 계획에 반대한 적은 없었고, 또한 국민의 의견을 반영한 하원의 결정에 상원이 특별한 이유 없이 강한 반대를 지속하지는 못했다. 토크빌은 제도의 정교함과 함께 실제 운영 과정의 효과성을 두루 갖춘 미국 의회의 전통에 부러움을 느꼈다.

연방헌법 2조는 행정부의 권한을 다룬다. 토크빌은 행정부의 수반인 대통령을 중심으로 행정부와 입법부의 상호 견제가 가능하도록 설계된 항목들 그 자체와 미국 연방정부가 처음 헌법 제정

때보다 권한이 확대되어가던 실제 현상을 견주어가며 분석했다. 먼저 대통령은 "선거로 임명된 관리"로서 휘하 관리 임명과 대외관계 정책에서 입법부의 인준을 얻어야 한다. 그렇다고 해서 입법부가 우위에 있지는 않다. 대통령은 의회가 제정한 법률에 대해 거부권을 갖고 있다. 거부된 법률에 대해 의회는 더 깊게 심사 숙고하는 과정을 거친 다음 3분의 2의 지지를 통해서 재통과시킬 수 있다. 이런 식으로 규정된 견제와 균형의 틀은 입법부와 행정부의 상호 불신을 낳아 자칫 만성적인 정치 불안을 가져올 수도 있다. 하지만 미국인들은 실제 실행 과정에서 원칙과 상식에 의해 결국 국민의 의견을 반영하게끔 운용한다. 법률과 제도도 중요하지만 상식과 도덕은 정치상의 핵심이다.

"어느 나라의 헌법에든지 입법자가 시민들의 상식과 덕성에 의존하지 않을 수 없는 일정한 수준이 있기 마련이라고 대답하고자 한다. 이 수준은 공화정 체제에서는 더 가깝게 다가오고 더 뚜렷하게 드러나지만, 왕정 체제 아래에서는 더 멀리 떨어져 있고 더 용의주도하게 은폐되어 있다. 하지만 언제든 어디에서나 드러나기 마련이다. 만사가 법으로 해결될 수 있고 제도가 이성과 습속을 대신해야 하는 나라는 있을 수 없다."(I-1-8)

헌법기관들 사이의 견제와 균형에 의해, 그리고 국민의 여론과 선거 결과에 의해 규제받는다는 점에서 대통령은 입헌군주제 하의 군주와 다르다. 스스로 주권자인 군주와 달리, 대통령은 주권자가 아니라 "주권의 대행자"이다. 그는 의회를 해산할 수 없고, 자기 의도에 따라 의회를 이끌어갈 수도 없다. 그는 언제나 자기 휘하의 장관이나 관리를 의회에 보내 자기 뜻을 설명하고 설득하는 "간접적인 방식"으로만 의회 내부에 영향을 미칠 수 있다. 행정권의 행사 또한 의회의 감시에 놓여 있다. 그는 관리를 '지명' 할 수는 있어도 '임명'할 수는 없다. 당시에는 관직의 전체 자릿수도 매우 적었기 때문에 대통령이 의회에 인준을 요구할 수 있는 관직의 숫자 역시 제한되어 있었다. 실제로 토크빌이 방문했던 시기에 미국의 전체 관리는 1만 2,000명에 불과했다. 따라서 대통령은 선출된 이후에도 자기 친구들에게 나눠 줄 관직의 숫자가 현재에 비해서 매우 적었다. 오늘날 미국의 전체 관리는 무려 200만 명에 달하는데, 그중 대통령이 임명할 수 있는 자리는 6,000개이고 그 가운데 약 1,000여 명이 의회의 인준 대상에 해당한다.

그런데도 행정부 수반을 선출하는 대통령 선거는 당시에도 이미 과열되어 있었다. 민주적 제도의 딜레마인 대표 선출 제도의 역기능이 대통령 선거라고 해서 예외를 두고 비켜갈 수는 없다. 임기를 거의 끝낸 대통령은 이미 통치의 의욕을 상실한 상태이고, 권력의 공백 기간에 치러지는 선거에서 사회적 분열은 국가를 위기 상태로 몰고간다. 선거제도의 가장 큰 역기능은 유세 기간의 정치적 흥분 상태에서 국민들이 그릇된 선택을 할 수도 있다는 점이다. 각 정당들은 자신 정당의 후보를 당선시키기 위해 음모를 꾸미거나 선동적인 캠페인을 수행한다. 비합리적 감정에 휩싸인 시민들은 지지 후보의 차이에 따라 적대적으로 분열된다. 미국의 설계자들은 그런 위험성들을 극복할 수 있는 제도를 설계하기 위해 애썼다. 이들은 단순 다수결이 갖는 폐해인 '다수 지지 확보의 어려움'을 해결하기 위해 주별로 오직 대통령 선출만을 위한 특별선거인단 제도를 도입했다. 이러한 '간접선거' 방식은 의회나 정부로부터도 독립적이면서 동시에 바로 그 시기의 지역민의 의견을 효과적으로 반영할 수 있다는 장점이 있다.(당시에는 과반수 이상의 다수표 획득도 쉬워진다는 부수적 장점도 있는데, 거대양당제가 정착되어 실질적으로 2명의 후보가 경쟁하면서 이 부수적 장점의 효과는 무의미해졌다.) "합중국의 제도들을 연구해보고 이 나라의 정치적·경제적 상태를 주의 깊게 들여다보면, 이 나라에서는 행운과 인간의 노력이 놀랄 만큼 조화를 이루고 있다는 사실을 알게 된다."(I-1-8)

그런데 토크빌은 미국 대통령제의 연임 가능 규정에 대해서 비판적이었다. 그 이유는 단 하나, 곧 대통령이 재선을 위해 '다수의 요구'에 굴복할 수 있다는 우려 때문이었다. 대통령은 국민의 투표로 통치권을 위임받았으므로 국민의 의견을 존중해야 한다. 하지만 그런 원론적 목적은 사실 의회를 통해서 더 쉽게 달성될 수 있다. 미국 헌법의 설계자들은 대통령의 권위를 다수 국민의 변덕스러움 '너머'에 위치시켰다. 대통령의 거부권은 바로 그런 목적에 따라 마련된 것이다. 그런데 만약 대통령이 연임에 관심을 갖게 되면 현직 대통령조차 국민의 인기를 얻기 위해 다수 국민의 요구에 스스로 굴복할 수 있게 된다.[7] 다수의 위력 문제는 『아메리카의 민주주의』 전체에 걸쳐 강조되는 것이므로 뒤에 별도의 장에서 상술하기로 한다.

연방헌법 3조는 사법부, 곧 연방법원을 다룬다. 의회와 행정부의 역동성에 비교한다면 사법부는 수동적이고 실제 권력의 크기도 보잘것없이 보일 수 있다. 하지만 미국의 사법부는 실제 민주주의의 작동에서 법원이 얼마나 중요한 '정치적' 역할을 하는지, 또 사법부의 역할이 민주주의의 최후 보루이자 국가 안정성 유지를 위한 성채임을 잘 보여주는 최상의 사례이다. 그 대표적인 보기가 바로 법관의 위헌법률심사제청권이다. 사법부의 독립이 엄격히 준수되는 미국에서 법관은 개별 법률 조항이 헌법 정신에 위배되었다고 판단될 경우 판결을 보류할 수 있다. 오늘날에는 위헌법률심사제청권이 지극히 당연한 권한인 것처럼 여겨지지만 당시에는 미국만이 채택했던 혁신적인 제도였다.

토크빌은 당시 프랑스와 영국의 법관과 미국의 법관을 비교하면서 미국 사법제도의 정치적 의미를 설명했다.(I-1-6)[8] 국왕에

민주주의의 탄생

종속된 프랑스에는 법관의 위헌 판단권이 없었고, 성문헌법의 전통이 없는 영국에서는 입법부의 입법 활동과 헌법이 분리되지 않았기에 위헌 법률이라는 개념 자체가 있을 수 없었다. 반면에 "미국의 헌법은 일반 시민뿐만 아니라 입법자(곧 의회)까지도 지배한다."(I-1-6) 그래서 입법부가 만든 특정 법률에 대해 사법부가 위헌 판결을 내리게 되면 그것은 반드시 커다란 정치적 파장을 낳는다. 입법부는 자신들이 제정한 법률의 위헌 여부를 미리 세심하게 검토하지 않을 수 없다. 따라서 정치적 파당심을 충족시키려는 입법 활동은 위헌 판단이라는 장애물 때문에 위축되는 것이다. 어떤 정치적 동기도 없이 순수하게 오직 헌법과 그 정신만을 존중하기에 미국의 법관은 국민의 존경을 받지 않을 수 없다. 이처럼 사법부의 올바른 작동이야말로 민주주의가 뿌리내릴 수 있는 최적의 토양이다.

> "두 가지 주요한 위험이 민주주의의 존속을 위협하고 있다. 하나는 입법부가 선거구민의 의지에 완전히 복종하는 것이고, 다른 하나는 모든 다른 통치 권력이 입법부에 집중되는 것이다. 주의 입법자들은 이러한 위험이 등장하는 것을 조장했다. 연방의 입법자들은 이러한 위험을 줄이기 위해 가능한 모든 일을 다 했다."(I-1-8)

따라서 연방대법원은 사법부의 최고 기관일 뿐만 아니라 사실

2부 『아메리카의 민주주의』 깊이 읽기

상 독자적으로 정치적 기능을 수행하는 헌법기관이 된다. 수행상의 편의를 위해 대법원의 서열은 (비민주국가의 경우에 비해) 매우 높다. 헌법에 규정된 대로 연방대법원은 통치권을 가진 권력체인 연방정부와 주 정부를 소환할 수 있다. 주 정부들 사이에 권한 다툼이 있을 경우, 연방대법원은 해당 주들 앞에서 판결한다. 대법원의 판결에 따라 정부의 정책은 순식간에 무효화될 수 있다.

그렇다면 사법부는 모든 판결의 주체인가? 그렇지는 않다. 미국의 사법부가 정치적 기능을 수행하는 경우는 오직 법률의 위헌성과 관련된 것으로 한정되어 있다. 선출직 공직자에 관련된 '정치적 재판'의 관할권은 유럽의 경우와 같이 입법부의 소관이다. 만약 대통령이 반란죄를 범했다면, 하원은 그를 고발(탄핵소추)하고 상원에서는 판결을 내린다. 그런데 이 경우에도 목표는 대통령직에 대한 권력 박탈에 있지, 극형이나 징역형 같은 형사적 선고는 할 수 없다. 재판 결과가 단지 공직 박탈에만 있으므로 판결자들은 피고인에 대한 미안함 없이 판결을 내릴 수 있게 된다. 형사적 조치를 취하지 못하게 한 것은 입법부의 폭정을 방지하기 위함이다. 따라서 정치적 재판은 형식상 사법적 행위이지만 실제로는 행정적 조치의 성격을 띤다고 토크빌은 앞서 설명한 바 있다.(I-1-7)

그런데 미국의 연방헌법과 주 헌법은 정치적 탄핵의 사유를 구체화하지 않아 혼란을 낳기도 한다. 연방헌법은 대통령 및 공무원의 탄핵 사유로 '반역, 뇌물, 기타 중대한 범죄 및 비행'을 규정하고 있는데, '중대한 범죄와 비행'이 어느 경우에 해당하는지 알 수 없다. 각 주의 헌법도 주 정부 공직자의 탄핵 사유가 불확실하다. 따라서 미국의 정치적 재판에는 정치적 파당심이 개입될 여지가 크다. 그런데도 미국 정치가 안정적인 이유는 실제로 탄핵 권한을 행사하기 이전에 공직자가 스스로를 엄격하게 규제하기 때문이다.[9] 만약 대통령과 같은 공직자를 순전히 의회를 장악한 다수당의 욕심 때문에 탄핵하는 일이 자주 일어난다면, 이는 민주주의 정치가 타락하기 시작했다는 것을 알리는 적신호가 켜진 것이다. 토크빌은 다음과 같은 경구로 경고하는 것을 잊지 않았다. "내가 보기에 아메리카에서 공화제 정부들이 언제부터 쇠락할 것인가를 알아맞히기는 그리 어려운 일이 아니다. 정치재판(탄핵)의 수가 언제부터 증가하는지를 살펴보는 것으로 충분할 것이다."(I-1-7)

　연방헌법 4조는 주 정부와 연방정부의 관계를, 6조는 최고법으로서의 연방헌법의 지위를 각각 규정하고 있다. 토크빌은 연방제도와 연방헌법이 가능한 요인으로 지리적 조건의 우연성도 강조했다. 만약 미국이 유럽의 강대국 틈바구니에 끼여 있었다면 이렇게 복잡한 연방제도는 성립하기 어려웠을 것이다. 그런데 지리적 요인만으로는 미국 연방제도의 성립을 설명할 수 없다. 이미 유럽에는 13세기부터 연방국가였던 스위스가 있기는 했지만, 주들 사이의 문화적 차이와 문명 수준의 차이는 상당히 컸기 때문에 스위스의 통합은 "지도상에만 존재"하는 수준이었다. 반면에 미국은 같은 언어, 종교, 문화를 공유하고 있었기 때문에 실질적으로 통합된 최초의 연방국가라고 토크빌은 평가한다.

연방제도를 설명할 때 토크빌은 몽테스키외가 국가의 크기에 따른 위험의 종류를 구별한 것과 유사한 논리를 편다. 몽테스키외는 "큰 공화국은 내부적인 결함에 의해 멸망하고, 작은 공화국은 외세에 의해 파괴된다"(『법의 정신』, 9편 1절)고 했는데, 연방제도는 큰 국가와 작은 국가의 결점을 극복하고 대신 장점들만을 극대화할 수 있다는 점에서 이익이 된다. 미국의 경우에도 연방제도는 주 단위의 자유 정신과 연방 단위의 방어력을 결합시키는 이익을 얻을 수 있다. 하지만 토크빌은 이런 일반적인 설명에 머물지 않고 실제 미국 연방 운영상의 문제점과 해결책을 상세히 분석했다는 점에서 탁월하다.[10]

연방제도를 강력한 중앙집권제와 비교하면 당연히 여러 취약점이 쉽게 드러날 수밖에 없다. 연방정부는 주 정부와 권력을 나누기 때문에 국가의 권력 행사가 상대적으로 취약할 수밖에 없다. 연방 법률이 주 정부의 이익과 충돌할 경우, 해당 주의 시민은 연방정부의 명령에 반기를 들 수 있다. 실제로 서부로의 팽창기였던 그 시절에 주 정부는 주인 없는 토지를 매각할 권리를 두고 연방정부와 대립하기도 했다. 이런 위험을 예방하기 위해 연방정부가 할 수 있는 일은 시민들이 1차적 애착의 대상인 주를 넘어 스스로 국가(연방)에 결속감을 갖게끔 유도하는 것뿐이었다. 그리고 그것이 성공할 수 있었던 것은 놀랍게도 그들이 가진 '자치의 경험' 때문이었다.

토크빌은 연방제도에 대한 분석을 마무리하면서 다시 그것을 자치제도와 연결지어 놀라운 분석력을 보여주었다. 미국의 경우에는 타운 집회를 통해 다져진 민주적 자치의 습속이 주로 주 정부 단위에서 내적인 개선을 이루는 데 긍정적으로 작동한다. 개인의 이익을 충분히 반영한다는 점에서 주 정부는 이익의 공동체로 볼 수 있다. 그런데 너무나 거대하기에 개인의 이익을 실현시키기 곤란한 연방정부 차원에서 미국인들은 이익 대신 공공정신에 기반한 애국심을 발휘할 기회를 찾게 된다.

> "연방의 공공 정신은 어떤 면에서 이러한 지방의 향토애의 집합에 지나지 않는다고 할 수 있다. 달리 말하자면 합중국의 개개 시민은 자신의 향토인 작은 공화정에 대한 관심을 공동의 조국에 대한 사랑 속으로 이전시킨 것이다."(I-1-8)

이런 점에서 연방으로서의 미국은 이익 공동체가 아니라 공화적 애국주의로 결속된 자발적 시민 공동체이다. 시민들의 관심에서 볼 때, 연방정부는 구성된 각 주의 물리적 연합이 아니라 시민 정신과 이념의 구현체로 그 위상이 숭고해진다. "연방은 말하자면 정신 속에서만 존재하는 관념적인 나라"라는 토크빌의 평가는, 이들이 이론적으로 완벽하다는 것뿐만 아니라 추상적인 헌법 조항을 현실 정치에서 민주적 토론을 거쳐 심사숙고하고 세심하게 적용해가는 과정에 대한 찬사이기도 하다.

따라서 이러한 민주적 이상의 훈련 경험이 없는 나라는 아무리 미국의 제도를 흉내낸다고 하더라도 결코 민주주의를 지속적으로 운영할 수 없다. 멕시코는 미국의 연방헌법을 참조하여 1824년에 연방제도로 나라를 운영했지만 그들의 정치는 순탄치 못했다. 연방정부와 주 정부가 사사건건 충돌하면서 멕시코는 무정부상태와 독재체제를 번갈아 겪어야 했다. "그들은 헌법의 자구만을 빌려왔을 뿐 헌법에 생명력을 불어넣은 정신은 옮겨오지 못했다." 이처럼 제도적 설계 자체도 중요하지만 결국 핵심은 그것을 실행하는 과정에 있다. 마을에서의 자치와 자율의 경험이야말로 거대한 연방국가 미국이 민주주의를 지속해갈 수 있었던 기반이다.

4

미국 민주주의의 위험과 보완

『아메리카의 민주주의』 I권의 1부가 미국의 민주주의 제도에 대한 정태적 분석이라면, I권의 2부는 실제 민주주의 정치가 실행되는 과정에 대한 동태적 분석이다. 아무리 좋은 제도라도 그것을 실행하는 시민들의 문화적 수준이 뒷받침되지 못하면 그 결과는 좋지 않다. 따라서 민주주의에 대한 연구에서는 정치사회 못지않게 시민사회에 대한 분석이 반드시 병행되어야 한다. 그런 점에서 『아메리카의 민주주의』 I권의 2부는 오늘날의 정치과정론 분야에 시민사회론과 정치문화론을 결합시킨 세련된 연구 사례다. 토크빌은 본래 『아메리카의 민주주의』 I권을 정치사회, 시민사회, 종교사회 총 세 부분으로 구성하고자 했는데, 특히 2부는 정치사회 분석에 시민사회와 종교사회를 결합시킨 내용을

125

담고 있다. 그리고 여기서 토크빌이 다룬 주제들은 오늘날 미국 연구를 넘어 민주주의 일반에 대한 연구에서도 여전히 매우 중요하다. 따라서 미국에 대한 선지식 덕택에 전반부를 대충 건너뛴 독자라도 이 부분만큼은 숙독하면서 토크빌의 문제의식을 공유하고 토론할 준비를 갖춰야 한다.

I권 2부의 후반부는 실행상의 다양한 주제를 다루는 1~8장, 전체 책의 결론에 해당하는 9장, 그리고 일종의 부록에 해당하는 10장으로 구성된다.[11] 2부 1~8장은 서론에 해당하는 1장을 제외하면 다시 두 부분으로 나뉜다. 2~4장에서는 미국 민주주의의 작동 과정에서 매우 중요한 제도적 하부구조인 정당과 정치결사, 그리고 그것을 뒷받침하는 언론 자유의 실태에 대해 서술한다. 5~8장은 실제 미국 정치과정의 특징과 민주정치를 위협하는 요인에 대한 분석으로 구성되었다.

미국 정치의 하부구조, 정당과 언론

앞서 토크빌은 미국의 정치제도를 점검하면서 그것이 주권재민의 원칙에 따라 성립되었다고 보고했다. 그리고 여기서 토크빌은 이 원칙이 실제 정치 운영 과정에서도 지켜지고 있다고 분석했다. 비록 대의민주주의 제도를 채택했지만, 미국인들은 거의 매해 각종 선거를 통해 주권자로서의 권한을 행사한다. 꼭 선거가 아니더라도 미국 시민들은 여론과 이익 표출 행위를 통해 나날의 국정에 항구적인 영향력을 발휘한다. 따라서 미국의 민주주의를 이해하기 위해서는 아래로부터의 민주주의를 가능하게 하는 장치들을 분석해야 한다. 이 장치들은 정당과 결사, 그리고 언론의 자유다.

정당은 본래 국민의 의견을 결집하는 것을 목적으로 성립된 조직이다. 정치철학적인 방식으로 규정한다면, 정당의 목적은 시민사회의 의견을 모아 국가로 전달하는 데 있으므로, 정당의 본질은 결사체다. 따라서 대한민국 헌법과 달리, 미국 헌법은 정당과 관련한 조항을 삽입할 필요를 느끼지 못했다. 실제로도 건국 초기에는 정당이 존재하지 않았다가 조지 워싱턴 대통령의 정책에 반대하는 파벌이 정당을 결성하면서 비로소 출현하기 시작했다. 초기 주요 정당은 연방 유지를 강조한 연방당과 제퍼슨이 주도한 민주공화당이었다. 토크빌이 미국을 방문하던 1830년에 연방당은 해산된 후 휘그당으로 계승되어 겨우 재기를 모색하던 상태였고, 민주공화당은 유일한 대정당으로서 당세를 확장하던 상태였다.[12] 따라서 토크빌이 당시의 관점에서 미국의 대정당이 발전하지 못한 상태를 비판하는 것을 이해할 수 있다.

토크빌의 정당론에 따르면, 군소정당은 국민을 선동하고 타락시킬 뿐 훌륭한 정치 신념을 갖지 못하고, 대정당은 사회를 격동시키기는 하지만 정치 신념을 준수하며 관대한 타협의 전통을 존중한다. 이런 관점에서 건국 초기에 연방당이 국민의 권력을 제한하면서까지 연방의 기초를 다진 것은 미국에는 "행운이 따른 사건"이었다. 당시 연방당은 독립전쟁이 낳은 영웅과 지성들이 참여했기 때문에 건국 초기의 혼란을 헤쳐 나갈 도덕적 호소력을 발휘하면서 신생국을 안정적으로 운영할 수 있었다. 그러나 건국의 영웅들이 하나둘 사라지면서 명사들로 구성된 연방당은 더 이상 유지될 수 없었다. 토크빌이 볼 때, 당시 미국에서 대정당의 전통은 사라진 듯했다. 집권 정당은 권력을 독점하면서 정당 간 균형을 깨뜨려버렸다. 국민의 권리를 강조하던 민주공화당의 계속된 집권은 불균형을 더욱 심화시켰다. 국민의 권리를 제한하려는 귀족적 정당이 발을 붙이지 못하면서 부유층이나 명사들은 정치에서 멀어졌다. 여기까지가 토크빌이 방문하던 시기 미국 정당의 실태였다. 그런데 토크빌은 다른 한 편에서 미국의 정당이 국민을 제대로 대표할 수 있는 조건을 보았다. 민주정치에서 정당의 실제 목적이 정권 획득에 있는 한, 이들은 국민의 이익과 의견을 존중하고 이를 결집시키기 위해 노력하지 않을 수 없다. "정당들이 득세하기 위해 사용하는 두 가지 거대한 무기는 바로 신문과 결사이다."(I-2-2)

주권재민의 원칙이 지켜지는 나라에서 언론의 자유는 자명한 권리다. 참정권을 가진 시민이라면 누구나 다양한 견해들 가운데 자신이 지지할 것을 선택할 수 있어야 하는데, 이를 위해 의사 표현의 자유와 이를 전달하는 언론의 자유는 필수적이다. 따라서 미국인들은 그 누구도 언론 자유를 제한하거나 검열이 필요하다는 생각을 하지 않았다. 토크빌은 프랑스에서 자유 언론이 얼마나 무책임한 선동을 일삼았는지, 그리고 언론사뿐만 아니라 그 소속 기자들이 스스로 권력화하여 횡포를 부리는지에 대해 깊게 절망하고 있던 터였다. 그런 토크빌조차도 당시 잭슨 대통령을 "극악무도한 도박사", "무자비한 독재자", "자신의 미친 과거를 저주할 것" 등과 같은 방식으로 일방적으로 조롱하고 비난하는 미국의 신문 기사를 접하고는 경악을 금치 못했다. 그만큼 미국의 언론 자유는 제도를 넘어 일상에서 관습화된 하나의 문화이다. 언론의 악영향에도 불구하고 토크빌이 민주주의에서 언론 자유가 반드시 필요하다고 믿은 이유는 단 하나, "그것이 가져다주는 이점을 고려하기보다는 그것이 막아 주는 해악" 때문이다. 다시 말해, 언론 자유는 언론인의 방종이라는 부작용에도 불구하고, 이를 통해서 비로소 국가와 관리가 자의적으로 시민의 자유를 침해할 여지를 줄일 수 있는 감시 기능을 수행하기 때문에 유지되어야 한다는 것이다.

토크빌은 프랑스와의 비교를 통해 미국에서 언론이 자유를 넘어 방종에 가까운데도 언론의 영향력이 생각만큼 크지 않은 데에 대해 궁금해하면서 그 이유를 탐구했다. 프랑스는 중앙집권화가 진행되어 언론 역시 중앙에 집중된 비교적 적은 수의 기관이 경쟁하며 영향력을 높이려고 한다. 그런 상황에서는 상업광고를 거의 싣지 않고 대신 비판적인 사설을 싣는 진지한 신문일지라도 그 자체 권력기관화 하지 않을 수 없다. 반면에 자치와 지역 분권이 확립된 미국에서는 정보의 중심지가 따로 존재하지 않기 때문에 수많은 신문사가 여러 지역에 골고루 흩어져 존재한다. 프랑스와 미국의 언론 상황을 비교한 후 토크빌이 내린 결론은 매우 타당하다. 언론의 숫자가 많아질수록 개별 언론사의 영향력이 줄어든다는 것이다. 정부 정책에 대해 비판과 지지 견해가 충돌하면서 중화되고 동시에 다양한 견해의 표출이라는 언론 본래의 기능은 충실해질 수 있다는 것이다. 마을 단위의 신문부터 대도시의 신문에 이르기까지, 이들은 끊임없이 정보를 생산하고 유통시켜 직접 접촉 없이도 거대한 의사소통을 가능하게 한다. 언론의 눈은 지역의 지도자부터 연방정부의 관리에 이르기까지 차례로 여론의 단상에 세워 그들이 국민의 감시 아래 있다고 환기시킨다. 따라서 미국에서 "개별적인 신문은 별다른 권한을 행사하지는 못하지만 정기간행 언론의 힘은 국민의 권력 다음가는 권력이다."(I-2-3)

다수의 폭정에 맞서는 시민 결사

토크빌이 미국의 정치과정에서 가장 관심을 기울였던 것은 바로 시민들의 정치적 결사이다. 결사의 성격은 정치적일 수도 비정치적일 수도 있다. 중요한 것은 어떤 사안이 발생할 경우 미국인들은 국가기관이나 유력자의 도움을 받기 전에 시민들 스스로 단체를 결성하여 집합적으로 대응하는 데 익숙하다는 점이다. 사실 타운이나 도시 같은 항구적인 지역자치 단위조차도 거주민들의 자발적인 결사에서 비롯한 시민 공동체였음을 잊어서는 안 된다. 이러한 전통에 따라 미국인들은 어려서부터 스스로 단체를 만들고 규칙을 제정하여 그것에 맞춰 행동하는 것을 습관화해왔다. 스스로 약속한 규칙을 집행하기 때문에 집행권의 행사는 언제나 존중된다.

그런 까닭에 미국에서는 정치적 결사의 자유가 무제한적이다. 일단 단체를 만들게 되면 이들은 표현의 자유를 누리고 언론기관을 통해 자신들의 집약된 견해를 널리 알릴 수 있다. 이에 호응하는 지지자들의 숫자가 늘어나면 이들은 더욱 열성적으로 결사를 확대시킨다. 다음 단계에서는 집회를 개최하여 자신의 힘을 표출한다. 지지자들 개인 간의 원거리 통신에서는 느슨한 결속이 형성되는 데 반해, 집회에서는 지지자들의 결속력이 최고조로 고양된다. 서로에 대한 이해와 동지애가 증진되면서 이들의 활동 영역은 더욱 넓어진다. 집회의 가장 중요한 요소는 대표자를 선출하는 기회를 갖는 데 있다. 선출된 지도부는 물론 공식적인 대의제의 대표는 아니다. 하지만 이들은 도덕적 정당성이라는 권력을 갖는다. 이를 통해 지도부는 단체의 의견을 반영한 법률안을 미리 기초하여 그것이 실제 법률로 제정되게끔 입법부에 압력을 가할 수 있다. 이처럼 미국에서는 언제든 합법적인 결사로서 자신들의 생각을 표출할 수 있기에 '비밀결사'가 있을 필요가 없다.

그런데 토크빌은 이러한 결사의 자유의 성격에 대해서 독특한 해석을 펼친다. 미국에서 시민들의 결사는 다수의 폭정에 맞서는 보장책으로서 기능을 수행한다는 것이다. 미국의 입법부는 미국 시민의 이익을 대표하는데, 의회 다수당이 동시에 다수 여론의 지지를 받는다면 언제든 '다수의 이름으로' 소수를 배제한 입법과 정치 활동이 가능하다. 민주정치에서는 이것을 규제할 수 있는 방책이 사실상 없다. 이런 상황에서 소수 의견을 가진 시민들의 결사는 다수파의 폭정에 맞설 수 있는 유일한 수단이다. 소수는 힘이 적기에 더 올바른 도덕적 권위에 호소해야 한다. 결사의 자유는 소수자가 도덕의 권위를 통해 다수를 견제할 수 있는 유일한 방법이기에 미국 정치는 결사의 자유를 존중하게 된다.[13]

그런데 무제한적인 결사의 자유는 장점과 동시에 위험성을 안고 있다. 유럽의 경우에는 결사를 투쟁의 무기로 간주한다. 단체를 만드는 사람들의 머릿속에는 오직 투쟁적 행동만이 가득차 있다. 그러므로 유럽의 결사는 "사실상 군대"이다. 일단 단체에 소속되면 이들은 개인의 독립성을 포기하고 마치 군인들처럼 일사불란하게 행동하기를 원한다. 이들이 집회를 벌인다고 해도 거기에는 토론 대신 선동만이 있을 뿐이다. 유럽의 단체들은 "토론보다는 행동을, 설득보다는 투쟁을" 선택할 뿐이다. 반면에 미국의 결사는 어린 시절부터의 훈련에 기초하여 토의와 토론을 통해 자신들의 견해를 명확히 하는 데 초점을 맞춘다. 극단적이거나 비합리적인 생각은 집회의 숙의 과정에서 미리 걸러지고 합리적인 대안이 생성된다. 그러한 때 도덕적 권위가 생겨나기 때문에 활동 방식도 평화적이게 된다. 결사의 참가자들은 결사의 순간에도 개인의 도덕적 자율성을 포기하지 않고 자신의 견해를 발전시켜가면서 결사의 일원이 된다. 이러한 개인들이 시민으로 존재한다는 점에서 미국은 유럽의 다른 국가와 다르다.

"어떤 새로운 기획이 도모되는 곳 어디에서든 프랑스에서는 정부 당국을 보게 되고 영국에서는 귀족 나리를 보게 된다면, 합중국에서는 결사를 보게 된다."(II-2-5)

대표성과 안정성을 동시에 갖춘 선거제도

2부 5~8장에서 토크빌은 미국 민주주의 실제 실행상의 세부적인 문제점과 그것을 제어할 수 있는 제도 등을 상세하게 서술하고 있다. 이미 민주화라는 되돌릴 수 없는 흐름의 한 가운데에 있었던 프랑스의 상황을 염두에 둘 때, 외부 변수에서 자유로운 미국이야말로 가장 일반적인 수준에서 민주주의의 진로를 예측해볼 수 있는 최적의 연구 대상이었다.

"민주주의를 고스란히 포착해낼 수 있는 곳은 바로 아메리카이다. 그리고 이 연구가 우리 프랑스인에게가 아니라면, 과연 누구에게 이만큼의 흥미와 유익을 가져다줄 수 있겠는가? 매일같이 어떤 불가항력적인 힘에 떠밀려서 때로는 전제정을 향해, 때로는 공화정을 향해, 하지만 확실히 민주주의적인 사회 상태를 향해, 맹목적으로 나아가는 우리 프랑스인들 말이다."(I-2-5)

토크빌은 2부 5장에서 미국 민주 정치의 세목들에 해당하는 선거제도와 행정제도 그리고 관리들의 실태 등을 비판적으로 검토하고 있다.

미국은 주권재민의 원칙을 실현시킬 수단으로 건국 초기부터 대부분의 주에서 21세 이상의 성인 남성들에게 선거권을 부여했다. 그 시대의 기준으로 미국은 '보통선거'제를 시행했다.[14] 그런데 유럽인들이 보통선거에 대해 갖고 있던 환상과 달리, 미국인들은 선거에서 결코 높은 지성을 가진 사람들을 대표자로 선출하지 않았다. 왜 이러한 경향이 나타날까?

토크빌은 이를 보통선거가 일깨운 '평등에 대한 동경'과 달리 개인의 내면에서 진행되는 은밀한 심리적 성향, 곧 하층민들이 자기보다 뛰어난 이를 국정에서 배제시키고자 하는 욕망 때문인 것으로 파악한다. 그나마 뉴잉글랜드 지역처럼 지성이 뒷받침된 지역에서는 그러한 성향이 덜하지만, 남부 지역으로 내려갈수록 재능과 덕성을 갖춘 공직자를 찾기 어려워진다. 이를 종합하여 토크빌은 보통선거 제도가 국가 운영에 유리한 결과를 낳기 위해서는 투표자인 국민들의 수준이 높아져야 한다는 결론을 내렸다.

상하 양원제는 민주적인 선거제도가 갖는 이런 취약점을 보완하기 위한 장치로 기능하기도 한다. 국민들이 직접 대표를 선출하는 하원의 경우, 시골 변호사나 상인 출신으로 구성되었기에 그 수준이 떨어진다. 하지만 상원은 다르다. 당시 연방헌법에 따르면, 각 주를 대표하는 연방 상원의원은 주 의회에서 선출한다. 자기 주를 대표하여 활동할 사람이기에, 주 의회는 신중하게 학식과 경륜을 갖춘 인물을 상원의원으로 선출하여 연방 상원으로 보내게 된다. 1830년 당시 전체 성원도 48명(24개 주에서 각 2명씩)에 불과했던 데다 실제로 상당한 자질을 갖춘 이들의 모임이었기에 당시 상원은 매우 심도 깊은 토론을 할 수 있었다.(1913년에 비준된 수정헌법 17조에 따라 현재는 상원의원도 주민들의 직접투표로 선출한다.)

"그들은 탁월한 웅변술을 자랑하는 변호사, 저명한 장군, 능란한 관료들이거나 잘 알려진 정치인들이다. 상원에서 이루어지는 모든 토론은 유럽의 가장 훌륭한 의회 토론들과 비교해도 조금도 손색이 없을 것이다."(I-2-5)[15]

상원이 당장의 인기나 여론에서 비교적 자유롭게 국사를 논의할 수 있었던 제도적 요소는 크게 두 가지다. 하나는 6년이라는 긴 임기다.(하원의원의 임기가 2년인 것을 감안하면 더욱 그러하다.) 다른 하나는 2년마다 상원의원 선거를 하되, 해당 선거에서는 전체 상원의원의 3분의 1만 투표 대상으로 한다는 것을 연방헌법에 못 박아두었다는 점이다. 잦은 하원의원 선거는 그때그때 국민의 의견을 대표한다는 효과가 있는 데 반해, 상원은 제도적 안정성을 보장하여 의원 개개인이 정당 지도부는 물론 국민 다수의 압력에 구애받지 않고 스스로의 양심으로 국정에 임하게 하는 장점을 갖는다. 이런 설계를 통해 미국의 민주주의는 거의 해마다 선거를 치르면서도 안정성을 유지할 수 있는 것이다.[16]

주권재민의 원칙은 행정부의 관리에게도 적용된다. 행정부의 관리들은 국민에게서 위임받은 법 집행권을 성실히 수행해야 한다. 군주제하의 관리는 신하로서 군주에게 충성하지만, 민주국가의 관리는 국민의 대표들이 만든 법을 준수할 뿐 권력을 남용해서는 안 된다. 시민들은 자신들이 임명한 관리들이 법률의 한계를 넘어 행동할 때 그를 파면시킬 수 있고, 대개는 그 전에 미리 관리에게 직접 영향력을 가하는 방식으로 통제할 수 있다. 그런데도 미국의 관리들은 유럽의 관리들보다 훨씬 자유롭게 직무에 임할 수 있다. 왜냐하면 유럽의 관리들은 군주나 특정 계층의 이익을 대변하는 법률을 행사하기 때문에 시민들의 반항에 스스로 위축되지만, 미국의 법률은 시민 사이의 약속이라는 성격이 강하기 때문에 일단 정해진 법률대로 관리들이 집행을 할 경우에는 그것이 지나치게 엄격하다고 할지라도 항의하는 시민이 거의 없기 때문이다. 물론 일반 행정 관리들의 권한이 커지게 된 데는 선출직 공직자의 짧은 임기가 영향을 미쳤을 것이라는 해석도 가능하지만, 토크빌은 그런 해석 대신 관리에 대한 주권을 가진 시민의 감시가 가능하다는 점에서 역설적으로 공직 수행의 권한이 자연스럽게 확대된 것으로 해석한다.

이런 전통에 따라 미국 관리들에게는 관복이 없다. 일의 대가로 봉급을 받을 뿐이다. 귀족국가에서 관료는 명예직의 성격이 강해 봉급을 주지 않았다. 그래서 부유한 귀족들이 관직을 독점하며 별도의 관료계급을 형성하게 되었다. 하지만 민주주의

2부 『아메리카의 민주주의』 깊이 읽기

국가의 관리들은 선출직이든 임명직이든 모두 국민의 세금에서 지불되는 봉급을 받는 만큼 상류층 대신 일반 대중들이 공직에 임용될 가능성이 높아진다. 특히 하위직일수록 (유럽의 하위직에 비해) 상대적으로 높은 봉급을 받아서 공무원들이 일반인들과 비슷한 생활수준을 유지할 수 있기 때문에, 미국 공무원들은 본연의 업무에 충실할 수 있게 된다. 그런데 주권재민의 원칙에 충실하다 보니, 미국의 행정은 장점과 단점을 동시에 갖는다. 청교도들인 국민의 검소함에 따라 허례허식을 위한 축제나 행사의 유혹에 빠지지 않아 예산을 절약할 수 있다는 것은 장점이다. 하지만 그때그때 시민의 요구에 부응해야 하기 때문에 과학으로서의 행정 관리 기술이 발전하지 못하게 된다는 약점이 있다. 토크빌이 미국에서 자료를 요청할 때 공무원들이 '원본'을 그냥 내준 경우가 많았다는 것이 그 증거이다.

2부 5장의 후반부에서 토크빌은 미국의 민주적인 정치문화가 단기적으로는 비효율적인데도 그것을 지켜나가는 것이 장기적으로 효과를 거둘 수 있다는 점을 지적한다. 미국의 정치인들은 법률을 통한 규제보다 국민들 스스로 경험을 통해 계몽된 이익을 추구하게끔 내버려두는 경향이 있다. 토크빌은 자신이 미국에서 경험한 사례를 예로 든다. 당시 미국은 술에 세금을 부과하지 않아 독한 술로 인한 범죄가 많았지만, 주세酒稅를 매기려는 정치인은 없었다. 이는 물론 주세 부과 때문에 인기가 떨어지는

138

민주주의의 탄생

것을 우려했기 때문이기도 하지만, 그들은 대체로 이렇게 합리화했다. "시간에 맡겨둡시다. 그러면 폐단을 깨달은 국민들은 무엇이 필요한지 알게 될 것입니다." 곧 국민 스스로 술로 인한 폐해를 심각하게 겪고 나서 자발적으로 주세를 매기자는 여론이 다수가 될 때까지 기다리면 된다는 것이다. 민주주의가 작동하는 이러한 독특한 방식, 곧 민주주의는 실수를 선택할 확률도 크지만 바로 그 민주정치에 의해 실수를 시정할 기회도 많다는 방식에 대해 토크빌은 이렇게 평가한다.

"민주주의는 국왕이나 귀족들보다도 실수를 저지를 확률이 더 높지만, 일단 그 실수를 깨닫게 되면 바른길로 되돌아올 확률도 더 높다. 왜냐하면 일반적으로 민주정치 안에서는 최대 다수의 이해관계와 상충되고 이성에 어긋나는 이해관계를 찾아볼 수 없기 때문이다. 하지만 민주주의는 경험을 통해서만 바른길로 접어든다. 그런데 많은 나라들이 자신이 저지른 과오를 통해 무언가 배울 기회를 갖기 전에 멸망하곤 한다. 따라서 아메리카인들의 커다란 특전은 그들이 다른 나라보다 더 높은 식견을 지니고 있다는 점뿐만 아니라 과오를 고칠 수 있는 역량을 지니고 있다는 점에 있다고 말할 수 있다."(I-2-5)

2부 5장을 마무리하면서 토크빌은 미국의 외교 정책을 검토한다. 앞서 검토했듯이, 연방헌법은 외교를 대통령과 상원에 위임했다. 외국과 맺은 조약은 상원의원 3분의 2 이상의 지지를 통해 비준될 수 있다. 실질적 대표인 하원 대신 상원, 그리고 대통령에 의해 중요한 외교적 결정이 이뤄진다는 것은 분명 주권재민의 원리에 반한다. 하지만 외교란 원래 그런 것이다. 민주정치는 국내 자원의 증대와 공공정신의 함양에 유리하지만, 언제나 타국에 대해 적대적인 다수의 감정과 그것을 이용하려는 정치인들의 존재 때문에 외교를 망칠 수도 있다. 미국도 그런 위험에 처한 적이 많다. 1789년 프랑스대혁명 이후 프랑스가 유럽 전체를 상대로 전쟁을 벌일 때, 미국 국민들은 독립전쟁에 도움을 준 프랑스 편에 서서 참전하기를 원했다. 조지 워싱턴이 전쟁 개입을 꺼리자 하원은 대통령에 대한 지지를 철회하고 그를 반역자 아널드(독립전쟁 기간 동안 미군을 이끌다가 후반부에 영국 편으로 돌아선 장군 베네딕트 아널드를 이름)에 비유하기까지 했다. 하지만 결과적으로는 다수의 감정에 휘둘리지 않은 워싱턴의 판단이 옳았다. (제1차 세계대전까지 미국의 외교정책은 불개입 원칙을 지켜갔다.) 토크빌은 유럽 내부 분쟁에 휘말리지 말 것을 권고하고 있는 워싱턴 대통령의 고별 연설을 인용한다.

"다른 나라에 대해 습관적으로 애증의 감정에 빠져드는 나라는 어떤 의미에서는 노예가 된다고 할 수 있다. 그 나라는 자신의 애정과 증오의 노예인 것이다."(I-2-5)

민주주의의 탄생

대중적 인기에 연연하지 않는 것이야말로 대통령과 상원이 외교를 맡아야 할 이유가 된다. 이처럼 외교만큼은 마치 귀족국가들처럼 경륜과 지혜를 갖춘 인물이 맡아야 한다고 토크빌은 결론짓는다.

영웅을 버리고 시민을 택하다

민주주의의 존속을 위험에 빠뜨리는 성향이 민주주의 내부에 존재한다. 『아메리카의 민주주의』 I권 2부 6~8장에서 토크빌은 기존의 논의를 종합하고 일반화의 수준을 높여 민주주의의 장점과 위험성을 점검한다. 이 부분은 현대의 민주주의 이론에서도 자주 언급되는 부분이므로 차분한 독해가 필요하다.

기본적으로 민주주의를 대하는 토크빌의 태도는 가치 중립적이다. 민주주의를 칭송할 때도 결코 흥분하지 않고, 그 문제점을 지적할 때도 편견에 사로잡히지 않는다. 그 이유는 그의 분석 대상이 민주주의 일반이 아니라 '미국'이라는 특정한 나라의 민주적 정치제도로 국한되어 있기 때문이다. 미국의 정치제도 외에도 다양한 방식의 제도적 가능성이 있기에 그는 섣불리 미국의 제도를 다른 나라가 채택해야 한다고 말하지 않는다. 다만 당시 가장 선진적인 미국 민주주의에 대한 분석은 곧 미래에 일반화

될 민주주의를 한 걸음 앞서 검토할 수 있는 사례라는 점에 주목한다.

토크빌은 먼저 민주주의의 장점을 검토한다. 어느 경우에나 마찬가지이듯이, "민주주의의 결함은 금세 눈에 띄지만 그 장점은 한참 후에야 드러나는 것이다."(I-2-6) 민주주의의 장점은 다음과 같다. 첫째, 민주국가에서 개별 관리들의 능력과 정직성은 귀족국가들의 경우에 비해 떨어지지만, 그럼에도 피치자인 시민들의 높은 지식 정도와 관심에 의해 큰 효과를 얻을 수 있다. 특히 관리들이 일반 시민 가운데에서 충원되므로 관리의 이익과 동료 시민 다수의 이익이 거의 일치하기 때문에 관리들이 시민의 이익을 배신할 필요가 없다.

둘째, 민주국가에서는 시민들이 공공의 정신으로 국가의 일에 개입하게 된다는 장점이 있다. 미국인들의 공공성에 대한 관심의 기초는 정서적인 것, 곧 애국심과 향토애에서 출발한다. 그러나 본능적이고 자연적인 친숙함에서 기초한 정서적 유대는 "이성적으로 사유하지 않고 신념과 감정의 충동으로 행동"하게 되는 위험이 있을 뿐만 아니라 시대의 변화에 따라 점차로 소멸될 수밖에 없다는 약점이 있다. 따라서 미국인들은 마을 단위의 자연스러운 정서적 유대를 대체하는 새로운 형태의 결속 방식에 눈뜨게 된다. 그것은 바로 자신의 이익과 권리에서 출발하여 공공의 복지에 대해 관심을 갖게 되는 방식, 곧 자신의 사적 이익과

공동체의 공적 이익을 결합시키는 현대적인 결속 방식이다.[17]

"어떻게 해서 합중국에서 사람들은 누구나 타운의 일, 카운티의 일, 주 전체의 일에 마치 자기 자신의 일처럼 관심을 지니게 되었는가? 주민들이 현재 사는 땅으로 바로 엊그제 이주해왔으며 어떤 관습도 전통도 들여오지 않았을 뿐만 아니라 서로 이방인으로 처음 만난 까닭에, 이를테면 조국에 대한 본능 같은 것이 거의 존재할 수 없을 합중국에서 말이다. 해답은 합중국에서는 각자가 자기의 영역에서 적극적으로 사회의 운영에 참여한다는 사실에서 찾을 수 있다. (……) 이들은 의무감이나 자부심뿐만 아니라, 감히 말하건대 물욕에 의해서도 국가의 이익을 위해 일하는 것이다."(I-2-6)

이 밖에도 토크빌은 민주주의에서 정치적 권리가 하위 계층에까지 고르게 확산된다는 점을 지적하고 있다. 이는 마치 "부의 확산이 재산 개념을 모든 사람들에게 가져다주는" 것과 같다. 하층의 시민들에게까지 허용된 자유는 방종으로 흐르기도 한다. 하지만 미국인들은 그런 위험에도 불구하고 그들 모두에게 참정권을 부여하여 스스로 주권자임을 자각하게끔 만들었다. 자신의 의견을 반영하여 대표자들이 법률을 만들기 때문에 이들은 법률에 대해 호의적 태도를 지니고 자발적으로 준법정신을 갖는다. 때로 어떤 법률은 나쁜 결과를 낳기도 하지만, 그렇게 해로운 법

143

은 다시 국민의 대표에 의해 바뀔 수 있다는 것을 미국인들은 잘 안다. 따라서 "미국에는 법률을 적으로 간주하면서 공포와 불신으로 그것을 바라보는 무질서한 군중이 없다"고 토크빌은 평가한다.

토크빌이 미국을 방문하던 시기는 전반적으로 미국 정치의 전환기에 해당한다. 앞서 정당의 역사를 검토할 때 언급했듯이, 이 시기에는 첫 서민 출신 대통령인 앤드루 잭슨의 정책을 둘러싸고 기존의 민주공화당과 신생 휘그당에 의해 대규모 정당 캠페인이 재생하기 시작했다. 일반 시민들이 정치과정에 참여하는 모습을 보고 토크빌은 처음에는 소란스럽다는 느낌을 갖기도 하지만 차츰 익숙해지면서 그러한 시민의 정치 참여야말로 민주주의에서만 관찰되는 가장 자연스러운 모습이라는 생각을 갖게 된다.

"합중국 땅에 발을 내딛자마자 당신은 일종의 야단법석의 한복판에 서게 될 것이다. 사방에서 시끄러운 아우성이 울리고 수천 명의 목소리가 한꺼번에 들려온다. 목소리마다 사회적 요구들을 외친다. (……) 공동체의 운영에 관여하고 또 그것에 대해 토의하는 것은 미국인이 알고 있는 가장 중요한 관심사이며 군이 말하자면 유일한 즐거움이다. 이러한 사실은 아주 일상적인 생활에서도 나타난다. 이를테면 여성들도 자주 공공 집회에 드나들며 정치 연설을 들으면서 잠시 가사노동의 따분함을 벗어던진다. 여성들에게서 정치 논쟁이 어느 정도까지는 여흥을 대신하는 것이다. 아메리카인은 대화는 잘 못하지만 토론은 썩 잘 해낸다. 그는 이야기를 나눈다기보다 논박을 한다. 그는 언제나 마치 집회에서 연설하듯이 당신에게 말을 건넨다. 그리고 행여나 토론에서 열이 오를 경우에 그는 상대방에게 '신사 여러분'이라고 말을 건네면서 시작할 것이다."(I-2-6)

유럽의 기독교인들은 민주주의를 마치 신앙의 적인 양 여기기도 했다. 하지만 그것은 기독교가 특권 계층과 결탁하고 있는 상황에 대한 민중의 저항 때문이지, 민주주의가 본래부터 종교에 적대적인 것은 아니다. 민주주의 비판자들은 민주정치에서는 과거 고전 시대의 초인적 인물이나 귀족의 덕성을 갖춘 이들을 길러내지 못한다고 말하곤 하는데, 틀린 말은 아니다. 하지만 민주주의의 인간형은 처음부터 영웅을 목표로 하지 않는다. 고귀함은 없더라도 상관없다. 타인의 인격을 존중할 줄 알고 스스로의 이익과 국민 전체의 이익을 조화시킬 수 있는 합리적 인간을 민주주의는 선호하고 또 길러낸다. 정치는 공리적 이기심에 의해서 작동될 때도 문제이지만 선험적인 도덕적 규범에 의해서 작동되어서도 안 된다. 누구나 민주주의의 약점은 쉽게 지적할 수 있지만 그 강점은 제대로 설명하지 못한다. 토크빌은 미국에서 민주주의의 취약점으로 보이던 것이 사실은 강점을 만들어가는 힘을 제공한다는 것을 알아챈 것이다.

민주주의의 항구적 위험성, 다수의 폭정

민주주의는 국민 '모두'가 아닌 '다수'가 지배하는 정치체제다. "민주국가에서는 다수에게 저항할 수 있는 것은 아무것도 없다." 따라서 순수하게 민주적 성격을 강화시킬수록 다수의 권력은 더욱 확대될 수밖에 없다. 토크빌은 자신이 태어나기 전에 부모들이 겪었던 프랑스대혁명의 공포에 대해 익히 알고 있었다. 혁명을 이끈 집단은 언제나 국민의 이름을 앞세웠지만 실제로는 다수의 지지를 받은 정파 마음대로 새로운 형태의 독재를 실행했을 뿐이다. 토크빌은 미국의 민주정치에서 과연 이런 일이 되풀이될지에 대해 관심을 갖고 지켜보았다. 『아메리카의 민주주의』 I권 2부의 7~8장은 이른바 '다수의 폭정'의 위험성을 검토하고 미국이 그것을 제어하기 위해 마련한 제도적 장치들의 작동 가능성에 대해 탐색하고 있다.

　다수의 위험성은 크게 두 가지 방향에서 나타날 수 있다. 하나는 입법부에서 다수의 전횡으로 나타난다. 미국의 연방헌법 1조가 의회에 대한 규정에서 시작하듯이, 미국에서는 대통령으로 대표되는 행정부보다 국민의 대표들로 구성된 입법부의 힘이 강하다. 모든 법률이 입법부에 의해 제정되는 까닭에 다수의 의지는 입법권을 통해 국가를 지배한다. 민주정치에서 다수는 권력의 출발점이고 따라서 다수의 이해관계는 소수의 그것보다

마땅히 우대받아야 한다. 하지만 다수의 만능은 동시에 소수의 권리를 인정하지 않는 경향으로 나타나기 쉽다.

"모든 정당은 다수의 권리를 인정할 채비가 되어 있다. 왜냐하면 정당들 모두가 언젠가 그러한 권리를 자기들에게 유리하도록 활용할 수 있기를 바라기 때문이다. 따라서 합중국에서 다수는 엄청난 사실상의 권위를 행사할 뿐만 아니라 이에 버금가는 상당한 여론상의 권위를 행사한다. 일단 어떤 문제에 대해서 다수가 마음을 정하고 나면, 다수가 앞으로 나아가면서 짓밟은 사람들의 하소연에 조금이라도 귀를 기울일 시간을 줄 수 있도록 다수의 돌진을 막아서지는 못하더라도 잠시 늦출 수 있는 장애물은 어디에도 없다. 이러한 사태의 결과는 미래를 위해서는 불길하고도 위험하다."(I-2-7)

제퍼슨은 이런 점을 우려해서 매디슨에게 다음과 같은 내용의 편지를 보냈다. "입법부의 압제야말로 지금이든 앞으로든 가장 두려운 위험일 것입니다. 언젠가 행정권의 압제도 문제가 되겠지요. 하지만 그것은 아주 먼 날의 일입니다."

그런데 다수의 만능에 의한 위험성은 겉으로 두드러지는 의회 다수의 지배에만 한정되는 것이 아니다. 토크빌이 더욱 우려하는 것은 다수가 정치제도 바깥에서 여론을 독점하여 오직 하나의 견해만이 사회를 지배하는 상태이다. 한 쪽에 쏠리는 무제한의 권력은 그 권력의 소재가 군주에게 있거나 국민에게 있거나에 관계없이 모두 위험하다. 특히 민주정체의 경우 제도적으로 국민의 지배가 보장되어 있는 상황에서 여론이라는 사회적 권력까지도 다수 국민이 지배하게 된다면, 그 위험성은 군주제하의 전제정의 경우보다 훨씬 더 클 수밖에 없다. "이 권력 앞에 그 진로를 늦추도록 하고 스스로 자제하도록 하는 시간적 여유를 줄 수 있는 장애물이 전혀 없다면, 자유는 위험에 처할 것이라고 나는 생각한다."

토크빌이 볼 때 당시 미국 민주주의의 폐단은 제도적인 취약성에 있는 것이 아니라 오히려 다수가 모든 것을 지배할 수 있는 원리 자체에 깃들어 있다. 민주정의 이런 취약점은 선동적 정치인들이 권력을 취할 기회를 제공한다. 1812년 미영 전쟁(미국이 캐나다에 대한 영토적 욕심에서 개전한 침략 전쟁) 기간 동안 벌어진 한 사건을 보자. 당시 뉴잉글랜드 지역을 제외한 미국의 대다수 국민들은 영국에 대한 증오와 배척을 선동하는 정치인들에게 이끌려 캐나다 침략 전쟁을 지지했는데, 볼티모어의 한 신문사가 그 문제점을 지적하자 분노한 군중들이 습격하여 편집인을 살해하고 관계자들을 폭행하는 사건이 발생했다. 범인들은 재판에 회부되었지만 민주적 사법제도의 산물인 배심원들에 의해 풀려났다. 입법과 행정을 장악한 '다수의 여론'은 배심원이라는 우회로를 통해 사법부의 영역까지 장악해버린 것이다. 이 같은 다수의 영향력 때문에 당시에도 이미 노예제도가 없었던 북부의 자유주에서조차 흑인들은 다수인 백인들의 편견을 우려하여 자신들의 권리인 투표권을 행사하지 않았다.

그 가운데서도 종교와 사상의 자유조차 다수 앞에서는 무력하다는 것이 가장 큰 위협이다. "다수는 사상의 자유 둘레에 엄청난 장벽을 세운다." 물론 미국에는 종교와 언론의 자유가 보장되어 있다. 하지만 국민 대부분이 특정한 하나의 신념을 강력히 지지하고 있는 상황에서 그 신념에 반하는 다른 생각을 품은 책을 과연 누가 출간하겠는가?

> "족쇄와 사형집행인, 이런 것들은 옛날에 폭정이 사용하던 거친 도구들이다. 하지만 오늘날 문명은 모든 것을, 심지어 전제정치까지도 더할 나위 없을 정도로 세련되게 다듬었다. 군주들은 말하자면 물리적인 폭력을 구사했다. 반면에 오늘날의 민주공화정들은 인간의 육체보다 인간의 의지를 통제하고자 하면서 심리적인 차원에서의 폭력을 구사했다. (……) 민주공화정들에서 폭정이 취하는 방식은 이런 것이 아니다. 폭정은 신체는 내버려 두고 곧장 영혼을 공격한다."
> (I-2-7)

이처럼 '다수'가 절대 권력이 될 때 민주주의는 실패하게 된다. 그러므로 민주주의에서는 국민이나 입법부의 권력 부족에 대해 우려하는 것보다는 그 권력을 악용 또는 오용하는 것을 제어할 장치를 준비하는 데 더 많은 노력을 기울여야 한다. 토크빌은 《더 페더럴리스트》 51호(매디슨이 씀)를 인용하며 이를 강조하고 있다. "사회를 그 통치자의 억압으로부터 보호하는 것뿐만 아니라 사회의 한 부분을 다른 부분의 횡포로부터 보호하는 것도 공화국에서 아주 중요한 일이다."

다행히 미국의 정치체도에는 다수의 전제를 완화시킬 수 있는 행운과 제도적 장치가 있다. 우선 중앙집권제의 경험이 없어서 체계적인 행정이 결여되었다는 점이다. 본래 민주주의에서 다수의 전제는 입법부를 장악한 세력이 자연스럽게 행정부까지도 장악하는 방식으로 시작된다. 하지만 미국은 연방정부의 행정력이 결코 실제 삶의 영역을 장악하기 어려운 구조를 갖고 있기 때문에 다수파가 아무리 밀어붙여도 그 효과는 제한적이다. 타운을 비롯한 각종 자치기구가 강력히 존재하면서 폭정의 밀물에 맞서는 '방파제' 기능을 수행한다.

다음으로, 미국에서는 입법부와 행정부에서 독립된 사법부의 존재가 다수의 전제를 막아줄 최종의 보루로 기능한다. 사법부가 민주주의의 평형을 유지하기 위해서는 무엇보다도 사법관이 대중의 감정에 휘둘리지 않을 만큼의 강직한 심성과 사안을 냉철히 볼 수 있는 지적인 신중함을 두루 갖춰야 한다. 미국의 법률가들은 대부분 학문에 정통한 사람들로서 교육 훈련 과정에서 이미 유럽의 귀족과 같은 습관과 취향을 지니게 되었다. "법률가들은 그들의 취향으로 볼 때 당연히 귀족이나 군주와 가깝지만, 그들의 이해관계로 볼 때에는 응당 인민과 가깝다." 앞서 사법부를 검토하면서 살펴보았듯이, 판사들은 다수의 폭정으로 만들어진 법률에 대해 위헌 심사를 제청할 수 있는 권리가 있고 또 이를 활용할 용기를 지녔다. 미국에 존재하는 유일한 지식 계층으로서 이들은 국민의 신망을 받으며 사회적 갈등을 사법 재판의 형식으로 종결시킨다. 앞서 토크빌은 배심원단조차 다수에 편승하는 경우를 지적하긴 했지만, 미국 판사들의 논리적인 접근은 일반 시민인 배심원의 언어적 사고 습관까지 변화시키는 교육 효과를 제공한다고 보았다.

민주적 습속의 핵심, 종교

미국의 정치제도와 정치과정에 대한 분석을 통해 얻은 결론과 함께 미처 다루지 못했던 중요 주제 하나를 토크빌은 『아메리카의 민주주의』 I권 2부 9장에서 서술했다. 앞서 검토했듯이, 토크빌은 본래 I권을 세 개의 부분(정치사회, 시민사회, 종교 사회)으로 나눠 서술하려고 했다. 실제 책에서는 I권 1부에서 정치사회를, I권 2부에서 시민사회를 각각 다뤘지만, '종교'에 대한 부분은 빠져 있다. 목차에서 종교 부분이 배제되어 있기에, 성급한 독자들은 책에서 종교는 핵심적인 분석 요소가 아닌 것으로 오독하기 쉽다. 하지만 2부 9장에서 토크빌은 미국의 민주주의가 지속할 수 있는 요인을 개신교에서 비롯한 문화적 습속에서 발견하면서 본래의 저술 구성을 불완전하게나마 완성시킨다.

자신의 저술 의도를 분명히 밝히기 위해 토크빌은 이 부분에서 간결한 두괄식 서술 구조를 이용한다. 곧 결론을 먼저 제시하고 그 근거를 차분히 나열하는 방식이다. 따라서 흔히 고전적 저술의 대화적 성격에서 빚어지는 독자들의 고충인 핵심 파악의 어려움이 이 부분만큼은 없다. 토크빌은 미국이 민주정치를 유지할 수 있는 요인을 세 가지로 정리하여 제시했는데, 이를 현대적 용어로 바꾸면 다음과 같다.

(1) 우연적 요인: 자연환경과 역사적 조건
(2) 제도: 법률
(3) 문화: 국민의 생활 태도와 습속

'우연적' 요인 가운데 간단한 것은 이미 앞서 살펴본 것과 같다. 미국은 지리적으로 유럽의 강대국과 분리되어 있어서 정규군을 큰 규모로 유지할 필요가 없는데, 이 때문에 군대를 이용한 정변의 가능성이 차단되어 있다. 대도시의 발전도 아직 미약해서 큰 도시 하나가 국가 전체에 과도한 영향력을 미칠 수도 없다. 그런데 토크빌이 우연적 요인으로 꼽는 것 가운데 핵심은 역시 역사적 요인이다. 북아메리카 대륙에 처음 발을 내디딘 이들은 모국에서 가져온 민주적 사상과 관습을 통해 새로운 문명을 건설할 수 있었다. 식민지 정착민들은 후세들에게 평등과 자유를 애호하는 마음을 물려주었고, 이는 건국 후 민주주의 운영의 기본 원리로 자리 잡았다. 또 하나의 주요 원인은 이 나라의 영토가 한없이 넓다는 것이다. 동부 해안에서 출발한 미국은 다음 세대의 자손들이 상속 없이도 토지를 얻을 수 있도록 서부를 향해 지속적으로 팽창해나갔다. 그런 가능성 때문에 당시의 미국은 때로 국가이기보다는 "모험가들이 신세계의 황무지를 공동 개발하기 위해서 설립되어 사업이 번창하는 회사"와 같았다.

두 번째 요소는 법률에 의해 구성된 제도의 차원에서 발견할 수 있다. 이 내용들은 이미 『아메리카의 민주주의』의 전반에서 서술한 것으로서, 토크빌은 별다른 설명 없이 다음과 같이 요약하고 있다. 첫째, 개별 주의 권력을 보장하는 연방헌법을 통해서 자칫 거대해질 수도 있었던 연방정부의 권력을 자연스럽게 제한했다. 둘째, 타운 제도에서 형성된 자치와 자유 애호의 정신을 통해 다수의 횡포를 제한할 수 있는 능력을 발전시켰다. 셋째, 사법제도를 통해 입법 만능의 풍조를 억제하고 헌법정신을 지킬 수 있었다.[18]

세 번째 요소는 국민의 생활 태도와 습속으로서 현대 사회과학의 용어로는 '문화적 요인'에 해당한다. 토크빌이 이때 사용한 습속mores이란 개념은 "마음의 습관habitude du coeur, habits of the heart이라고 부를 수 있는, 말하자면 고유한 의미에서의 습속뿐만 아니라, 사람들이 지니고 있는 여러 개념들, 사람들 사이에 통용되는 여러 의견들, 그리고 정신의 습관을 형성하는 관념들 모두"로서 "한 나라 국민의 도덕적이고 지적인 상태"의 뜻으로 사용된다.[19] 미국인들은 민주주의에 친화적인 습속을 통해 민주주의를 유지할 수 있다는 것이 토크빌의 결론으로서, 2부 9장은 물론 책 전체에서도 가장 중요한 내용에 해당한다. 하지만 성문화되지 않고 또 가시적인 사물의 형태로 나타나지 않기 때문에 한 나라의 습속을 분석하기는 쉽지 않다. 토크빌은 미국의 민주적 습속의 형성을 종교와 일상의 두 수준에서 분석하는데, 역시 핵심은 종교이다.

근대의 종교는 세속 사회를 직접 지배하지 않고 대신 간접적으로 (곧 정신의 힘으로 세속 사회에 긴장을 불러일으키는 방식으로) 영향을 미친다는 점에서 과거의 종교와 다르다. 기본적으로 미국인들은 종교인들이다. 미국의 종교는 법률의 제정이나 여론에 직접적으로 영향을 주기보다는 가족에 도덕적 지침을 제공하고 지역사회의 중심으로서 자치의 습속을 배양하는 방식으로, 곧 국가를 실제 이끌어가는 국민의 마음을 규제하는 방식으로 영향을 끼친다. 국민들도 그들의 마음속에 기독교와 자유의 개념을 긴밀히 결합시키고 있기 때문에 실생활에서 종교와 정치를 구분지어 생각한다는 것은 상상하기 힘들다. 따라서 미국에서 종교는 공식적인 정치제도가 아니면서도 "실제 미국의 정치제도 가운데 으뜸"이라고 평가할 수 있다. 어떤 정치인도 어떤 헌법기관도 개신교에서 가르치는 신 앞에서의 평등과 도덕적 자유의 정신을 무시할 수 없기에, 미국에서는 가장 급진적인 혁명적 집단도 난폭한 방식으로 자신의 생각을 관철시킬 수 없다. 따라서 종교는 "법률제도가 아메리카의 인민이 무엇이든 하도록 허용해주는 반면에, 종교는 이들이 아무거나 꾀하고 감행하지 못하도록 막아준다."

미국 정치에서 종교의 커다란 영향력은 자연스럽게 토크빌이 프랑스의 종교 상황을 떠올리게끔 한다. 앞서 검토했듯이, 18세기 계몽주의의 시대와 대혁명을 거치면서 프랑스에서는 종교(가톨릭)와 정치가 서로 대립했다. 계몽주의자와 혁명가들은 인간이 계몽적 이성을 발휘하면 종교적 열정은 쇠퇴할 것으로 믿었다. 반면에 가톨릭에서는 당시 벌어지고 있는 혼란과 무지가 인간이 신앙을 상실하면서 겪는 고통이라고 설명했다. 가톨릭의 사제들은 정치에서 종교가 분리된 데에 그 원인이 있으므로, 과거처럼 가톨릭이 정치적 영향력을 발휘하면 정치적 혼란도 극복될 수 있다고 믿었다. 하지만 토크빌은 그러한 견해에 동의하지 않았다. 미국에서는 교육계를 제외한 어떤 부문에서도 성직자(목사)들이 공직을 맡지 않는다. 아예 절반 정도의 주에서는 복음

전도자들의 정치 참여를 법률로 금지했다. 성직자들 스스로도 정치에 간섭하지 않는 것을 자신들의 직업윤리로 생각했다. 실제로 역사는 종교와 종교인이 직접 세속 권력을 장악했을 때 스스로 신앙의 권위를 추락시켰다는 것을 입증한다. 세속 권력이 된 종교는 나라에 영향을 미치기 위해 교리를 제멋대로 해석하기 마련인데, 그럴 경우 종교성의 가장 큰 특징인 보편성은 훼손될 수밖에 없다. 민주화가 진행될수록 그런 위험성은 더욱 증대된다. 종교의 막대한 영향력 때문에 시민들은 종교와 정치권력의 결탁이 초래하는 위험을 놓치기 쉬우며, 자기도 모르게 거대 권력에 스스로 고개를 숙이게 된다.

결론적으로 토크빌은 종교와 정치가 '분리 속의 통합'을 이루는 것이 바람직하다는 견해를 표명한다. 근대 민주국가에서 종교는 제도 수준에서 정치와 분리되어야 한다. 분리를 통해서 오히려 종교는 세속 권력과 바람직한 긴장 상태를 유지할 수 있다. 그러나 이것만으로는 아직 부족하다. 민주국가의 시민들은 잦은 선거와 민주적 여론 형성 과정 때문에 야심가와 선동가에 노출되기 쉽다. 이를 극복하려면 그런 세력을 규제할 수 있는 존경의 대상이 필요하다. 미국의 종교는 그 도덕적인 영향력으로 정치의 타락을 막아낸다는 점에서 비공식적인 제도 수준에서 민주주의의 최후의 보루 역할을 수행한다. 당시 미국의 종교는 확실히 그런 존경의 대상이 될 만했다. 이들은 과거 식민지의 정착지 건설기에 그랬듯이 1830년 당시에도 서부 신생 주의 개척지에 전도사를 파견하고 '학교와 교회'를 건립하는 데 필요한 자금을 마련하기 위한 후원단체를 결성했다. 이런 노력 덕분에 미국인과 그 후손들은 자연스럽게 종교와 정치가 조화를 이루는 민주주의적 관습을 익히게 되었다.

2부 9장을 마무리하면서 토크빌은 미국의 민주제도를 유지하는 세 가지 요소인 자연환경, 제도(법률), 습속 가운데 특히 법률과 민주적 습속의 영향력을 최종적으로 강조한다. 대개 유럽인들은 미국의 성공 원인을 그 자연환경에서 찾곤 했다. 하지만 남아메리카 대륙과 비교한다면 자연환경의 영향력은 축소되지 않을 수 없다. 똑같이 무한한 영토를 가지고도 남미의 국가들은 민주제도를 유지하지 못했다. 지리적 조건은 미국 민주주의의 성공을 논의할 때 필요조건이지 충분조건은 아니다. 반면에 미국에 고유한 법률과 습속이야말로 민주주의가 유지되는 핵심 요인이다.

현직 판사인 토크빌의 관점에서 미국의 개별적인 법률은 결코 훌륭하지 않았고 때로는 민주주의의 유지에 위험하기조차 했다. 하지만 미국인들의 지적 수준과 습속에는 그것이 무척 잘 어울린다. 제도와 법률을 실행하는 것은 국민들이다. 미국인들은 자신들의 민주적 습속에 맞는 법률을 제정하고 실행했을 뿐이다. 따라서 법률과 습속 가운데 최종적으로 하나를 선택한다면 당연히 습속을 민주주의 유지의 핵심 요인으로 꼽아야 한다.(토크빌은

"습속은 이 책의 관찰 분야에서 핵심"으로서 자신이 연구와 경험을 통해 전달하려는 바로 그것임을 분명히 한다.) 뉴잉글랜드에서 시작된 민주적인 습속은 점차 미국 전체로 퍼져나가 건국 후의 법률은 물론 일상의 세밀한 부분에까지 스며들었다.

> "민주주의는 법제뿐만 아니라 자잘한 일상생활에서도 찾아볼 수 있었다. 동부 지방에서는 인민의 언문 교육과 실용적인 학습이 가장 완벽하게 이루어졌으며 종교는 아주 훌륭하게 자유와 결합되었다. 이러한 습관, 이러한 견해, 이러한 관행, 이러한 신앙 등이 내가 습속이라고 부른 바로 그것이 아니라면 무엇이겠는가?"(I-2-9)

그렇다면 미국의 민주주의는 유럽 국가들의 모범이 될 수 있을까? 토크빌의 기본 전제는 미국의 제도가 특정한 것으로서, '민주주의 제도 일반'과 구별할 필요가 있다는 것이다. 미국의 민주제도는 그 나라의 습속에 의해 형성된 것이므로 그것을 습속이 다른 나라에 적용할 수는 없다. 그렇다면 토크빌의 미국 여행은 프랑스의 미래를 준비하는 데 전혀 도움이 되지 않는가? 그렇지는 않다. 토크빌은 자신의 관찰 결과에 따라 다음과 같이 신중하게 제안한다. 근대 초기까지 유럽은 군주제 아래서 그 제도에 걸맞은 습속을 유지해왔다. 군주는 국민에게서 존경심을 얻기 위해 노력했고, 또한 귀족제도는 군주의 전제를 막을 수 있는 방파제 역할을 수행했다. 그러나 수차례의 혁명을 겪으면서 군주는 군주대로 차후의 혁명을 막기 위해 전제정을 꿈꾸고 귀족은 권력을 상실하며 귀족의 덕성인 명예심까지 타락시켰다. 시민들은 개인의 자유에 대한 의지를 잃고 대신 군중으로 변해 이런저런 선동에 쉽게 휩쓸리게 되었다. 군주제에 깃들어 있던 명예의 습속이 붕괴되면서 이제 유럽은 과거로 회귀할 수 없게 되었다. 더는 군주제를 유지하면서 개인의 자유를 유지하기 어렵다. 역사는 이제 민주주의 아니면 전제정치 가운데 하나만을 선택하도록 강요한다. 토크빌은 그와 같은 상황을 정확히 지적한 다음, 유일하게 가능한 대안인 민주적 제도를 지지하고 그것을 시행하기 위해 "점진적으로" 국민의 생활 태도와 습속을 먼저 민주적으로 변화시켜야 한다고 주장한다. 미국의 민주주의에 대한 탐구는 결국 미국의 사례를 통해서 민주주의의 정착을 위해서는 민주적 습속을 갖춰야 한다는 것을 유럽인에게 호소하는 것이라고 볼 수 있다.

인종 문제에 대해 부언하다

『아메리카의 민주주의』 I권의 2부 10장은 일종의 '부록'이다. 미국의 민주주의에 대한 검토라는 주목적 때문에 막상 독자들이 가장 궁금해하는 미국의 인종 문제에 대한 서술을 미뤄두었지만, 토크빌은 미국의 치부를 결코 피해갈 생각이 없었다. 이미 토크빌은 친구 보몽이 저술 작업(『마리 또는 미국의 노예제』)을 통해 미국 노예제도의 비인간성에 대해 고발하려는 것을 알고 있었기 때문에, 토크빌은 조금 더 담담하게 인종 문제에 대해 서술할 수 있었다.

인종 문제에 대한 검토 후, 토크빌은 미국 연방의 지속 가능성과 그것을 위협하는 요소들에 대해 탐색한다. "연방을 위협하는 위험들은 이익이나 견해의 다양성에서 연유하는 것이 아니라 미국인들의 다양한 성격과 감정에서 기인한다."(I-2-10) 토크빌은 노예제도가 남부 미국인들의 성격까지 바꿔서 노동을 멸시하는 태도를 갖게 했다고 비판한다. 북부인이 실질적이고 합리적인 데 반해, 남부는 권위주의적 명령자의 태도를 지녔다는 것이다. 토크빌은 당시에도 이미 남부가 연방 탈퇴 카드로 연방정부를 협박하고 있는 것을 보면서, 민주주의의 성공 이면에 숨어 있는 노예 문제가 미국 사회에서 북부와 남부의 정치적 갈등의 핵심이 될 것이라고 정확히 예측했다.(실제로 예측 후 30년 만에 남북전쟁이 발발했다.) 그러나 연방제의 약화 가능성에도 불구하고 미국인들은 자신들의 삶에 깊게 뿌리내린 공화주의적 정치체제를 유지할 것이라고 또한 내다봤다.

『아메리카의 민주주의』 II권, 민주주의를 옹호하다

『아메리카의 민주주의』 II권은 1840년에 출간되었다. I권이 출간된 1835년에 토크빌은 무명의 저술가였지만 II권을 출간하던 시점에는 이미 프랑스의 대표적 지성이자 하원의원 신분의 현실 정치인이 되어 있었다. 귀족 신분이면서도 I권에서 새로운 민주주의의 시대를 확고하게 예측했고 그것을 프랑스에서 실현하려는 저술 목적을 분명히 했기에, 토크빌에게 더 체계적인 민주주의론 저술의 요구가 있었다. 토크빌은 전혀 새로운 형식의 저술을 시도했는데, I권의 상업적 성공 덕분에 이 저술은 전작의 속편으로 출간되었다.

II권에서 토크빌은 특정 국가의 정치체제가 아닌 민주주의 제도 일반에 대한 평가적 서술을 시도했다. 미국의 제도와 습속에 대한 구체적인 서술보다는 그것과 민주주의의 관계에 대해, 그리고 그것과 프랑스의 비교를 통해 민주주의의 적용 가능성을 심도 있게 모색했다. 하지만 저술의 초점이 당시 호사가의 관심인 '미국'에서 조금은 무거운 주제인 '민주주의'로 변화함에 따라 책은 I권에 비해 초라한 성공을 거두었다.

II권의 주제는 민주주의의 미래, 특히 민주주의가 그 자체의 특성으로 인해 초래하게 될 위기를 예측하고 그것을 극복할 수 있는 방안을 모색하는 데 초점이 맞춰졌기 때문이다. 따라서 II권

161

은 I권과 구성과 내용뿐만 아니라 관점과 방법에서도 커다란 차이를 보인다. 많은 연구자들은 토크빌이 『아메리카의 민주주의』 I권에서 보인 민주주의의 진전에 대한 낙관을 II권에서 철회하고 민주주의에 대해 비관적인 관점으로 변화했다고 평가하기도 한다. 하지만 그것은 오독이다. 토크빌은 II권에서 더 신중해졌을 뿐이다. 물론 두 책은 대상 독자를 달리 설정했다는 점에서 서로 다른 책이기는 하다. I권을 서술할 때는 무명의 평범한 필자였던 토크빌은 일반 독자를 상대로 했다. II권에서는 I권의 성공을 바탕으로 더 전문적인 독자를 염두에 두었다. 따라서 I권에서는 설명에만 중점을 두었고 논쟁에는 말을 아꼈다. 반면에 II권에서는 논란을 불러일으킬 쟁점에 대해 자신의 생각을 논증했다. 특히 후반부의 서술은 대부분 추상적인 이론적 논쟁으로서 일반 독자가 읽기는 쉽지 않았다.

당시 II권의 독자들은 아직 정형화되지도 않은 민주주의와 그 미래의 위험에 대해 관심을 갖기 어려웠다. 그런 문제에 관심을 가진 독자라고 할지라도 수십 가지의 세부 주제에 대해 하나씩 깊이 있게 논증하는 구조를 따라가며 이해하기는 쉽지 않았을 것이다. 그런데 현대의 독자는 사정이 다르다. 우리는 민주주의를 상상이 아닌 현실로 경험하기 때문에 그 장점과 단점을 어느 정도 알고 있다. 따라서 현대의 독자들은 I권에서 미국이라는 특정 사례 분석을 통해 얻은 지식을 바탕으로 자연스럽게 II권에서 민주주의 일반에 대한 이론적 탐구로 확장시켜 나가기 쉽다.

『아메리카의 민주주의』 II권은 4개의 부와 75개의 절로 구성되어 있다. 각 부는 미국의 상황을 검토하며 시작하지만 실제 내용은 민주주의의 중요 쟁점을 항목별로 검토하는 데 대부분 할애되고 있다. 75개 절의 목록은 사실상 당시 민주주의에 대해 비판적이던 보수 진영에서 제기한 문제점에 해당한다. 토크빌은 민주주의 비판자들이 언급할 내용을 미리 제기하고 그에 대해 민주주의를 옹호하는 방식으로 글을 썼다. 따라서 독자들은 II권 각 부의 서술에서 비판자들의 생각과 토크빌의 그것을 구별할 수 있어야 한다. 물론 이는 쉽지 않다. 더구나 토크빌 자신의 생각 가운데에도 민주주의의 위험성에 대해 우려하는 부분이 있기 때문에 더욱 그렇다. 이어지는 3부에서는 II권에 제시된 소항목들 가운데 몇 가지를 선별하여 깊이 있게 논의할 것이다.

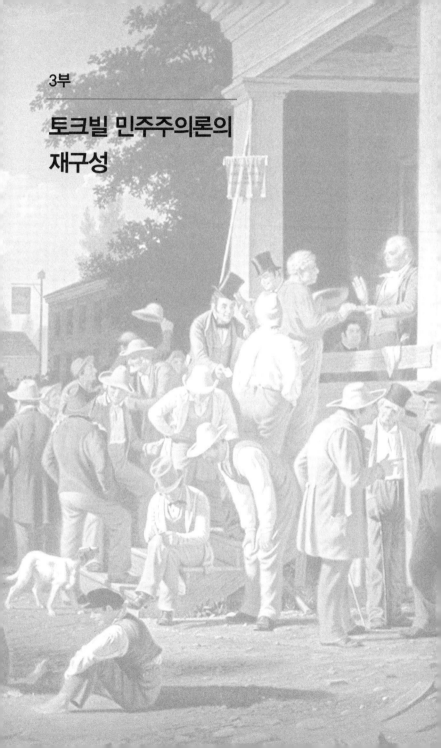

3부
___

토크빌 민주주의론의
재구성

새 시대의 새 정치학

사회계약론을 넘어서

20세기를 대표하는 맑스주의 역사학자 홉스봄Eric Hobsbawm(2012년 작고)이 1789년에서 1848년까지의 유럽 역사를 '혁명의 시대'로 이름 붙인 데서 알 수 있듯이, 19세기 초반은 정치와 경제에서 그 이전 사회의 구성 방식과 완전히 단절된 새로운 시대였다. 영국의 산업혁명은 자본주의 경제체제를 뒷받침하는 테크놀로지상의 변화를, 프랑스대혁명은 민주주의 정치체제로의 전환을 각각 상징하는 사건들이었다. 자본주의와 민주주의는 이제 세계 대부분의 지역으로 확산되어 돌이킬 수 없는 흐름이 되었다. 어느 누구도 그 체제 바깥에서 살아갈 수 없다. 하지만 그 체제에도 고유한 문제점이 내재되어 있기에 그것을 개선하려는 노력은 지속되어왔다.

토크빌은 자본주의 산업화에 대해서는 별로 관심을 기울이지 않았다. 미국 여행 중 그곳의 발전된 테크놀로지에 대해 놀라기는 했지만, 산업화에 대한 분석은 그 시대에 이미 경제학자들의 몫으로 맡겨져 있었기 때문에 토크빌은 정치와 사회 영역에만 관심을 기울였다. 『아메리카의 민주주의』 II권에서 딱 한 번 미국의 산업화와 그에 따른 문제점을 언급하고 있는데, 노동자의 소외와 공장 소유주의 새로운 귀족계급화 등에 대해 우려한 것이 전부다.(II-2-20) 그런데 그것은 19년 앞서 헤겔이 『법철학』(1821)에서 전개한 시민사회의 변증법에도 미치지 못하고, 8년 뒤에 작성되는 맑스의 『경제학 철학 수고』(1848)에서 발전시킨 소외론의 수준과는 크게 차이가 난다. 토크빌은 처음부터 자본주의가 아니라 민주주의에 대해 관심을 가졌다. 사실 자본주의보다 더 낯설었던 것이 바로 민주주의 정치였다. 토크빌은 이 낯선 정치체제를 분석하기 위해서 새로운 정치학을 만들어야 했다. 이는 『아메리카의 민주주의』 I권의 「서론」에 이미 약속되어 있었다. "완전히 새로운 세상에는 새로운 정치학이 필요하다."

토크빌은 주로 정치학자로 간주된다. 그러나 토크빌이 스스로 약속한 '정치학'은 오늘의 학문 분류에서 보면 '사회학'에 더 가깝다. 사회학이라는 용어는 토크빌보다 7년 먼저 태어난 오귀스트 콩트_{Auguste Comte}에 의해 사용되기 시작했지만 아직 대중화되지 않았다. 콩트의 실증주의적 사회학은 사회를 물리학의 모델에 따라 다루고자 했다는 점에서 과학주의의 한계를 가질 수밖에 없었고, 사회의 발전을 거대한 역사철학의 발전 단계에 따라 이해하고자 했다는 점에서 목적론적 역사관의 문제점을 공유했다. 신중한 토크빌은 콩트의 사회학에 동의하지 않았다. 토크빌은 『아메리카의 민주주의』 저술을 위해 기존의 정치학과 사회학을 넘어서 스스로 새로운 방법을 개척해야만 했다.

토크빌이 비판적으로 극복해야 했던 첫 대상은 이른바 사회계약론의 전통이었다. 근대 정치사상사를 배울 때 첫머리에 등장하는 홉스, 로크, 루소가 그 흐름의 대표자들이다. 이들은 정치 성향이 서로 다르지만, 현실의 관찰이 아닌 순전히 추상화된 논리적 연역의 방식으로 인간이 어떻게 공동의 사회를 만들어가는가를 설명했다는 점에서 공통된다. 이를 위해 이들은 먼저 '자연 상태'라는 개념을 상정했는데, 홉스는 그것을 "만인에 의한 만인의 투쟁"으로, 로크는 "평화롭고 자유로운 상태"로, 루소는 "본성적으로 자유로운 상태"로 각각 설정했다. 이런 설정을 통해 이들은 자신들이 구상하는 이상적인 정치사회의 모습을 제시하고자 한 것이다. 물론 이러한 구상은 시민의 생명과 재산을 보호하고 나아가 주권자로서 시민의 권리와 자유를 구현시키려는 진보적 정치 의식의 산물이기도 했다. 이들은 영국의 자유주의와 프랑스의 계몽주의에서 발전시킨 인간과 사회에 대한 이해를 정치 이론으로 완성했다. 그리고 계약론 전통의 정치 이론은 실제로 영국의 명예혁명과 프랑스대혁명의 진행에 사상적 기초를 제공했다.

하지만 이러한 사상의 결실은 실제 사회의 복잡성을 희생시켜 얻은 것이었다. 인간은 그 누구도 성인으로 태어나지 않는다. 사회도 마찬가지이다. 현실 사회는 그 어떤 것이든 그것보다 앞선 전통과 문화에 뿌리를 내리고 있고, 그렇게 형성된 제도와 관행을 통해서 작동하고 있다. 그것에는 긍정적인 것과 부정적인 것이 혼재되어 있기 마련이다. 만약 그 사회를 개혁하여 더 나은 상태로 이끌고자 한다면, 먼저 그 사회의 형성 과정과 현재의 구조에 대한 정밀한 탐구에서 시작해야 한다. 누군가 제 자신의 환상과 정념을 뒤섞어 이상사회를 구상하고 거기에 맞춰 현실을 재단한다면, 그는 마치 그리스 신화에서 침대에 맞춰 나그네의 다리를 늘리거나 잘라내던 프로크루스테스가 되어야 한다. 토크빌은 과도한 이상주의의 위험성을 프랑스대혁명의 역사에서 배웠다. 그리고 그에게는 한 세기 앞서 새로운 연구 방법을 제시한 선구자 몽테스키외가 있었다.

민주주의의 탄생

몽테스키외와 토크빌

사상사에서 오랫동안 망각되었던 토크빌을 구해내 단번에 '사회학의 창시자'의 하나로 격상시킨 프랑스의 사회학자 레이몽 아롱 Raymond Aron은 그를 몽테스키외의 후예로 평가했다. 물론, 앞서 검토했듯이, 이미 1830년대 당시에 프랑스의 지식인들은 그에게 '새로운 몽테스키외'라는 명예로운 별칭을 붙여주었다. 토크빌은 몽테스키외의 『법의 정신』과 『로마 성쇠 원인론』에서 영향을 받아 자신의 방법론을 가다듬었을 뿐만 아니라 사상의 내용에서도 영향을 받았다. 그런데 둘 사이를 가로막는 한 세기 이상의 시간적 거리를 넘어서기 위해서, 토크빌은 몽테스키외가 작업했던 선례를 참조하는 데 그치지 않고 스스로 부족한 점을 극복해야만 하는 과제를 떠맡아야 했다.

몽테스키외와 토크빌 모두 실제 관찰을 통해 연구 대상에 접근했다는 점에서 프랑스에서는 드문 경험주의적 연구 자세를 지녔다. 몽테스키외는 민주주의를 연구하기 위해 당시 가장 앞선 입헌왕정 국가인 영국을 여행했고 그 결과를 바탕으로 저술한 『법의 정신』에서 영국의 정체에 대해 상세하게 검토했다. 그 책에서 몽테스키외는 연구 대상으로서 국민의 '일반 정신'을 설정하고 그것이 실제 정치체제에 미치는 영향을 분석했다. 일반 정신을 이루는 요소는 다양하지만 핵심 분석 요소로 법률과 습속을 상정했다는 점에서 토크빌이 『아메리카의 민주주의』에서 보인 연구 방법과 일치한다. 물론 몽테스키외의 『법의 정신』은 훨씬 더 사변적이고 주제와 범위가 너무나 분산되어 있다. 잠시 뒤에 살펴볼 것처럼, 『아메리카의 민주주의』 I권에서 토크빌은 몽테스키외가 선언적으로 강조했던 법률과 습속의 중요성을 실제로 미국이라는 한 사회에 엄밀하게 적용하여 분석했다는 점에서 몽테스키외를 뛰어넘는다.

토크빌은 현재에 대한 정확한 분석을 바탕으로 미래를 예측했다는 점에서 몽테스키외와 구별된다. 여전히 아리스토텔레스의 영향 아래 고대 공화정의 덕성을 염두에 둔, 곧 과거를 통해 현재를 보고자 했던 몽테스키외의 한계를 넘어선 것이다. 토크빌은 이미 산업혁명이 구대륙은 물론 신대륙 전체를 변모시킨 상황에서 연구를 시작했다. 더구나 미국은 귀족주의자들에게는 타락한 사회로 간주될 '평등한 상태'를 이미 달성했다. 이런 새로운 조건들 때문에 토크빌은 몽테스키외를 넘어서 기존의 모든 민주적 관념과 사상을 종합하여 새로운 민주주의론 정립에 도전해야 하는 과제를 부여받았다. 앞선 시대의 학자들과 달리, 토크빌은 귀족정에 대한 심정적 애착을 완전히 버렸다. 귀족정은 대안으로 상정되지 않았다. 역사의 흐름은 이미 민주주의를 향하고 있었다. 따라서 그는 오직 민주적 정체의 분석에만 초점을 맞췄다. 가끔씩 민주정과 귀족정을 비교하는 서술이 보이지만, 이는 아직 독자에게 익숙하지 않은 민주주의의 특징을 설명하기 위해 이미 익숙한 귀족정과의 비교를 통해 그 실제 차이를 보여주려는 서술 전략에서 나온 것이었다.

계몽주의와 사회계약론 전통의 추상화된 연역 논리 전개에 비판적이었던 토크빌은 무엇보다 실제 인간과 사회에 대한 경험적 관찰에 기초한 논증을 펴고자 했다. 『아메리카의 민주주의』 I권은 이러한 현대 사회과학의 방법에 충실하다. 대부분의 장에서 토크빌은 미국이라는 구체적 대상의 실제를 서술하면서 먼저 독자들에게 1차 자료를 제시한다. 1차 자료는 이미 미국인들이 정리한 건국기의 사료는 물론 당시 통계자료와 신문 기사, 그리고 연방 정부와 주 정부의 법률제도와 서류 등을 모두 포함한다. 그리고 실감을 더하기 위해 자신이 만난 미국인들과의 면담 기록과 자신이 관찰한 기록까지 이용한다. 이것들은 현대 사회과학에서 말하는 질적 자료와 양적 자료를 모두 포괄한 것이다. 『아메리카의 민주주의』 I권 서론에서 토크빌은 "사실을 관념에 꿰맞추는 따위의 일은 결코 하지 않"고, 대신 사실 자체를 알리는 데 주력했다고 강조했다. 기초적인 사실 파악을 위해 그는 먼저 해석이 개입되기 이전의 원자료를 수집하는 수고를 아끼지 않았다. 낯선 자료의 해석을 위해 당대 미국의 최고 지성들과 대화를 나눴고, 그것이 의심스러울 경우에는 여러 사람에게 확인하여 최대한 객관성을 높였다.

이러한 방법론적 전략은 『아메리카의 민주주의』 II권 서술에서는 불필요했다. 이미 I권에서 미국이라는 구체적인 연구 대상을 충분히 검토한 토크빌은 II권에서 미국에서 추출한 민주적 원리를 순수 추상태로서의 이념형ideal type으로 상정하고 이것에 비추어 미국과 프랑스를 비롯한 민주주의 체제 일반의 특성을 규명하는 방식으로 작업의 틀을 확장시켰다. I권이 미국 민주주의의 현재를 다뤘다면, II권은 민주주의의 미래를 예측한다.

귀납과 연역의 순환, 그리고 비교

그런데 스스로 밝힌 이런 작업 과정만으로는 토크빌 방법론의 핵심을 짚어내기 어렵다. "새로운 정치학"의 핵심은 토크빌의 저술 전체를 아울러 분석할 때 비로소 드러난다. 앞서 토크빌이 미국 도착 직후 앞으로 여정을 준비하면서 뉴욕에서 쓴 일기 속의 노트 "첫인상"을 언급했다. 그 노트는 훗날 『아메리카의 민주주의』 서술 체계와 목록의 초보적 윤곽이었다는 점에서도 중요하지만 동시에 토크빌의 연구 방법을 이해하는 단서를 제공한다는 점에서 또한 주목을 요한다. 그 노트에서 토크빌은 자신의 연구 목적이 미국 사회 관찰을 통한 자료 수집 같은 실증적 연구와 더불어 그 발견된 사실들의 이면에 숨어 있는 미국 사회의 작동 원리를 파악하는 데 있다는 점도 강조했다. 이런 목적을 달성하기 위한 연구 방법은 기본적으로 귀납을 통한 일반화이고, 이를 위해 귀납 추론inductive reasoning을 전개해야 한다. 기본적으로 토크빌이 경험주의의 전통에 가깝다는 것은 잘 알려져 있다.

그런데 전반적인 논증의 얼개가 귀납을 통한 일반화라고 해도 토크빌은 실제 세부적인 연구 대상에 부딪혔을 때 연역 추론deductive reasoning을 함께 사용했다. 실제 그의 연구 노트에는 수많은 연역 추론이 사용되었고, 특히 『아메리카의 민주주의』 II권에서는 서술 방식에서조차 기초적인 삼단논법을 포함하는 연역 논증을 구사했다. 그래서 『아메리카의 민주주의』 영문판에는, 'since, thus, moreover, so, consequently' 등의 논리적 연결사가 자주 눈에 띈다.

이를 종합해볼 때, 토크빌은 연구 대상과 목적에 맞춰 자신의 논증 전개 방식을 달리했다는 것을 알 수 있다. 구체적인 연구 대상에서 일반 원리를 끌어낸 『아메리카의 민주주의』 I권에서는 귀납 추론이 효과적이었고, 거꾸로 일반 원리를 통해 개별 민주주의에 적용하고 민주주의의 미래를 예측하는 II권에서는 연역 추론이 적절했다. 이러한 논증의 다양성과 효과성에 힘입어 토크빌은 민주주의의 구체적 사례와 일반적 적용 모두에서 성과를 거둘 수 있었다.

다음으로, 토크빌의 방법론적 성취에 기여한 비교 방법에 대해서 살펴보자. 비교를 통한 논증은 크게 두 차원에서 이뤄졌다. 첫 번째 차원은 더 높은 수준의 비교로서 『아메리카의 민주주의』 전반에 걸쳐 사용된 이념형을 통한 분석과 비교 방법이다. 이 차원의 방법적 의미는 이미 레이몽 아롱에 의해 잘 알려졌다. 토크빌은 주로 II권에서 민주주의 사회를 이념형으로 설정하고 이를 통해 당시 실제 존재하는 체제들의 경험적 특징과 차이를 분명하게 드러낼 수 있었다. 이는 II권 출간 직후 토크빌이 영국에 있는 존 스튜어트 밀에게 보낸 편지(1840)에서 잘 나타난다.

"프랑스에서는 『아메리카의 민주주의』 II권은 I권에 비해 덜 읽혔습니다. (……) 아마도 이번 책에 결함이 있었기 때문이겠지요. 그런데 그 결함이란 것은 이 책의 고유한 전제가 대중이 파악하기 힘든 모호하고 문제적인 내용을 포함하고 있다는 데에서 비롯합니다. 미국의 민주 사회에 대해서만 서술했을 때는 쉽게 읽혔습니다. 오늘날의 프랑스 사회만을 다뤘어도 독자들에게 쉽게 읽힐 수 있었을 것입니다. 하지만 미국과 프랑스를 함께 다루면서 나는 민주 사회의 일반적인 특성을, 그것도 아직 완전한 모델이 없는 민주 사회를 서술했습니다. 독자를 잃은 것은 그 때문입니다."(「존 스튜어트 밀에게 보내는 편지」(1840))

물론 당시에 민주 사회의 완전한 모델을 찾기란 불가능했다.

따라서 토크빌은 책 전체에서 한 번도 민주주의에 대한 정의를 내리지 않았다. 대신 토크빌은 미국의 사례를 통해 민주주의의 제도적 형식과 문화적 기초에 대해 그 특징적인 양상들을 추출할 수 있었다. 이를 토대로 토크빌은 이념형적인 민주적 정치체제를 설정할 수 있었다. 그리고 이를 통해 다시 자신의 관심 영역이던 미국과 프랑스라는 구체적 정치체제의 차이를 그려낼 수 있었다. 그 과정에서 토크빌은 미국과 프랑스를 각각 민주정과 귀족정, 자유와 평등, 바르게 이해된 자기 이익의 원리와 고립된 개인주의, 다수의 조용한 지배와 민주적 전제 등의 대립항으로 설정하여 솜씨 있게 배치하고 비교했다. 이 비교를 통해 비로소 민주주의의 일반적 특성과 구체적 차이점이 잘 드러나는 것이다. 가장 주목할 만한 비교 사례로는 자유와 종교의 정신이 조화를 이룬 미국 사회와 서로 갈등을 빚는 프랑스 사회를 비교한 것을 들 수 있다. 미국은 사회와 정치 영역이 모두 민주적이어서 안정되었는데, 프랑스는 사회 상태는 민주적인 데 반해 정치제도로서 민주주의는 막 태동하고 있어 두 영역이 서로 어긋나서 불안정하다는 것이다.

비교 방법은 이렇게 거대한 정치체제 분석에만 활용된 것이 아니라 세세한 분석과 서술에도 자주 사용되었다. 이 두 번째 차원의 비교 방법은 엄밀히 말하자면 대비를 통한 논증인데, 주로 민주적인 사회의 특징을 더욱 선명하게 부각하기 위해 그것과 반대되는 대립항을 설정하여 비교하는 식이다. 예를 들어 민주국가에서 시민의 특징을 설명하기 위해 귀족국가에서 귀족의 덕성과 대비하는 방식이 대표적이다. 이 밖에도, 초기 식민지 시기 뉴잉글랜드와 버지니아의 차이, 미국의 북부와 남부의 사회적 특성, 오하이오강의 동쪽과 서쪽의 차이 등을 서술할 때도 마찬가지로 이러한 대조를 통한 비교라는 서술 방법이 사용되었다. 대비를 위해 사례를 제시할 때 토크빌은 과감하게 생각을 이미지로 전달하여 독자들을 설득하는 방식을 채택했다. 특히 거대한 사회를 포착하기 위해 하나의 구체적 장면을 보여주었는데, 그 장면에서 떠오르는 이미지 덕분에 독자들은 전체의 구조를 쉽게 깨닫게 되는 식이다.

지금까지 살펴본 것처럼, 토크빌은 『아메리카의 민주주의』 저술을 위해 가능한 모든 분석 방법을 활용했다는 것을 알 수 있다. 그는 직접 미국 사회를 관찰하여 사회 상태를 파악하고, 그것을 분석의 출발점으로 삼았다. 다음 단계로, 이런 경험적 사실들을 기초로 귀납 추론을 전개하여 민주주의의 일반 원칙과 특성들을 추출했다. 마지막 단계로, 민주주의의 이념형을 설정하고 이를 통해 다시 구체적 체제의 특징과 차이를 비교 분석했다. 이제 이러한 전체적인 논증과 서술상의 특징에 대한 이해를 기초로 『아메리카의 민주주의』 I권의 방법론적 핵심인 제도와 습속의 방법을 구체적으로 검토해보자.

2

제도와 습속, 그리고 종교

『아메리카의 민주주의』 I권에서 토크빌은 미국이 민주주의를 유지할 수 있는 요인을 탐구했다. 그리고 그 결과를 크게 자연환경, 법률(제도), 습속, 이 셋으로 정리했다. 이 가운데 당시의 관용적 표현인 "섭리적 요소"로서의 자연환경에 대해서는 토크빌 스스로도 큰 강조를 하지 않았으니, 결국 핵심은 제도적 요인인 법률과 문화적 요인인 습속이다. 앞서 검토한 것처럼, 제도와 습속에 대한 강조는 토크빌의 이론적 스승인 몽테스키외에게서 배운 것이다. 그런데 몽테스키외의 강조가 일화 나열 수준이었던 것과 달리 토크빌은 실제로 구체적인 연구 대상에 적용했다는 점에서 차이가 있다. 이 장에서는 토크빌이 적용하고 발전시킨 제도와 습속의 방법에 관해 세밀하게 살펴본다. 우선, 제도와 습속의 개념적인 중요성을 살펴볼 것이고, 이어서 미국 연구에서 실제 적용된 논리적 구조를 세밀하게 살펴볼 것이다.

왜 법률을 분석했는가

『아메리카의 민주주의』 I권은 대부분 미국의 연방헌법과 정치제도를 분석하는 데 할애되었다. 토크빌은 이를 '법률'에 대한 분석이라고 불렀는데, 이는 토크빌의 용어 대부분이 그렇듯이, 몽테스키외가 쓰던 말을 계승한 것이다. 몽테스키외는 『법의 정신』에서 정치체제의 특성을 논하는 핵심 요소로 법률을 꼽았다. 유럽 사회는 로마법 이래 모든 제도가 법률적으로 뒷받침되었기 때문에 사실상 법률과 제도는 당시에 같은 뜻으로 쓰였다. 토크빌이 법률에 대해 강조한 것은 계몽주의적 자연법의 믿음과는 무관한 것이었다. 대신 토크빌은 현존하는 제도에 대한 탐색을 위해 법률에 관심을 가졌다. 토크빌은 연방헌법부터 주의 작은 법률에 이르기까지 실제 미국 법률을 세밀하게 검토하면서도 문구 자체를 거의 언급하지 않았다. 당시 현직 판사였던 그가 개별 법률 해석에서 법구를 세밀하게 살피는 일의 중요성을 모를 리 없었다. 그런데도 토크빌은 법률 자체에 대한 분석 대신 법률이 뒷받침하고 있는 실제 정치와 사회 제도를 분석하는 것에 집중하고 있다.

민주주의의 탄생

그 이유 가운데 하나로 미국의 법률 자체가 헌법이라는 상위 법에 기초해서 제정되었고 그에 따라 개별 판사들에게 법률 조항보다는 헌법의 정신에 기초한 판결 권한이 주어진다는 점을 들 수 있다.(I-1-6) 더 중요한 이유는 미국 법률의 독특한 성격 자체에서 찾을 수 있다. 몽테스키외는 『법의 정신』에서 정치적 자유를 국가와의 관계와 시민과의 관계로 나누어 고찰했다. 국가와의 관계에서 정치적 자유는 주로 헌법을 통해서 규정되므로 헌법은 그 나라의 정치적 자유의 성격을 연구하는 데 좋은 자료이다. 그런데 문제는 "헌법은 자유로우나 시민은 자유롭지 못한 경우" 또는 그 반대로 "시민은 사실 자유로운데 법률은 그렇지 않은 경우"가 많다는 데 있다. 당시 유럽 국가 대부분에서는 이처럼 법률이 현실과 동떨어져 존재했다. 반면에 미국 법률은 헌법적 이상과 사회 상태 그리고 습속이 드물게 조화를 이루고 있었다. 따라서 미국에서는 흔히 말하는 자연법과 실정법의 대립이란 원칙상 존재하지 않았다.

이것이 가능했던 것은 미국의 헌법이 그들만의 사회 상태와 민주적 습속을 충실히 반영하여 제정되었고, 각 주 대표자들의 오랜 토의와 심사숙고를 거쳐 제정되었기 때문이다. 헌법에 명시되지 않은 개인의 권리는 곧바로 수정헌법에 반영되었다. 헌법에 준하는 '독립선언서'와 관련 문서들도 미국 사회의 핵심 가치인 헌법 정신으로 개별 법률과 사회제도의 형성에 영향을 미쳤다. 문제는 개별 법률이 과연 미국 시민의 이상과 일치하느냐의 여부에 있다. 민주국가에서 법률은 주권자인 시민을 대표하는 입법부에서 제정되고 변경된다. 백인 남성들에게 공평하게 부여된 투표권을 통해 원리상 시민의 의견이 잘 반영될 수 있다. 만약 국민의 의견과 다른 법률이 제정된다면 다음 선거에서 그것을 주동한 의원이나 세력은 낙선될 수 있다. 따라서 대표자인 의원들은 재선을 위해서 미리 국민의 의견을 존중하지 않을 수 없다. 주권재민이라는 제1의 헌법 정신은 적어도 원리상 시민의 이상과 법률이 충돌하지 않게 했다. 물론 토크빌은 그것이 사회의 도덕적 이상 대신 정념과 선동에 의한 다수의 지배를 가져올 수 있다는 부작용을 우려하고 경계하는 것을 잊지 않았다. 하지만 미국 헌법 설계자들은 그러한 문제까지 감안하여 양원제를 통한 심사숙고의 기회, 사법부의 위헌법률심판 등과 같은 안전장치를 헌법에 명시하여 부작용의 가능성을 줄였다.

토크빌은 계몽주의의 정치적 이상에 대해서는 동의했다. 그러나 계몽주의의 인간 이해 방식에 대해서는 비판적이었다. 이성에 대한 신뢰라는 계몽주의의 전제는 그 자체 검증되지 않은 신앙과 다를 바 없다. 당시의 정치체제에 대한 비판의 성과에도 불구하고, 현존하는 습속에 근거하지 않는 이상적 법률(제도)의 기계적 적용은 결국 프랑스대혁명 이후의 참극을 낳는 배경이 되기도 했다. 토크빌은 습속의 변화가 법률의 강제나 모범 사례의 제시를 통해서가 아니라 시민 스스로 자유와 독립의 경험을 통해 그것이 자신에게는 물론 공동체에도 이익이 된다는 것을 깨닫는 방식으로 이뤄져야 한다고 생각했다. 그리고 이는 민주주의를 유지시키는 요인 가운데 법률보다 습속이 더욱 핵심이라는 분석으로 이어졌다.

구체적인 도덕 관습으로서의 습속

토크빌은 습속mores, mœurs이라는 개념을 두 차례에 걸쳐 정의했다. 습속의 첫 번째 정의는 "고대인들이 'mores'라는 단어에 부여했던 의미, 곧 마음의 습관[1]이라고 부를 수 있는, 말하자면 고유한 의미에서의 습속뿐만 아니라, 사람들이 지니고 있는 여러 개념들, 사람들 사이에 통용되는 여러 의견들, 그리고 정신의 습관을 형성하는 관념들 모두"에 적용되는 것으로 "한 나라 국민의 도덕적이고 지적인 상태"의 뜻이다. 습속의 두 번째 정의는 "인간이 사회에 가지고 들어온 지적인 성향과 도덕적인 성향 전부"(I-2-9)였다. 그런데 이러한 개념 정의만으로는 정확히 그 개념의 의미를 알기 어렵다. 따라서 그 어원과 사회과학에서의 사용례를 먼저 살피기로 한다.

라틴어에서 기원한 모레스mores는 사회의 규범, 관례, 실천적

덕성 또는 가치를 의미한다. 로마의 용례에서 모레스는 성문화된 법률보다는 사회의 제도화된 관행에서 연원하는 것으로 사회구성원들 사이에서 공유되는 이해와 해석의 근거로 작동한다. 따라서 특정 사회의 모레스는 구성원들이 사물과 사태를 바라보는 판단 기준이 되어 그것을 따를 때는 칭찬을, 위반할 때는 제재를 가한다는 점에서 강력한 관습적 도덕으로 작동한다.

모레스를 사회사상사에서 중요한 분석 개념으로 끌어들인 사람 역시 몽테스키외다. 『법의 정신』은 선험적 이론이 아닌 현실의 사회에 적용된 구체적인 법률 이해가 필요함을 역설한 저작인데, 이때 실제 사회를 분석하기 위한 핵심 개념이 바로 습속이었다. 그 책의 대부분은 습속의 차이에 따라서 정치체제의 운영이 어떻게 차이 나는지를 밝히고, 그가 바람직하게 여긴 공화정 체제를 유지하기 위해서 상업정신에서 유래하는 관용과 타협의 부드러운 습속이 필요하다는 것을 밝히는 데 할애되었다. 그런데 몽테스키외는 개별 국가의 습속(모레스)을 구체적으로 분석하지는 않았다. 몽테스키외는 영국 여행을 통해 영국의 법률 형성에 미친 습속의 영향력을 강조했지만 책의 구성상 불과 몇 쪽에 걸친 개략적인 서술로 만족할 수밖에 없었다. 한 나라의 구체적인 습속을 분석하는 대신 몽테스키외는 고대 그리스의 여러 폴리스와 고대 로마, 중세의 여러 국가, 심지어 중동, 중국, 일본 등과 같이 당시로서는 정보가 부족했던 수많은 나라들까지를 한꺼번에 언급하면서 습속의 차이에 대한 일반적 진술에 머물렀다.

몽테스키외가 선언적 진술에 그쳤던 지점에서 토크빌은 앞으로 한 걸음을 더 내딛었다. 토크빌은 연구 대상을 미국으로 한정하고 미국인의 습속을 연구했다. 이를 위해 먼저 겉으로 감지되는 그들의 생활방식과 관례를 경험을 통해 포착하고, 이어서 그들의 사회 상태와 정치제도를 법률과 역사를 통해 분석한 다음, 마지막으로 그 모든 것에 질서와 의미를 부여한 도덕 관습으로서의 습속에 대해 결론 내린 것이다.

이상과 같은 개념사 검토와 토크빌의 실제 논의 내용을 종합해볼 때, 습속이란 '특정 사회의 구체적인 도덕 관습'으로 정리할 수 있다. 첫째, 습속은 언제나 '특정한 사회'에서 관찰 가능한 구체적인 것으로서, 사회마다 나름의 내용을 갖고 있다. 둘째, '도덕'적 성격을 띠는 만큼 실제 사회 구성원의 행위에 특정한 방향을 지시하고 그것을 위반하지 못하게 하는 규범적 강제력을 발휘한다. 대개의 경우 습속이 강제력이 높은 종교의 영향에 의해 형성되는 것도 그 때문이다. 셋째, 오랜 실행을 통해 관습화되어 있다. 실행이 오래되면서 습속은 다양한 사회제도에 구현되기 마련이고, 따라서 제도화된 습속은 그 사회에서는 당연한 것으로 간주된다.

그러므로 mores를 우리말로 옮길 때 풍습, 관습 등으로 옮길 수 없고, 일부 필자처럼 불어에서 주로 삶의 도덕적 원리의 의미로 사용되는 '모럴la morale'로 옮겨서도 안 된다. 프랑스 사회과학의 발전사를 검토하면, mores와 la morale은 구분되어 사용되어야 한다는 것을 알 수 있다. mores는 한 나라의 도덕 관습을 나타내는 '구체적'인 대상을 갖고 있다. 반면에 la morale은 개별 지역의 도덕 관습이 아니라 도덕 전반의 일반 수준에서 검토될 수 있는 추상적인 용어이다.[2]

　이러한 개념상의 차이를 더 분명히 파악하기 위해 뒤르케임의 생각과 비교해보자. 토크빌은 미국이라는 특정한 사회의 구체적인 도덕 관습을 연구했다. 반면에 두 세대 뒤에 태어난 뒤르케임은 프랑스나 미국과 같은 한 지역의 관습을 탐구하는 대신 그것을 추상적인 도덕 원리 수준에서 검토하거나 또는 개별 사회의 도덕 관습을 일반화하여 근대 산업사회라는 '특정한 사회 유형의 내부에서' 벌어지는 도덕의 진화에 대해 보편적 연구를 진행했다. 뒤르케임의 도덕성$_{la\ morale}$ 개념은 다음의 두 가지 속성이 모두 포함되어 있다. 하나는 토크빌보다 두 세대 앞선 독일의 철학자 칸트가 사용했던 도덕성$_{Moralität}$의 의미로서 사회적 실천을 위한 형이상학적 도덕 원리에 해당하고, 다른 하나는 토크빌보다 한 세대 앞선 헤겔의 '인륜성$_{Sittlichkeit}$'의 의미로서 실제 존재하는 사회의 관습$_{Sitten}$ 자체에서 근거하는 도덕 내용이다.

　이를 종합해볼 때 토크빌의 mores는 추상적이고 원리적인 la morale과 구분하여 사용되어야 한다. mores의 의미에 가장 잘 대응하는 한자문화권의 용어는 '습속習俗'으로서, 관습화된 도덕의 뜻과 특정 사회의 구체성 그리고 그 규제적 영향력을 모두 함의할 수 있다.

미국 방문 초기에 부친 에르베에게 쓴 편지에서 토크빌은 다음과 같이 말한다. "이 나라에 대해 알면 알수록 저는 이러한 진리에 도달하게 됩니다. 미국의 정치기구에 대해 어떤 이론적인 가치도 절대적인 것으로 부여할 수 없는 반면에, 그 효율성은 전적으로 그 제도를 실행한 미국민들의 독자적인 환경과 사회적 조건에 달려 있다는 진리 말입니다." 이는 토크빌이 선험적인 이념이나 법률에 앞서서 실천의 경험적 차원과 그것을 규제하는 미국인들의 습속이 더 중요하다는 것을 연구 초기부터 알고 있었고, 이 점을 유의하면서 미국과 만났다는 것을 의미한다. 물론 몽테스키외의 방법에 대해 늘 의식하고 있었기 때문에 가능한 일이다. 토크빌은 습속을 하나의 경험적 차원으로 한정시킨 몽테스키외보다 한 걸음 더 나아갔다. 토크빌의 습속 연구의 뛰어난 점은 다음 두 가지다. 첫째, 습속이야말로 한 나라의 법률과 제도를 형성하는 데 핵심 요인이라고 지적하여, 법률보다 습속의 우선됨을 주장했다. 둘째, 종교가 한 나라의 습속 형성에 가장 중요한 원천이라는 점을 지적했다는 점이다. 앞서 언급했듯이 『아메리카의 민주주의』에는 '종교'만을 다룬 별도의 장이 없다. 하지만 책의 전반에 걸쳐 종교는 자신이 경험했던 미국 사회의 경험적 사례들의 원인이거나 또는 해석의 근거였다.

'언덕 위에 세워진 도시'

미국인들이 미국을 이해하는 대표적인 두 개의 용어가 있다. 하나는 '자유'이고, 다른 하나는 '신'이다. 다른 나라라면, 세속의 정치적 차원을 나타내는 자유와 성스러운 종교적 차원에 관계되는 신은 양립하기 어렵고 갈등하기 일쑤다. 그런데 미국은 헌법적으로만 정치적 자유와 종교적 신앙을 구분했을 뿐, 실제 사회적 관례에서 자유와 신앙은 언제나 같은 차원에서 하나로 결합되어 있다. 미국의 대통령은 취임식에서 헌법 준수 서약을 할 때 나머지 한 손을 성경 위에 얹는다. 미국의 공식적인 화폐에 쓰어진 "우리는 신을 믿는다In God We Trust"는 구절이야말로 미국인들의 모토라고 할 수 있다.(공식적인 미국의 모토는 "E Pluribus unum", 곧 '여럿으로 이뤄진 하나'라는 뜻의 라틴어였으나, 1956년 의회에서 '우리는 신을 믿는다'로 바꾸었다.) 서방국가 가운데서도 가장 자유로운 이 나라가 현재까지도 가장 복음주의적인 개신교의 천국이라는 점을 알지 못해서는 미국 사회에 대한 분석을 한 걸음도 진척시킬 수 없다.

토크빌은 이 문제를 『아메리카의 민주주의』 전체에 걸쳐 다루었다. 첫 서술은 역사적 기원이다. 식민지 초기의 중요한 정치·종교 지도자였던 존 윈스럽John Winthrop이 미국으로 항해하는 배에서 행한 연설인 「기독교적 사랑의 한 모형」(1630)에서 미국인들의 사고방식을 이해하기 위한 단서를 찾을 수 있다. 윈스럽은 이 연설에서 자신과 함께 매사추세츠에 세워질 도시들은 세속 세계에서 신의 영광을 드러내고 신의 뜻을 펼칠 모범적 사회가 되어야 한다고 주장했다. 그때 언급된 성경 구절이 바로 「마태복음」 5장 14절의 "언덕 위에 세워진 도시city set upon a hill"이다. 앞서 뉴잉글랜드의 첫 이주자들이 그랬듯이 이들을 포함한 초기 이주자들에게 신대륙 미국은 신이 약속한 땅이고, 그들 스스로는 신이 선택한 백성(곧 선민)이다. 그들이야말로 예수 그리스도의 이름으로 결속한 믿음의 공동체, 곧 본래 의미의 교회 그 자체였다. 토크빌은 『아메리카의 민주주의』 I권 1부 2장에서 자유와 종교 정신의 결합 사례로 총독 재임 시절 윈스럽의 연설문을 제시한다.

"우리가 누리고 있는 독자성이라는 것에 대해 우리는 행여 오해해서는 안 될 것입니다. 사실상 일종의 타락한 자유가 있는데, 이것은 자기가 하고 싶은 대로 할 수 있는 자유로서 인간과 마찬가지로 동물에게서도 찾아볼 수 있습니다. 이러한 자유는 모든 권위의 적입니다. 이 자유는 일체의 규범을 귀찮아하는데, 이러한 자유를 탐닉할 경우 우리는 우리 자신보다 열등한 존재로 추락합니다. 이 자유는 진리와 평화의 적입니다. 이 자유에 분연히 맞서야 할 의무가 있다고 하느님은 믿으십니다! 하지만 다른 한편으로 시민적이고 도덕적인 자유가 있습니다. 이 자유는 연합에서 힘을 얻는데, 이 자유를 보호하는 것이야말로 권력의 사명입니다. 이것은 아무 거리낌 없이 정당하고 옳은 모든 것을 행할 자유입니다. 이 신성한 자유, 우리는 온갖 위험을 무릅쓰고 이 자유를 지켜야 할 것이며 필요하다면 목숨까지 내놓아야 합니다."

토크빌이 본 윈스럽 연설의 핵심은 미국의 자유 정신이 신과의 성약聖約, Covenant에 기초해 있다는 점이다. 시민끼리의 정치적 계약은 최종적으로 그것의 실행을 보장하는 상위의 절대적 신 관념 없이는 유지될 수 없다. 사회계약론은 그 본성상 인간 사이의 약속인 까닭에 이익을 추구한다. 그리고 그 결과물로서의 자유는 인간성의 한계에 갇혀 있다. 인간이 악하다면 그 약속도 악하게 마련이다. 악한 약속으로서의 권위는 존경받을 수 없으므로 권위에 대한 도전은 계속된다. 반면에 인간 너머 신과의 계약은 다르다. 윈스럽 연설의 저본이 되는 「요한복음」 8장 32절의 "진리가 너희를 자유롭게 하리라"야말로 성경 전통의 자유 정신, 곧 절대자 신의 자녀라는 자각을 통해 세속의 질서에 맞설 수 있는 도덕적 자유를 갖게 된다는 것의 중요성을 잘 알려준다. 신과의 계약을 통해서 이 자유는 구성원 모두의 평등을 이끌어내고, 나아가 세속 사회에서 신의 권위를 위임받아 도덕적 권위를 실행하기 위해 분투할 때 내면의 힘으로 작용한다. 신의 권위를 부정하는 세력과 관행에 맞서는 용기도 여기에서 나온다. 윈스럽이 말한 "언덕 위에 세워진 도시"는 모든 이들에게 "빛"이 되어야 한다. 따라서 "신의 계율을 지키는 것은 인간을 자유의 길로 인도한다."(I-1-2) 이것이야말로 미국의 주류가 영국에서 기원했지만 영국의 관습과는 완전히 구분되는, 종교와 자유가 결합하게 되는 독특한 청교도적 습속이 뿌리내리는 터전이 된다.

민주적 습속의 핵심, 개신교

이제 토크빌이 미국의 습속과 민주주의의 관계를 해명하는 작업에 대해 살펴보자. 『아메리카의 민주주의』 I권 2부 9장에서 토크빌은 미국이 민주주의 체제를 유지하는 데 개신교 전통에 의해 형성된 문화적 습속이 기여하고 있다는 점을 강조한다. 예나 지금이나 미국에서 종교는 다른 여러 사회제도 가운데 하나가 아니라 사회 그 자체다. 종교와 사회는 사실상 하나다. 종교와 정치가 결합된 신정정치의 시대를 떠올려보면 그것은 거대한 전제정의 감옥이 될 수도 있다. 신앙이 이성을 압도하던 서양 중세는 하늘의 권위가 땅의 권위를 압도했다는 의미에서 종교와 정치가 하나였다. 그러나 미국에서 종교와 사회의 결합은 정반대의 방식으로 이루어졌다. 개신교는 정치에 개입하지 않고, 단지 시민들의 일상의 삶에 도덕적 원칙을 제공할 뿐이다. 개신교의 도덕적 활력을 삶의 가치와 기준으로 내면화한 시민들은 공적인 세계에 그런 원칙을 자발적으로 실행해나간다. 미국에서 종교가 곧 사회라는 말은 세속 사회의 삶의 원칙 자체가 종교에 의해 형성되고 지지된다는 의미를 갖는다.

이 맥락에서 미국의 종교 상황을 들여다보면 종교의 미래에 대해 어느 정도 예측할 수 있다. 미국을 제외한 서구 산업사회에서 종교 자체의 위력은 확실히 쇠퇴했다. 아니, 세속 사회는 더 이상 종교에 얽매이기를 거부했다. 때로 종교가 외면적으로 성장하기도 하지만 그 과정에서 사실은 종교가 세속의 가치와 타협하거나 휩쓸려 버리는 현상이 일어나기도 한다.[3] 반면에 미국의 종교 상황은 그렇지 않다. 이곳에서는 세속의 사회 질서가 개신교가 제공하는 규범과 가치에 근접해갔고, 반대로 교회는 사회의 역동성에 책임을 지고 있었다. 이는 1차적으로는 미국에 뿌리내린 개신교 자체가 이미 종교개혁을 거치면서 스스로 성직자의 통제를 거부하고 대신 개인 스스로 도덕적 양심을 강조했다는 점에서 비롯했고, 2차적으로는 미국 사회 구성원들이 교회를 사회적 책임과 관용의 정신을 키워가는 훈련장으로 여기고 있었다는 점에서 비롯했다. 20세기의 '종교의 세속화' 이론은 종교가 쇠퇴하는 것이 아니라 오히려 세속 사회에 미치는 종교의 영향력이 강화되었다고 주장했는데, 이 점에서 토크빌의 논의는 현대 종교사회학의 주요 개념인 '세속화' 논의를 내용상 선취한다고 평가할 수 있다.

종교다원주의를 원칙으로 하는 미국에서 개신교의 정신이 사회 전체에 영향을 미치는 상황을 어떻게 설명할 수 있을까? 미국의 사회학자 로버트 벨라Robert N. Bellah(2013년 작고)는 루소, 토크빌, 뒤르케임의 전통에서 시민종교civil religion라는 개념을 발전시켜 이 문제에 대한 유효한 답변을 제시했다. 벨라는 시민종교를 "초월적 실재의 빛에서 그 역사적 경험을 해석하게 되는, 모든 사람이 생활에서 발견하게 되는 종교적 차원"이라고 정의했고, 이를 통해 미국 사회의 내적 결속과 통합의 기능을 수행하는 종교의 세속적 대체물을 찾고자 했다. 최초의 순례자들, 선택받은 사람들, 언덕 위의 도시, 건국의 영웅들, 국경일, 국가의 상징물 등은 미국 사회에 '거룩함'의 차원을 제공하여, 거기서 뿜어져 나오는 힘에 의해 국가의 제도 형성과 발전에 큰 영향을 미쳤다. 물론 그것은 기독교와 공화주의에서 연원한 전통이다. 기독교에서 기원하지만 기독교 자체는 아니고, 자유 전통에서 비롯하지만 정치만으로 환원시킬 수 없는, 곧 그 자체가 독자적인 종교처럼 미국의 습속을 규정하고 법률제도와 사회를 운영하는 공통의 관념, 이상, 의례를 마련해주는 힘이 그 전통에서 연원한다. 비록 개신교의 보수화에 의해 그 영향력이 예전 같지는 않지만, 여전히 미국 사회는 정치적 자유와 개신교를 결합한 시민종교를 통해 통합을 이끌어내고 있다.

『아메리카의 민주주의』 II권에서도 종교에 대한 서술 분량은 많지 않다. 하지만 여기서도 종교는 미국의 민주주의와 관련되어 분석되고 있다. 토크빌의 미국인에 대한 관념은 기본적으로 그들이 "청교도이면서 동시에 상업에 종사"하는 이중성을 띤 국민이라는 점에서 출발한다.(II-3-9) 직업인으로서 이들은 유달리 물질적 가치에 탐닉한다. 유럽의 귀족들처럼 속으로는 부를 선망하면서도 명예 때문에 돈벌이에 주저하는 상황이 미국에서는 연출되지 않는다. 그런데 합리적 심리학의 관점에서 접근하는 토크빌은 이들의 과도한 물질적 탐닉의 반대급부로 종교적 열정이 증가할 수 있다는 가설을 내놓는다. "이들의 영혼이 그들을 구속하는 물질적인 속박을 돌연 끊어내고 장엄하게 하늘로 날아오르는 어떤 휴식의 순간들이 있기 마련이다."(II-2-12) 토크빌 시대와 현재 모두, 유럽에서는 상상할 수 없는 "종교적 광신자"들이 미국에는 넘쳐난다. 더구나 그 시기 급격한 영토 확장 과정에서 외롭게 자연과 맞서던 이들을 대상으로 성령 중심의 교회가 급격히 세를 확대했다. 서부(토크빌 방문 시점의 서부는 오하이오강 서쪽의 개척지를 말한다)의 오지에서 만난 순회 설교자들, 그 야외 집회(부흥회)에 참석하러 먼 길을 걸어오는 노인과 아이들의 행렬을 통해서 토크빌은 정신적 영역을 이끌어가는 종교의 힘에 경탄했다.

무릇 종교는 인간이라면 피할 수 없는 한계 상황에서 궁극적 관심에 근거하는 성찰을 이끄는 기능을 수행한다. '왜 선한 삶을 살아온 내게 불행이 닥쳐올까' 같은 실존적 의문과 '신과 인간의 계약에서 비롯된 인간의 사회적 의무는 무엇인가' 같은 엄숙한 지적 탐색은 오직 종교를 통해서만 가능하다. 종교는 이러한 인간의 관심에 합리적인 응답을 줌으로써, "저승에서 인간을 구원하지는 못한다고 할지라도 적어도 이승에서의 인간의 행복과 위엄에는 상당히 기여"하게 된다.(II-1-5) 토크빌은 일반적으로 민주주의 국가에서 진행되는 평등화의 경향이 야기할 수 있는 부정적 양상, 곧 물질적 쾌락에의 탐닉과 이기적인 관심의 증가에 대해 늘 우려했다. 하지만 적어도 당시 미국에서는 그런 우려가 크게 없었다. 왜냐하면 미국의 개신교는 시민들이 도덕적 가치를 잃고 방황하지 않도록, 곧 물질 영역이 아닌 정신 영역의 중요성에 대해 언제나 경각심을 갖게끔 일깨우기 때문이다. 미국의 개신교는 유형의 성례전 대신 무형의 가치에 충실하다. 이들은 노동의 가치를 존중하고 현세의 행복을 존중한다. 민주주의와 평등화에 대해서도 지지한다. 적어도 미국의 교회 지도자들은 "현세의 일과 내세의 일이 구별되고 상충된다고 설교하는 것이 아니라, 이 두 가지가 어떻게 서로 겹치고 만나는지를 보여주려 애쓰는 것이다."(II-1-5)

그 결과, 미국의 종교는 국가를 직접 지배하지 않고 대신 세속 시민의 내면에 도덕적 긴장을 불러일으키는 방식으로 사회에 영향을 미친다. 율법을 통한 외적 강제가 아니라 종교성을 내면

195

에서 불러일으키는 방향으로, 개인 스스로의 마음을 규제할 양
심을 갖게 하는 방식으로, 미국 사회는 하나의 거대한 교회가 된
다. 적어도 토크빌 시대의 교회는 결코 현실 정치에 개입하지 않
았고 그럴 필요도 없었다.[4] 미국의 기독교는 오히려 시민적·정치
적 자유와 자연스럽게 결합했다. 이처럼 종교에서 기원한 미국
적 가치는 미국 사회의 근원적 습속으로서 미국의 여러 제도와
법률의 기반이 되었다.

〈도표 2〉는 토크빌이 『아메리카의 민주주의』에서 전개한 논의
를 제도(법률)와 습속의 차원에서 필자가 정리한 것이다. 실선(→)
은 습속에 의해 사회제도들이 규제되는 방향을 표시하고, 점선
(⋯)은 현재 사회제도가 생산해내는 결과물이 습속으로 환류하는
모습을 표시한다. 그림의 ⓒ는 경험적으로 관찰할 수 있는 제도
의 영역으로서 구체적 사회제도들이다. 사회 체계에서 실제 작
동하는 기능에 따라 각각 정치, 경제, 사회, 문화 등으로 구분할
수 있고, 그 밖의 수많은 제도들에 대해 1부터 n까지 번호를 부여
할 수 있다. 그림에서 '습속'은 Ⓐ와 Ⓑ의 영역에 걸쳐 있다. 다시
말해, 삶의 가치와 의미를 제공하는 종교 차원과 그것에 의해 형
성된 관습화된 삶의 유형의 차원을 포괄한다. 습속은 토크빌의
정의상 흔히 말하는 문화의 두 가지 차원, 곧 가치 측면과 관습
측면을 모두 아우르기 때문이다. '제도'는 Ⓑ와 ⓒ의 영역에 걸쳐
있다. 이는 각각 관습화된 삶의 유형과 법률로 성문화된 제도의

영역을 포괄한다. 현재 사회과학에서 말하는 제도의 두 영역, 곧 '당연한 것으로 간주되는 관습화된 영역'과 '사회 행위를 규제하고 조장하는 실제 제도'의 차원을 모두 아우르는 것이다. 여기에서 습속(X)은 '독립 변수'이고 개별 제도들은 '종속 변수'이다.

그림에서 보듯, 습속과 제도는 관습화된 삶의 유형(Ⓑ)에서 서로 겹치지만, 전자는 가치지향성(Ⓐ)을, 후자는 그 산출물로서의 사회제도(Ⓒ)를 각각 특유하게 갖고 있다. 습속은 제도의 성격을 규제하는 막강한 힘을 지닌다. 미국이 민주적인 제도를 유지

도표 2 『아메리카의 민주주의』에서 제도와 습속의 관계

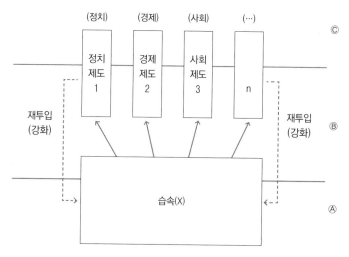

Ⓐ: 의미체계(종교), Ⓑ: 관습화된 삶의 유형, Ⓒ: 제도의 차원
→ 정보의 흐름, ┈▸ 에너지의 흐름

할 수 있는 힘이 최종적으로 습속에 있다는 토크빌의 평가는 바로 이런 원리에 기초한다. 그런데 그렇게 형성된 제도는 물질적인 힘을 산출하여 사회 구성원들의 습속을 강화시키는 학습 효과를 제공한다. 이런 피드백의 과정을 통해 제도와 습속은 사실상 하나의 차원으로 합류하여 미국의 민주주의가 지속할 수 있는 원천을 제공한다.

습속의 변화를 어떻게 이끌어낼 수 있는가

토크빌의 제도와 습속의 방법과 관련한 논의에서 마지막으로 점검할 이론적인 것이 있다. 위 〈도표 2〉를 보면, 제도와 습속은 그 자체 완결된 구조를 이뤄 그 밖의 요인들이 개입할 여지를 두지 않는 듯 보인다. 따라서 필자가 그린 도식은 한 사회의 안정된 구조를 설명하는 데는 이롭지만, 그 사회의 변화를 설명하기 어렵다. 특히 그 사회의 습속이 시대 변화에 어울리지 못해 변화를 꾀한다고 했을 때, 위 그림대로라면 그 변화의 가능성은 관습화된 제도의 영역에 의해 봉쇄되는 것처럼 보인다. 그러나 토크빌의 연구 방법에서 제도와 습속은 오늘날의 '구조' 개념처럼 거시적 접근을 위한 분석 틀이 아니라는 점에 주목할 필요가 있다. 토크빌은 책 전체에서 집합적 사회현상을 분석할 때 실제로는 그것을 형성시키는 개인의 감정, 동기, 양심 등과 같은 미시적 차원에 의한 설명력에 크게 의존했다. 이는 현대의 방법론적 개인주의의 설명 틀과 같다. 토크빌의 논리에서 보자면, 미국 사회의 제도와 습속은 미국인의 오랜 역사적 행위들의 경험적 차원에서 만들어졌다는 점에서 그 성격은 영구적인 것이 아니라 잠정적이다. 따라서 제도와 습속은 구성원들의 행위에 영향을 미치면서 동시에 개인들의 합리적 판단에 의해 촉발된 새로운 행위들에 의해 얼마든지 변형 가능하다.

토크빌의 관심은 학술적으로는 미국 연구에 있었지만 실천적으로는 언제나 프랑스의 민주화에 있었다. 그 관심은 『아메리카의 민주주의』의 I권에는 밑바닥에 깔려 있지만, II권에는 직접적으로 표출되어 있다. 미국 연구를 통해 민주주의 유지의 핵심 요인이 습속이라는 점이 확인된 만큼, 이제 프랑스의 습속을 민주주의에 친화적인 성격으로 변화시키면 된다. 그런데 습속의 변화는 결코 쉬운 과제가 아니다. 무의식적 실천 과정에서 시행착오와 의식적 재형성 노력이 거듭되면서 매우 느린 속도로 진전될 뿐이다.

토크빌은 몽테스키외에게서 새로운 습속 형성의 아이디어를 얻기는 했다. 몽테스키외는 『법의 정신』 19편 14장에서 "습속을 바꾸려 할 때는 폭력을 수반하는 법에 의해서가 아니라 다른 습속과 생활양식에 의해 바꾸는 편이 낫다"라고 설명했다. 몽테스키외는 표트르 대제가 서유럽의 습속을 러시아에 옮겨 심기 위해 러시아 백성의 수염과 긴 옷을 자르도록 강제적으로 시행했지만 결국 그 시도가 실패할 수밖에 없었다는 역사적 사실을 보기로 제시했다. 1895년 조선에서 개혁 내각이 개혁의 상징적 승리를 위해 상투를 자르는 '단발령'을 시행했지만 전국적인 의병 봉기를 불러일으켜 결과적으로 개혁 내각의 붕괴로 이어지게 된 것도 유사한 사례다. 표트르 대제와 조선의 을미乙未 내각은 습속의 강한 보수성을 읽지 못하고 법률로 강제만 하면 될 것으로 믿었다가 쓰라린 패배를 맛보았다.

형벌 강제 대신 자발적인 습속의 변화를 이끌어내기 위해서는 모범적 사례를 제공하는 것이 훨씬 효과적이라고 몽테스키외는 강조했다. 곧 새롭고 좋은 범례를 국민들이 스스로 관찰해가면서 자연스럽게 점진적으로 습속을 바꾸게 해야 한다는 것이다. 그래서 실제로 좌우 가릴 것 없이 전체주의적인 정치 세력은 (강한 제도적 강제와 동시에) 모범적 인물을 선례로 내세워 그와 같이 행동할 것을 강제하곤 한다. 스탈린 시대의 스타하노프운동, 북한의 천리마운동이 대표적 보기다. 그것들보다 정도가 약하기는 하지만 미디어 정치가 활성화된 현대 서구에서도 그런 경향이 쉽게 발견된다. 박정희 정권 시기에 새마을운동의 모범 사례를 적극적으로 전파하기 위해 영화를 활용한 것도 이런 사례에 해당한다.

그런데 토크빌은 몽테스키외에게서 습속 변화의 점진성이 효과적이라는 것을 배웠을 뿐 범례 제시를 통한 변화 방식은 수용하지 않았다. 더구나 그것이 국가의 독재적 방식에 의한 것이라면 더더욱 수용할 수 없었다. 토크빌은 예민한 역사적 감각으로 당시 프랑스를 비롯한 유럽 사회가 군주정을 유지할 수 있는 사회적·문화적 기반을 상실했다는 점을 지적하고, 다가올 민주주의 시대를 위한 민주적 습속의 점진적 형성을 기대했다.(I-2-9) 토크빌이 미국 사회 분석을 통해 얻은 민주적 습속 형성의 조건은 『아메리카의 민주주의』 II권에 여기저기 흩어져 제시되어 있는데, 이를 정리하면 다음과 같다.

첫째, "바르게 이해된 자기 이익의 원리"가 사회에 확산되어야 한다.[5] 기본적으로 자본주의국가인 미국에서 공리주의는 명시적으로 그들의 습속을 구성하고 있다. 미국인들은 복잡한 윤리학적 통찰이나 덕성에 대한 고려 없이도 자기 이익이 보호되어야 한다는 원칙을 습관화하고 있다. 중요한 것은 자기 이익을 확대하기 위해서 때로는 스스로 이기심을 절제하여 타인의 이익과 공동의 이익을 고려해야 한다는 것을 습관화하고 있다는 점이다. 이것을 토크빌은 "바르게 이해된 자기 이익의 원리"라고 부른다. (II-1-8) 부의 증가와 공동선에 대한 관심이 병행될 때 사회의 관용성은 증가하고 국가에 대한 시민사회의 제어력은 커질 수 있기에, 이러한 변화는 민주적 습속이 자리 잡는 데 큰 기여를 할 수 있다. 실제로 상업적 경제 활동이 활성화된 곳에서 민주주의가 발전했다는 근대사의 진실은 토크빌의 평가가 정확했다는 것을 사후적으로 정당화한다.

둘째, 사회 상태의 평등화가 진행될수록 민주적 습속은 더욱 빠르게 확산될 것이다. 토크빌은 『아메리카의 민주주의』 I권에서 미국 사회의 가장 두드러진 특징으로 '사회 상태의 평등'을 들었다. II권에서는 그것이 실제로 미국의 습속에 끼친 영향을 검토했는데, 평등화의 진행은 사회 구성원들이 서로에게 동질감을 느껴 역지사지할 수 있는 동정심을 낳게 하면서 결과적으로 습속을 순화시킨다. "사회에서 계층들이 서로 균등해지고 모든 사람이 거의 똑같은 방식으로 생각하고 느끼게 될 때, 이들 각자는 다른 모든 사람의 감성을 단 한순간에 판단할 수 있을 것이다. (……) 상상력을 통해서 그들의 입장을 헤아릴 수 있으니 말이다. 사람들의 동정심이 상상력을 통해 어떤 특정 개인에게로 전이되는 까닭에, 누군가 그의 동료의 사지가 찢겨나갈 때 그 자신이 고통을 느끼게 되는 것이다."(II-3-1) 물론 민주적 습속의 하나인 관대하고 동정적인 온유함은 교육을 통해서 또 문명의 발전 수준을 통해서도 얻어질 수 있을 것이다. 그러나 사회 구성원 간의 일반적인 평등이 없을 때 과연 관용의 정신이 자랄 수 있을까? 토크빌은 다른 모든 요소보다 사회 상태의 평등이 중요함을 확신했다.(II-3-4)

셋째, 토크빌은 위 두 가지 조건을 충족시키는 과정에서 의도치 않게 발생하는 문제점인 사회 갈등을 이겨내야만 한다는 점을 강조했다. "조건의 평등이 품행의 순화에 유리하다고 할지라도, 조건을 평등하게 만드는 사회적 과업 자체는 오히려 품행의 순화를 저해하는 효과를 지닌다."(II-3-11) 이는 불평등한 사회에서 평등화가 진행되는 초기에 오히려 억압되었던 욕망이 분출하여 시위와 폭력으로 사회가 불안정해지고 습속은 오히려 거칠게 타락했던 당시 프랑스의 경험에서 우러나온 진단이다. 이러한 진단은 현대 정치사회학에서 발전시킨 '상대적 박탈감 이론', 곧 사회 저항과 혁명적 운동은 불평등이 심한 절대적 박탈감의 상태가 아니라 오히려 불평등의 정도가 완화되기 시작할 때 더욱 심화된다는 이론을 미리 꿰뚫어본 것이다. 나아가 같은 합리적 심리학을 토대로 토크빌은 평등 상태로 나아가는 초기 단계에 모두가 자신의 권리를 주장하느라 사회 규범을 무시하는 상황에서도 소수의 엘리트 계층부터 도덕과 윤리의 끈을 바짝 죄고 건전한 사회 규범을 실천해야 한다고 강조했다. 이렇게 오랜 지난한 노력이 뒷받침되어서야 비로소 민주적 습속이 형성될 수 있다.

오늘날 미국의 습속: 공리적 개인주의

로버트 벨라는 본래 뒤르케임에 정통한 사회이론가로서, 서구 사상은 물론 동양 종교와 역사에도 조예가 깊었다. 그는 1980년대 초반 자신의 젊은 동료들과 함께 미국 사회 전반에 대한 조사에 착수했고, 그 결과물의 제목을 토크빌의 『아메리카의 민주주의』에서 사용된 용어인 '마음의 습관'에서 따와 붙였다. 그만큼 벨라의 연구는 토크빌의 연구 전통에 굳게 뿌리내리고 있다. 그런데 그 내용은 토크빌의 낙관과 달리, 미국 문화의 성격을 특징짓는 습속에 대한 기대와 우려가 교차한다. 미국인의 자유로운 정치 참여를 가능하게 했던 그들의 개인주의적 습속은 역설적으로 미국의 공화 정치를 고갈시킬 것이라고 토크빌도 우려했지만, 벨라와 그의 동료들은 토크빌의 예측이 150년이 지난 1980년대의 미국 사회에서 실현되고 있다는 것을 밝혀내 미국 시민들의 자성을 불러일으켰다.

벨라와 동료들은 먼저 미국의 개인주의 문화 분석을 위해 역사적으로 현상한 네 가지 삶의 지향들을 범주화했다. 성서 전통의 개인주의, 공화주의 전통의 개인주의, 공리주의적 개인주의, 표현적 개인주의가 각각 그것이다. 이 네 전통 중에서, 앞의 둘(성서적·공화적 개인주의)은 미국 건국 전후에 이미 존재하던 것이고, 뒤의 둘(공리적·표현적 개인주의)은 주로 근대 산업화 이후에 나타

민주주의의 탄생

난 것이다. 성서 전통의 개인주의의 원형적 인물로는 앞서 토크빌도 언급했던 윈스럽을 들 수 있다. 그의 관심은 신과의 성약에서 기원하는 도덕적 자유를 통해 윤리적 공동체를 수립하는 데 있었다. 공화주의적 개인주의의 원형으로는 제퍼슨을 들 수 있다. 그가 쓴 '독립선언서'의 "모든 사람은 평등하게 태어났다"는 구절에서 알 수 있듯이 그는 평생 정치적 평등의 문제에 헌신했다. 그는 자기규율을 갖는 자영농의 세계를 꿈꿨기에 계급 불평등과 자유인의 도덕을 부식시킬 산업화와 도시화를 경계했다. 성서 전통의 개인주의와 공화주의 전통의 개인주의는 약간의 차이에도 불구하고 개인의 도덕성을 강조하고 이를 통해 공동체를 강조한다는 점에서 공통된다. 토크빌이 본 건국 초기 미국의 습속은 바로 이 두 심성이 조화를 이룬 상태였다.

그러나 산업화가 진행되면서 미국인들은 점차 다른 성격의 개인주의 문화를 발전시켰다. 공리주의적 개인주의와 표현적 개인주의가 그것이다. 공리적 개인주의는 건국기의 다재다능한 천재였던 벤저민 프랭클린에게서 비롯한다. 그는 기독교의 고전적 전통을 공리주의적으로 수정했지만 당시에는 프랭클린의 그런 성향이 주류가 아니라 예외였다. 그리고 그러한 공리적 전환 또한 기독교와 공화적 자유의 전통 속에 여전히 닻을 내리고 있었다. 그러다가 19세기 중반 이후 미국 사회가 개인의 이익 추구를 절대화하면서, 공동체를 강조하는 기존의 성서-공화적 개인주의와 결별한 공리주의적 개인주의가 새로운 성향으로 등장하게 되었다. 이러한 개인주의는 현재 신자유주의의 이상과 결합하여 미국의 주류 가치로 정착했다.

표현적 개인주의는 가장 미국다운 시인인 월트 휘트먼Walt Whitman(1819~1892)의 시집 『풀잎』에 실린 시 「나의 노래Song of Myself」의 첫 구절인 "나는 스스로를 축복한다I celebrate myself"에서 보이듯이, 기존의 모든 구속과 관례를 넘어서 스스로를 표현하는 자유를 강조한다. 영화 〈죽은 시인의 사회〉에서 존 키팅 선생(로빈 윌리엄스)이 학생들에게 낭송해준 "오 캡틴! 마이 캡틴!O Captain! My Captain!"의 시구로 대표되는, 링컨 대통령의 죽음을 애도하는 휘트먼의 시는 여전히 진실한 자아를 강조하는 공화주의 전통과 긴밀히 연결되어 있었다. 그리고 이는 지금까지도 공리적 개인주의에 맞서 자기실현을 강조하는 낭만적인 개인주의를 옹호한다. 하지만 이 흐름은 도덕적 상대주의와 결합하여 도덕성의 원천을 고갈시키고 나아가 개인들이 사회에서 벗어나 자발적으로 유폐하게끔 이끌 수도 있다. 이처럼 공리적 개인주의와 표현적 개인주의는 결과적으로 개인이 공동체에 참여하는 것에 의미를 두지 못하게 할 수 있다는 점에서 시민 문화에 부정적 요인으로 작용했다.

비록 벨라와 동료들의 분석이 미국 개인주의 문화의 긍정적인 요소였던 자유로운 정치 참여 전통이 여전히 살아 있는가의 여부

민주주의의 탄생

를 점검하여 공공 영역에 시민 참여의 가능성을 탐색하는 데 초점을 맞추고 있지만, 그들의 궁극적 관심은 미국인의 삶에서 개인주의라는 1차 언어의 과잉을 극복하기 위한 대안으로서 공동체에 대한 관심을 환기하는 데 있다. 미국의 공동체주의는 기독교와 공화주의 전통과 관련된 것이다. 이 전통은 "이기주의만 알았던" 개인주의가 "민주적 개인주의"로 발전할 수 있게 한 원동력이었다. 그러나 이 전통은 이제 사라져가고 있다. 벨라와 동료들은 성서-공화적 개인주의와의 대화를 통해서 미국인들만의 특유한 문화였던 공동체 참여 전통을 환기시키고자 했다. 이 공동체주의는 단순히 과거로의 회귀가 아니다. 개인을 공공의 장소로 이끄는 것은 정부의 권위도 시장의 경쟁도 아니다. 공동체의 삶에 깊은 흔적을 남기는 공동의 문화적 자산인 상징 체계에 대한 환기, 곧 "기억의 공동체"를 회복하는 것이다. 이때 "기억"은 낭만적 자기 확장이 아니다. 벨라와 동료들이 말하는 "기억" 속에는 공동체의 영광스러운 기억이나 외부에서 받은 고통에 대한 위로뿐만 아니라 "(자기가 타자에게) 가한 고통"에 대한 쓰라린 반성까지 포함되어 있다. 이런 기억을 이야기함으로써, 집합적 역사와 모범적 개인의 삶은 공동체의 전통 속에서 끊임없는 갱신의 힘을 제공하고 공동체의 미래를 함께 가꾸게 하는 힘을 줄 수 있다.

오늘의 미국에서는 1980년대 벨라가 우려했던 공리적 개인주의가 이제 사회 모든 영역에 걸쳐 습속화되었다고 평가할 수 있다. 그런데 그런 상황을 극복할 수 있는 힘마저도 미국인들은 언제나 자신의 역사적 과거인 성서-공화적 개인주의 전통에서 찾을 수 있다는 점에서 행복한 국민들이다. 그 아름다운 기억은 물론 조지 워싱턴과 토머스 제퍼슨의 것이고, 동시에 에이브러햄 링컨의 것이자 마틴 루터 킹 목사의 것이기도 하다. 마틴 루터 킹 목사의 유명한 연설인 '나는 꿈꿉니다I have a dream'(1963)를 보자. 링컨의 노예해방 선언 100주년을 맞이하여 열린 워싱턴 행진에서 킹 목사는 단순히 흑인의 고통을 늘어놓으며 백인에 대한 증오감을 키우려고 하지 않았다. 그의 연설은 토머스 제퍼슨의 '독립선언서'에서 나오는 "모든 사람은 평등하게 태어났다"를 언급하고, 과연 지금의 상황이 그러한지 백인들에게 되물어 스스로 도덕적·정치적으로 자각하게끔 일깨우는 것으로 충분했다. 그런 노력들이 있기에 미국인들은 조지 부시 2세에게 대통령을 맡겼다가도 잠시 후 공리적 번영의 환상에서 깨어나 공화적인 미국의 이상을 되찾아 버락 오바마를 대통령으로 선출할 수 있었던 것이다. 스스로 우쭐하여 잘못을 저지르다가도 신과 자유의 이름으로 반성하고 각성할 수 있는 것이야말로 미국이 역사상 존재했던 여러 제국들과 구분되는 모습이다.[6]

민주주의의 탄생

3

—

자유와 평등, 민주주의의 정치학

민주주의에서의 평등인가, 평등의 민주주의인가

토크빌이 약속했던 "새로운 세상의 새로운 정치학"은 『아메리카의 민주주의』 I권에서는 부분적으로만 실현되었다. 그는 제도와 습속을 정치 연구에 도입하여 미국 민주주의가 유지될 수 있는 조건을 찾아내는 데 성공했다. 하지만 I권의 연구 목적상 토크빌 자신의 정치사상은 거의 전개할 수 없었다. 『아메리카의 민주주의』 II권에서 비로소 우리는 토크빌의 민주주의에 대한 일반 이론을 발견할 수 있다. 그런데 대개의 사상사 고전이 그렇듯이 토크빌 역시 독자들에게 쉽게 그 답을 보여주지 않는다. 심지어 제목에 해당하는 '민주주의'에 대해서는 개념 정의조차 하지 않는다.

『아메리카의 민주주의』를 연구하는 학자들은 대개 토크빌이 민주주의를 크게 두 가지 개념으로 사용했다고 파악한다. 하나는 일상적인 민주주의 개념과 같은 '주권재민의 정치체제'이고, 다른 하나는 미국의 독특한 양상으로 '사회 상태의 평등'이다. 토크빌의 민주주의 개념에 담긴 의미를 정확히 이해하려면 후자의 경우를 더 상세히 검토할 필요가 있다.

전반적으로 유럽의 사회 상태가 점차 평등화의 방향으로 나아가는 것은 토크빌에게 신의 섭리처럼 자연스러운 일이다. "우리 역사의 지난 장면들을 훑어보면, 지난 700년 동안 일어난 거대한 사건들 중 평등을 증진시키는 데 이바지하지 않은 사건이 하나도 없다는 사실을 알게 될 것이다."(I-서론) 토크빌이 언급한 사례들을 읽다 보면 그의 판단을 존중하지 않을 수 없게 된다. 십자군 전쟁과 영국의 내전은 귀족계급의 경제적·종교적 기반을 고갈시켰고, 이탈리아 도시의 자치공화국은 시민적 자유의 관념을 현실화했다. 총기의 발전은 전쟁터조차도 평준화시켰다. 귀족의 말과 갑옷은 총알 앞에서 무력해지고 말았다. 인쇄술과 우편제도의 발전은 정보의 유통 속도를 획기적으로 끌어올려 엘리트와 대중의 지식 수준을 평준화시켰다. 종교개혁은 심지어 "구원의 길"마저 평등화시켰다. 마지막으로 신대륙의 발견은 구대륙의 가난한 사람들이 실제로 부유해질 수 있는 기회를 제공했다. 이처럼 "평등 원리의 점진적 전개가 신의 섭리"이기에, 평등화의 진행은 누구도 막을 수 없다.

평등화의 진행을 민주주의의 발전과 같은 것으로 이해했다는 점에서 토크빌의 민주주의에 대한 관점이 매우 독특했다는 것을 알 수 있다. 19세기 초반까지 민주화를 이끈 계급은 부르주아지, 곧 상공업으로 부를 축적한 시민들이었다. 따라서 당시 민주주의 사상은 바로 그들의 이해관계를 대변할 수 있는 자유주의가 주종을 이뤘다. 그 시대의 자유주의자들은 민주주의를 유산계급의 것으로 이해했고, 그들만의 제한적 참정권이 올바르다는 주장을 굽히지 않았다. 따라서 당시 자유주의자들은 일반 민중의 참정권을 인정하는 정치적 평등의 개념에 대해서 부정적이었다.

이러한 자유주의적 관념은 고대 그리스의 실체적 민주주의 개념을 거부하게 했다. 아리스토텔레스는 『정치학』에서 정체政體의 분류를 시도했다. 그는 통치자의 숫자에 따라, 1명이 통치하는 군주정, 여러 명이 통치하는 귀족정, 다수가 통치하는 민주정으로 정체를 구분했다. 그 가운데 민주정은 중하층 민중demos이 통치하는 정체로 이해되었다. 당시 그리스에서 데모스는 실제 존재했던, 평균보다 약간 낮은 수준의 계층으로서 폴리스 전체 인구의 절반 정도를 차지했다. 이들은 평균 열흘 남짓마다 열리는 민회에 참가하여 폴리스의 공적인 사안에 대한 토론을 지켜보고 투표로 정책을 결정했다.[7] 자유주의자들은 고대의 실체적 민주주의

211

에 내재한 비합리적 결정의 가능성을 우려했다. 더구나 근대 사회에서 구성원 간의 차이는 계급과 지위에 의해 너무나 커져 있었다. 사실 그리스의 폴리스 민주주의가 그나마 작동할 수 있었던 것도 (여성과 외국인은 물론) 노예라는 실제 생산 담당자들을 배제해서 폴리스 시민들 사이의 동질성을 높였던 데 기인했다.

따라서 자유주의자들이 근대의 계층간 불평등을 감안한 상태에서 민주주의 이론을 전개할 때 유일하게 인정할 수 있었던 평등의 관념은 자유를 위한 권리상의 평등_{equality in the right to liberty} 개념밖에 없었다. 이는 일반적 용어로는 '법 앞의 평등'과 '권리의 평등'의 두 가지를 의미하는 것으로서, 자유주의적 민주주의 이론에서는 이 정도 수준으로 실질적 평등이 제한될 수밖에 없다. 물론 그것조차도 프랑스대혁명이라는 급진적 상황 전개 이후에 비로소 가능했다.

그런데 미국에서는 건국기는 물론 그 이전부터 실질적 평등화가 진행되었다. 프랑스에서는 대혁명을 통해 어렵게 성취된 자유주의적 평등의 두 원칙이 미국에서는 그것보다 10여 년 전의 '독립선언서'가 작성되던 시기의 '연방헌법 수정조항'에 관철되었을 뿐만 아니라, 앞서 『아메리카의 민주주의』 I권에서 검토했듯이, 사회 전체에서 물질적 재부의 풍요와 상층으로의 사회 이동 같은 실질적 평등이 이미 완성되어 있었다. 이런 상황은 토크빌에게 두 가지 가설을 생각하게 했을 것이다. '민주적 정치체제는 사회 상태의 평등을 진행시킨다'는 가설 그리고 '평등은 민주적 정치체제를 촉진시킨다'는 가설이 그것이다. 그런데 토크빌은 민주적 정치체제와 평등 가운데 무엇이 독립변수인지 분명하게 밝히지 않았다. 이는 토크빌이 지나친 관념화의 위험을 경계했기 때문이기도 하고, 동시에 '미국이라는 모판'이 가지는 분석상의 우선성과 실제 역사적 경험을 강조하여 결국 미국의 제도와 습속을 핵심 변수로 강조하려는 저술 의도 때문이기도 하다. 따라서 미국을 넘어서서 민주주의 일반에 대한 토크빌의 생각을 정확히 파악하려면, 비록 수고롭지만, 『아메리카의 민주주의』 II권의 일반 진술과 토크빌의 다른 저서와 기록들을 종합하여 분석하는 방법밖에 없다. 그 과정에서 민주주의, 평등, 자유 등의 의미가 명료하게 밝혀질 것이다.

토크빌의 자유 관념

토크빌이 명시적으로 민주주의에 대해 내린 정의는 『아메리카의 민주주의』가 아니라 다른 글에서 찾을 수 있다.

"민주주의란 무엇인가? 그것은 모든 사람에게 자유, 지식, 권력을 최대한 누리게끔 하는 것이다. 민주적인 정부란 무엇인가? 자유를 제한하는 대신 다양한 방식으로 자유를 누리게 하고, 새로운 장벽을 세우는 대신 규제를 혁파하고, 억지로 자유를 이끌어내는 대신 스스로 자유에 이르게끔 지식과 자원을 제공하는 정부이다. (……) 모든 시민에게, 심지어 가장 비천한 자들까지 포함해서, 최상의 시민으로서의 독립성을 갖고 행동하게끔 하는 정부이다. (……) 모든 사람이 똑같이 가난하라고 강요하는 대신 모든 이가 정직한 방법으로 일을 통해 부를 축적할 수 있게끔 해주는 정부이다."(「민주주의의 정의」(1848))

물론 이 정의는 1848년의 것으로서, 『아메리카의 민주주의』의 저자인 청년 토크빌이 아니라 후기의 원숙한 사상가로서 토크빌의 생각이 반영된 것이다. 후기 토크빌의 민주주의 개념은 일반적으로 민주주의라는 용어에 담긴 두 가지 의미, 곧 사상과 관념의 체계로서의 민주주의democratism와 정치체제로서의 민주주의democratic polity를 모두 포괄한다. 이를 하나씩 살펴보자.

먼저, 토크빌은 사상으로서의 민주주의를 '모든 사람이 자유를 누리는 체제'로 규정한다. 이러한 생각은 계몽주의의 민주주의 관념을 계승한 것이다. 그런데 자유라는 개념 자체가 다의적이어서 혼란이 생길 수 있다. 토크빌의 자유 관념을 정확히 파악하려면 그가 영향을 받았던 당시 프랑스 지성계의 담론을 검토해야 한다. 그 가운데서도 토크빌이 가장 직접적으로 참조했던 것은 그보다 한 세대 앞선 사상가인 뱅자맹 콩스탕_{Benjamin} Constant(1767~1830)이 구분한 두 가지 자유 개념이었다.

"고대인들에게 자유는 공적인 업무 참여, 주권의 직접적 행사라는 용어로 정의된다. 이러한 집단적 자유는 전체의 자유에 개인의 자유가 완전히 종속됨과 동시에 진행된다. 의견, 산업, 종교 등의 문제에서 어떠한 개인의 자유도 인정되지 않는다. (……) 반면에 근대에서 개인들은 사적인 삶 속에서 독립된 존재로서 자유롭게 사고한다. 우리들의 자유는 사적인 독립의 향유로서 정의된다."(콩스탕, 「근대인의 자유와 비교한 고대인의 자유」(1819): 홍태영(2006)의 옮김을 따름)

콩스탕은 그리스와 로마를 참고하여 고대의 자유 관념의 핵심이 '공동체의 주권행사에의 참여'였다고 지적했다. 현대의 연구자들도 고대 그리스의 자유를 '제약 없이 자치를 행사하는 것'으로 본다. 따라서 그리스인들이 자유를 얻는 방법은 단 하나, 폴리스에 활동적인 시민으로 참여하는 것뿐이다. 폴리스 바깥에는 자유가 없기 때문에 폴리스에 참여하지 않는 개인은 자유로운 시민이 아니다. 그들에게는 천부인권으로서 자유 개념은 존재하지 않았다. 오직 정치 공동체인 폴리스에 승리와 이익을 가져다줄 자유만이 있었다. 도편추방제에 따라 뜻밖의 추방 명령을 받은 이에게 항변권이 주어지지 않았다는 것이 오늘의 관점으로는 이해하기 어렵지만 그리스인들에게는 당연하게 받아들여졌다. 공동체의 질서만이 시민의 자유를 보장한다는 생각은 그들에게 자명한 진리였다.

반면에, 콩스탕의 논리에서 근대인의 자유는 공공 시민의 삶 바깥에 있는 사적 영역의 것이다. 국가권력이 약속하는 자유가 아니라 시민 스스로 독립성을 가지고 사유하며 행위할 수 있는 자유를 말하는 것이다. 오늘 우리의 모습을 보자. 내가 자유롭다고 말할 때, 그것이 과연 국가의 시민으로서 공공 영역에 참여하는 자유만을 의미하는가? 그렇지 않다. 나는 국가가 장려하는 교훈적 고전소설이나 건전가요 대신 내 스스로의 판단으로 판타지 소설과 힙합 음반을 구입할 수 있다. 오늘날 그 누구도 국가가 개인의 사적인 예술적 취향에 개입할 수 있다고 진지하게 생각하지 않는다. 이는 민주 정부에서도 마찬가지다. 공적인 영역의 삶은 법률에 의해 규제되고 시민 참여에 의해 보완되어야 하지만, 순수하게 사적인 영역은 개인의 독립된 인격의 판단과 결정을 존중해야 한다. 근대 자연법의 원리는, 공적 참여와 무관하게, 새롭게 탄생한 개인의 자유를 최고의 가치로 격상시켰다. 콩스탕은 분명 근대인의 자유, 곧 사적인 자유의 보존을 핵심으로 생각했고, 이런 점에서 일반의지로서의 국가와 그것에의 참여를 강조했던 루소의 정치적 자유 관념을 비판하는 것으로 읽을 수 있다.

이러한 콩스탕의 생각과 토크빌의 생각을 비교해보자. 일반적으로 토크빌 연구자들은 그가 고대적인 '정치 참여의 자유'를 강조한 것으로 해석한다. 실제로 토크빌은 『아메리카의 민주주의』에서 미국인들이 자기 생업을 잠시 제쳐두고서라도 타운의 업무를 맡고 사법 영역에서 배심원직을 수행하며 나아가 자발적으로 단체를 조직하여 공공 사안에 참여하는 전통에 대해 칭송을 아끼지 않았다. 그러나 토크빌은 정치적 자유를 위해서 사적인 영역의 자유를 희생시키지 않았다. 아니, 선후 관계로 말하자면, 개인의 독립성을 강조하는 사적인 자유야말로 미국의 정치적 자유를 달성하는 선행 요소로 분석했다. 이는 너무나 당연하기에 별도의 분석이 필요없다. 이러한 사적인 자유는 개인주의의 확장, 곧 자기의 경제적 이익만을 강조하는 경향을 낳을 수 있다. "민주시대에는 사생활이 숨 돌릴 틈 없이 바쁘게 돌아가고 욕망과 노고로 가득 차 있는 까닭에, 개인에게는 정치 생활에 바칠 수 있는 정력이나 여가가 전혀 없다."(II-4-3) 그렇다고 할지라도, 토크빌은 개인의 독립성을 충분히 인정한 상태에서 오는 부작용을 극복하기 위해 시민의 결사와 공공 삶에의 참여를 강조한 것이지, 개인의 사생활의 자유를 부정하지 않았다.

미국에서 자유는 기본 이념이다. 누구도 개인의 자유를 제한할 수 없다. "(미국에서) 개인은 자신의 개별 이익에 관한 한 최선의 유일한 심판자이며, 개인의 행동이 사회의 이익을 침해하거나 사회가 개인의 협조를 요구할 필요가 있을 때가 아니면 사회는 개인의 행동을 규제할 권리가 없다."(I-1-5) 미국의 민주주의는 이를 인정한 상태에서, 어떻게 하면 개인주의의 원심력으로 인해 해체될 수 있는 사회에서 개인의 적극적인 공적 참여라는 구심력을 이끌어낸 독특한 체제였다. 반복해서 말하지만, 미국인들은 자유로운 상태에서 공공의 영역에 참여하는 것을 제도와 습속의 차원에서 습관화했기 때문에 민주주의 체제를 유지할 수 있었던 것이다. 그 반대, 곧 개인의 자유를 억제하여 사회질서를 유지하려는 것은 전체주의 체제이다. 민주국가와 독재국가는 공적 참여 수준이나 경제상의 평등의 여부가 아니라 개인의 독립성과 자유를 인정하는가의 여부에서 구분된다는 것을 잊어서는 안 된다.

『아메리카의 민주주의』를 저술할 때 토크빌은 개인의 독립을 강조하면서도 굳이 사적인 자유의 중요성을 언급할 필요가 없었다. 그것은 너무나 당연한 민주주의의 기초일 뿐만 아니라 미국에서는 현실적으로 보장된 것이기 때문이다. 반면에 토크빌이 1848년 혁명이 루이 보나파르트의 황제 등극이라는 어처구니없는 결과를 빚어내고 좌절한 상태에서 쓴 말년의 대표적 저작인 『구체제와 프랑스혁명』은, 그것이 미국이 아닌 프랑스를 다뤘기 때문에, 다시 말해 자유의 '관념'만 있고 '실제'의 자유를 존중하지 않는 프랑스를 연구했기 때문에 개인의 사적인 자유를 핵심 문제로 분석한 것이다. 마치 자신이 갑자기 자유를 강조했다는 식의 오해를 피하기 위해, 토크빌은 『구체제와 프랑스혁명』에서 다음과 같이 공개적으로 선언하기도 했다.

"내가 20년 전에 (곧 『아메리카의 민주주의』를 쓸 때) 생각하고 말했던 내용이 바로 이러한 것이다. 그 이후로 내 생각을 바꿀 만한 어떠한 일도 세상에 일어나지 않았다고 나는 단언한다. 자유의 의미가 각광받던 때에 내가 자유에 대한 애착을 피력했으므로, 자유가 방기되어 버린 지금 내가 그것을 계속 주장한다는 사실은 비난의 대상이 될 수 없다."(『서론』)

전제적인 프랑스 사회에서도 자유는 있었다. 그러나 그 자유는 "어떤 대가를 치르고도 부유해지려는 욕구, 돈벌이에 대한 선망, 이익에 대한 애착, 안락과 물질적 만족의 추구"뿐이었다. "전제정의 본질은 바로 이런 경제적 자유만을 유포시키는 것"이다. 그러나 토크빌은 이 같은 이기심을 치유하는 방법 또한 오직 자유에 있다는 것을 강조한다.

"자유만이 전제적인 사회에 내재한 악덕들을 효과적으로 물리칠 수 있다. 사실상 자유만이 시민들을 고립 상태에서 끄집어내어 서로서로 접촉하도록 이끌어주며, 공통의 관심사를 실행에 옮기는 데 서로

상의하고 토론해야 할 필요성을 매일같이 그들에게 일깨워준다. 자유만이 금전에 대한 숭배와 잡다한 개인사에서 시민들을 구해낼 수 있으며 그들의 옆에는 언제나 조국이 있다는 사실을 깨닫게 해줄 수 있다. 자유만이 때때로 안락에 대한 애착을 조금 더 강렬하고 고상한 열정들로 대체할 수 있으며, 부의 획득을 넘어선 숭고한 목적들에 대한 야망을 불러일으킬 수 있고, 인간의 미덕과 악덕을 식별할 수 있게 해주는 빛을 제공해줄 수 있다."(「서론」)

자유롭지 못한 민주주의 사회도 존재할 수 있다. 자유가 박탈된 사회에서도 사람들은 부유하고 고상할 수 있다. 하지만 그런 사회에서는 결코 위대한 시민들을 찾을 수 없다. 평등과 전제despotism가 하나로 결합하면, 심성과 정신의 수준은 저하된다. 평등의 관념이 자유의 가치를 대체하는 사회는 형식적으로는 민주 제도를 갖추더라도 위대한 개인과 천박한 자를 동렬에 세우려 골몰하고, 천박한 욕망에 휩쓸려 도덕과 양심을 멀리하는 대신 경제적 가치에만 열중하게 한다. 이는 당시 프랑스에만 해당하는 것이 아니다. 권위주의 정권 시절의 한국이 그랬다. 경제성장을 통한 이익을 위해 도덕적 자유의 가치를 훼손시켰다. 이는 민주화 이후의 한국도 마찬가지다. 경제적 평등이나 경제 정의만이 중요하다고 외치는 또 다른 의미의 경제주의 집단에 의해 이성적인 자유의 관념까지 배제되기 일쑤였다. 특히 민주화 이후

편 가르기 정치 언어에 익숙해진 사람들은 공적인 영역에서만 공격성을 발휘하는 데 만족하지 않고 인터넷 공간에서 개인의 사적인 영역까지 공격한다. 타인의 사생활과 취향을 존중하는 문화가 성숙해지기 위해서는 먼저 사회 전체 수준에서 시민적 자유의 가치에 대한 의미 부여가 선행되어야 한다.

결론적으로 콩스탕과 토크빌의 관계는 이중적이다. 첫째, 토크빌이 공적 참여에의 자유라는 이상과 미국에서 그것이 현실적으로 실행된다는 점을 강조했다는 점에서 그는 콩스탕이 근대적 자유 관념을 더 강조한 것을 비판한다. 하지만, 둘째, '개인의 독립성'을 강조했다는 점에서 그는 콩스탕의 계승자이다. 어떤 상황에서도 개인의 자유는 그 자체로 존중되어야 한다. 그 자유는 사생활과 이익에만 묶일 수 있고 그것은 천박한 평등에의 열정과 결합될 수도 있다. 그러나 그것을 극복하는 방법은 자유의 억제가 아니라 자유의 진정한 가치를 스스로 인식하게 하는 데 있을 뿐이다.

평등과 공존하는 자유주의

사상사에서 토크빌은 보수적 민주주의자로 분류되는 경우가 많다. 그 이유는 토크빌이 자유주의의 전통을 옹호하고 사회가 지속되는 데 필요한 도덕적 자유를 강조했다는 데 있다. 하지만 앞서 검토한 것처럼 보수적 자유주의의 전통과 토크빌은 두 가지 점에서 양립하기 어렵다.

첫째, 토크빌은 미국의 민주주의를 점검하면서 민주주의가 사회 상태의 전반적 평등 없이는 불가능하다는 것을 인식하고 그것을 자주 강조했다. 사회 상태의 평등은 부의 평준화뿐만 아니라 신분과 종교상의 차이에 따른 차별의 철폐, 사회 성원 사이의 교육과 지식 정도의 평등, 공공의 사안에 대해 참여하는 권리상의 평등 등을 모두 포괄하고 있는 개념이다. 오늘날의 용어로 표현하면, 경제 영역은 물론 정치 영역과 사회문화 영역 모두에서 평등이 진행된 상태이다. 그러한 사회 상태의 평등이 미국 사회 구성원들의 가치에 미친 영향은 『아메리카의 민주주의』 II권 전반부의 주요 테마이기도 했다. 따라서 민주적 정치체제에서 평등에 대한 관념은 반드시 제도를 통해 뒷받침되어야 한다는 것이 토크빌에게는 자명한 진리다. 민주적 정치제도가 운영되면 자연스럽게 시민의 평등 관념이 생겨나고 선거제도를 통해 평등한 법률제도가 정착된다. 토크빌이 수행한 연구 어디에도 그가 경제적·사회적 평등에 대해 못마땅해하거나 비판한 적은 없다.

둘째, 당시의 경제적 자유주의나 오늘날 신자유주의자들과 달리 토크빌은 경제적 자유만으로 세상이 나아질 것이라는 생각을 펼친 적이 없다. 더 정확히 표현하자면, 토크빌은 경제적 자유를 강조하는 사회는 결국 계급 간의 분열로 인해 평등의 토대를 무너뜨리게 되어, 결국 민주주의를 위기에 빠뜨릴 것이라고 생각했다. 물론 토크빌은 미국인들이 철저히 상업의 정신에 투철한 국민이라는 것을 잘 알고 있었다. 그들에게 경제적 이익의 추구는 굳이 이유를 설명할 필요가 없는 최상의 가치이다. 미국을 특징짓는 자유의 정신에는 경제적 자유의 원칙도 포함되어 있다. 그것은 당시에는 물론 현대 미국의 담론에서도 확인할 수 있다. 경제 자유의 훼손은 곧 정치적·도덕적 자유의 침해로 이어질 것이라는 현대 보수주의자들의 생각이 의외로 힘을 발휘하는 것을 보면, 경제 자유의 원칙이란 그들에게 세대를 거쳐 유전되는 형질과도 같다는 생각이 든다.

그런데 미국인들이 존중하는 경제 자유의 원칙에는 하나의 단서가 붙는다. 자기 이익의 추구는 공공의 이익이 훼손되지 않는 한도 내에서 실행되어야 한다는 것이다. 이것은 심각한 윤리학적 통찰에서 얻어진 것이 아니라, 식민지 시기부터의 상업 경험에서 얻어진 삶의 지혜였다. 장기적으로 자기 이익을 보호하기 위해서는 때로 "절제와 자기통제"가 필요하다는 것을 알게 되었다. 그리고 "서로 도우며 국가의 복지를 위해 개인의 시간과 재산을 기꺼이 할애"하는 것이다.(II-2-8) 18세기 영국의 애덤 스미스가 『도덕감정론』에서 윤리학적으로 사유한 것을 미국의 일반 시민들은 이미 오래전부터 몸소 실행했다. 시장과 민주주의가 조화를 이룰 수 있다는 것이 비로소 미국에서 실증된 것이다.

토크빌은 영국의 고전 경제학과 미국의 민주주의 정치학을 잇는 고리를 찾아냈다. 경제적 자유와 정치적 자유는 그것보다 상위의 도덕적 자유의 전통이라는 조건하에서 비로소 결합된다는 것이다. 미국인들에게 습속화한 도덕적 자유야말로 경제적 자유가 민주주의를 침해할 수 없게 하는 데 가장 중요한 조건이다. 도덕적 자유가 붕괴된다면 경제적 자유가 작동할 사회의 공공 정신도 사라지고 만다. 이러한 발견은 토크빌이 상업 정신을 존중하면서도 오늘날의 신자유주의 경제학과 같은 경제지상주의에 동의하지 않게 했다.

지금까지 검토한 것을 종합하면 다음과 같다. 토크빌은 사회 상태의 평등과 도덕적 자유의 규제 아래서 경제적 자유를 인정했다. 따라서 토크빌을 통례의 자유주의자로 해석하거나 보수적 민주주의 이론가로 해석하는 것은 오류다. 이제 토크빌이 자유를 강조하는 그 밖의 다른 이유와 그 맥락을 검토해보자.

첫째, 토크빌 시대의 프랑스 사회 상황과 그의 가족사적 배경에 대해 검토할 필요가 있다. 앞서 그의 생애를 조감하면서 언급했듯이 그는 어린 시절에 어머니 루이즈에게서 프랑스대혁명 때 루이 16세의 비극적 죽음에 대한 이야기를 반복해서 들었다. 남편 에르베와 함께 처형당하기 직전에 로베스피에르의 몰락으로 목숨을 구한 그녀였기에 혁명의 비극과 공포를 아들 알렉시에게 정확하게 전달했을 것이다. 이러한 어린 시절의 이야기는 토크빌이 청년기에 경험했던 1830년의 혁명적 정치 변동 과정에서 더욱 실감 나게 재현된 듯했다. 1789년 대혁명 이후 프랑스는 공화정 수립과 왕정복고라는 두 정치적 극단 상태를 끊임없이 오갔다. 공화정은 사실상 막 태동하고 있던 사회주의의 압력에 취약했다. 평등에 대한 민중의 욕구는 당시 프랑스 사회구조가 견뎌낼 수 있는 한도 너머의 것을 요구했다. 그리고 그러한 요구에 부응해야 하는 공화정은 예전 절대왕정의 유산인 거대한 중앙 권력을 통해 강력한 정책을 실시하려는 유혹에 굴복하게 되었다. 결국 공화정이든 복고왕정이든, 프랑스는 권력의 중앙 집중에 따른 개인 자유의 침해 및 지방자치 능력의 훼손을 겪었다. 그렇게 하고도 실제 사회경제적 문제는 해결되지 않았기에 사회는 만성적 불안에 빠지게 된다. 정치적 불안은 대중의 직접민주주의 요구를 부활시켰고 이는 다시 선동 세력이 발호하게 되는 조건을 만들었다. 결국 이런 혼란은 또다시 비정상적인 헌정 중단(쿠데타)의 구실을 마련하여 전제정을 불러들이게 된다. 『아메리카의 민주주의』가 완간되고 8년이 지난 후에 발생한 1848년의 혁명과 2년여의 사회적 혼란, 뒤이은 루이 보나파르트의 친위 쿠데타와 왕정복고는 토크빌에게 그러한 심증을 더욱 굳히는 계기가 되었다. 영국과 달리, 타인의 자유와 권리를 존중하는 자유주의 혁명

225

전통이 부재한 프랑스에서 토크빌은 자유의 존중을 통해 혁명과 반혁명의 악순환 고리를 끊고자 했던 것이다.

둘째, 더욱 본질적인 것으로, 토크빌의 사상을 형성시켰던 철학적·사상적 전통에서 자유를 강조한 배경을 이해할 수 있다. 토크빌은 몽테스키외와 루소에게서 자유가 본질적 가치, 곧 다른 무엇을 위한 수단이 아니고 또 특정한 조건이 충족되어야만 얻어지는 결과도 아닌, 그 자체로 인간을 인간답게 만드는 가장 근원적인 가치라는 것을 배웠다. 이런 사상적 유산에 미국에서의 경험이 더해져 『아메리카의 민주주의』 II권에서는 평등과 공존하는 자유의 원리가 본격적으로 분석된다. 토크빌은 미국처럼 평등한 사회의 시민들이 자유를 애호하는 것을 자연스러운 일로 보았다. "조건들의 평등이 가져온 여러 정치적 효과들 중에서 가장 먼저 사람들의 관심을 끄는 것은 바로 이러한 독립에 대한 애착이다."(II-4-1) 그런데 평등화는 동시에 우월한 것에 대한 시기심을 자극하여 획일적인 강력한 정부를 선호하는 정반대의 경향도 갖고 있다. "민주 시대의 사람들로 하여금 아주 사소한 특권에 대해서도 맞서게 만드는, 점점 더 타오르며 꺼질 줄 모르는 이 증오심은 모든 정치적 권리가 국가라는 유일한 대표체의 수중에 집중되는 데 널리 이바지한다."(II-4-3) 그렇다면 사회 상태의 평등은 자유를 존중하는 정치체제의 필요조건일 뿐 충분조건은 아니다. 평등하면서도 자유롭기 위해서는 평등이 야기하는 획일성의 요구와 노예화의 위험에 맞서도록 하는 덕성과 용기가 필요하다.

토크빌은 미국에서 그것이 가능했던 이유를 찾아냈다. 미국인들은 평등한 사회 상태를 갖기 이전에 이미 자유를 향유하고 있었다. 다시 말해, 미국인의 선조들이 신대륙으로 건너올 때 이들은 개인의 정치적·종교적 자유에 대한 열망을 품었고 정착지와 타운 그리고 각 주에서 그것을 실행했다. 이렇게 한번 자유를 누렸던 이들은 평등화가 진행되고 중앙권력이 강화되어도 결코 자유를 포기하거나 무엇과 바꾸려 들지 않는다. 미국에서든 다른 어떤 경우에든, 자유는 평등보다 본질적 가치이다. 자유 없는 평등은 노예의 길을 가져오고, 자유에 기초한 평등은 참된 민주주의를 가져온다. 이런 본질적 자유에 대한 강조는 동시대 도버해협 건너편의 존 스튜어트 밀과 토크빌이 서로를 학술적으로 존중하고 우정을 나누게 하는 배경이 되었다. 자유에 대한 강조는 토크빌의 후기 사상에서 더욱 적극적으로 전개되어, 정치 활동과 『구체제와 프랑스혁명』 저술에서 정점을 이룬다. 그러나 당시 프랑스처럼 정치적 음모와 선동이 활발한 나라에서는 좌우파 모두에 맞서 의롭게 소수파인 이성적 자유주의의 편에 서는 것은 외롭고 힘든 일이다.

평등에 대한 열정과 민주주의

토머스 제퍼슨이 기초한 '독립선언서'에는 "모든 사람들은 평등하게 태어났다"고 씌어져 있다. 적어도 선언서 작성 당시와 토크빌의 여행 시대에 그것은 (흑인 노예와 원주민 인디언을 제외하고) 미국 땅에서 '태어난' 미국인에게는 자명한 진리였다. 이들은 모국 영국에서 가져간 지식을 바탕으로 바로 출발선부터 앞서 나갈 수 있었다. "미국 사회는 유년기를 거치지 않고 곧바로 성년으로 태어났다."(I-2-9) 그 선조들은 누구도 신대륙에서 태어나지 않았지만 그들은 식민지 미국 땅으로 이주해 오면서 사실상 자유인이었고 상업적 노력을 통해 재부와 지식에서 평등한 상태를 만들었다. 따라서 그들의 자손들은 이념뿐만 아니라 실제로도 "평등하게 태어"난 셈이다.

미국인들은 이러한 평등이라는 행운에 안주하지 않았다. 이들은 교육을 통해 모든 이들에게 동등한 기회를 제공하여 역사적 행운을 영구적으로 제도화하고자 했다. 그 결과, 위대한 작가도 뛰어난 과학자도 없지만, 미국인들의 평균적인 지적 수준은 구대륙의 그것보다 훨씬 높아질 수 있었다. 독립 이후 50여 년이 흐르고 나서 미국의 평등화 수준은 더욱 높아졌다. 토크빌은 바로 그 시대에 미국을 둘러본 것이다. 따라서 미국에서의 첫인상이자 연구의 결론에서 토크빌은 자신 있게 미국 사회의 특성을

"사회 상태의 평등"이라고 꼽을 수 있었다. 토크빌은 그 평등이 미국인에게 자유 정신을 불러일으키는 계기가 되었다는 점을 강조하며, 평등과 자유가 공존할 수 있다는 것을 확인한다.

그런데 평등과 자유가 본래부터 친화적인 가치는 아니었다. 17세기 영국, 18세기 말 미국에서 민주주의 체제가 등장하면서, 사상가들은 자유와 평등이 상충할 수 있고 그 결과 사회적 긴장을 불러일으킨다는 것을 알게 되었다. 본래 사회계약론의 전통에서 평등과 자유는 상충하지 않았다. 사회계약론의 주창자들에게 인간은 본성적으로 자유롭고 평등한 존재였다. 군주정을 옹호했던 홉스를 제외한다면, 그들은 자유와 평등의 가치를 인식하여 그것들을 중심 가치로 하는 민주적 정치체제를 달성할 수 있다는 믿음도 공유했다. 그런데 이들은 당대의 군주정 체제와 특권 귀족계급에 맞서야 했기 때문에 당시에 이미 현실화한 사회적 세력인 부르주아계급의 경제 권력이나 대중들의 압력에 대해서는 별로 관심이 없었다. 따라서 사회계약론을 급진화한 초기의 이상적 사회주의자들 역시 군주정에서 벗어나는 혁명을 통해 시민의 자유와 평등의 양립 가능성에 대한 믿음을 공유했다. 반면에 현실의 냉혹함을 잘 알고 있는 귀족 출신의 보수주의자들은 민주주의의 발전 결과 나타날 평등의 강조는 결국 귀족과 같은 특권 계급이 누리는 자유를 침해할 것이라고 우려했다. 보수주의자들은 특히 재산상의 침해 부분에 대한 노골적인 반발을 보이기보다는 인간의 지식과 문화적 수준 차이를 전제로 평등의 확산이 유럽의 자유로운 문명 전통을 타락시킬 것이라고 진단하면서 평등화에 대항하는 논리를 폈다.

미국의 대중사회를 경험하고 돌아온 토크빌은 보수주의자들의 예측이 어리석었다는 것을 확인했다. 『아메리카의 민주주의』 II권의 1~2부는 보수주의자들의 우려와 달리 민주주의 아래서 관념과 문화 영역이 타락한 것이 아니라 성격이 변화한 것임을 보여주는 사례들을 기록하고 있다. 미국인들은 유럽의 사변적 철학 없이도 자기 상황에 대해 주체적으로 대응하는 실용적 철학을 발전시켰다. 따라서 이들은 유명한 학자라든지 지식인에 의존할 필요가 없었다. 이는 과학 분야에서는 이론적인 것보다는 실제 생활에서 편리함을 가져오는 기술을 발전시켰다. 이러한 성향은 결정적으로 사유 습관에도 영향을 미쳤다. 평등한 사회에서 이들은 자기들과 비슷한 부류의 사람들과 늘 만난다. 따라서 이들은 귀족 국가의 철학이나 사상이 '특별한 사람'들에게만 해당하는 언어와 논리를 발전시키는 것과 달리, "전체를 포괄할 수 있을 때까지 사유의 폭을 넓히고 늘리게 된다."(II-1-3) 곧, 미국인들은 시민 자신에게 적용될 수 있는 사실은 전부 동료 시민이나 인간 모두에게 똑같이 평등하게 적용될 수 있다고 믿었다.

이러한 까닭에 개별 사례에 의존하지 않고 미국인들은 모든 사례에 적용 가능한 쉬운 개념을 만들었다. 이를 토크빌은 일반 관념general ideas, idée mère이라 불렀다. 토크빌이 사용한 맥락을 고려해서 일반 관념의 뜻을 더 쉽게 풀이하면, 모든 사유의 원천에 해당하는 모-이념mother idea이라 할 것이다.[8] 미국인들의 사유 방식과 구체적 사상과 사회 제도들은 모두 그 일반 관념에 해당하는 평등에서 기원한다고 봐야 한다. 미국인들이 복잡하고 거대한 사례를 손쉽게 일반 관념을 통해 분석한 다음 '모두 해결했다'고 우쭐대는 것을 못마땅하게 여기기는 했지만 토크빌은 그들이 그렇게 생각하는 것이 잘못되었다고 생각할 수 없다고 단언한다. 평등이 초래한 그러한 사유 습관에 의해 그들은 최대의 걸작을 생산해내지는 못했지만 평범한 인간들이 살아갈 세계를 형성하는 데 성공했다. 유럽의 귀족 국가들이 소수의 영웅적 개인들을 찬미하는 동안, 민주적인 미국은 스스로 문제를 해결하는 건강한 시민을 형성시켰다.(II-1-20) 유럽에서 귀족주의의 관념에 따라 소수가 교양을 쌓아가며 만족하는 동안, 미국인들은 모든 국민이 지식에 관심을 갖고 교양의 범위를 넓혀 나갔다. 미국에서 "독서층은 끊임없이 확대되고 마침내 시민들 모두를 포함하게 된다."(II-1-9) 보수주의자들의 예측은 미국의 현실 앞에서 힘을 잃는다.

그런데 토크빌은 평등의 긍정적 가치 못지않게 그것이 미칠 부정적 영향도 꿰뚫어볼 만큼 신중했다. 기본적으로 민주국가의 국민은 이미 성취된 사적인 자유의 중요성을 인식하기보다는 직접적으로 눈앞에 현상하는 불평등에 분노하고 평등을 성취하는

231

데 열정을 보인다. 토크빌에 따르면, 그 이유는 다음과 같다. "자유가 가져다주는 혜택은 시간이 지나야 나타난다. 그래서 자유가 어디에서 나오는지를 알아차리기가 쉽지 않다. 평등이 가져오는 혜택은 즉시로 느껴진다. 그래서 평등이 어디에서 나오는지는 매일같이 드러난다."(II-2-1)

사람들은 평등이 조성하는 작은 기쁨들, 곧 자기보다 우월한 사람을 바닥으로 끌어내릴 때의 쾌감이나 남들과 똑같은 물질적 쾌락을 자기도 느끼게 된다는 안도감 등의 천박한 정열을 갖고 있다. 평등에 대한 열정은 열렬하고 탐욕스러우며 지칠 줄 모르고 제어할 수 없다. 평등화가 사회 전체로 확산됨에 따라 국민 모두의 만족을 약속하는 "후견인 같은 거대한 권력"(II-4-6)에 이끌리게 되면서 자유는 질식된다. 그리고 이러한 위험은 언제나 "서서히 드러난다"는 점에서 더욱 위협적이다. 실제로 극단적 평등에의 압력이 강화되면 사람들은 "예종 속에서의 평등이라도 요구한다."(II-2-1)

노예 상태의 평등, 사회주의와 개발독재

이러한 합리적 심리학에 기초한 토크빌의 우려 섞인 분석은 1830년대 미국에 대한 분석에서는 예측에 불과했으나 1848년 이후

민주주의의 탄생

프랑스에서는 현실로 나타났다. 프랑스에서는 노동계급까지 가담한 2월혁명이 발발하고 루이 필리프 1세가 영국으로 망명하면서 1789년 대혁명 이후 두 번째 공화정이 출범했다. 그런데 새로운 공화정에서는 과거의 불평등을 순식간에 일소하려는 격정과 현재의 조건을 고려하지 않은 상태에서 평등을 추구하려는 욕망이 분출되어 거대한 사회적 소요 사태가 지속되었다. 이런 상황에서 사회주의는 더 이상 먼 훗날의 이상이 아닌 현실적 대안 체제로 인식되어, 민중은 물론 지식인들의 마음을 사로잡기 시작했다. 사회주의는 그들에게 민주주의의 실질적 귀결은 평등 사회여야 한다고 설득했다. 정치체제로서의 민주주의는 말 그대로 민중에게 주권이 있으니 그들이 결정하면 그렇게 진행될 수밖에 없다. 그러나 그 약속은 실제 평등한 정치체제가 거머쥘 거대한 중앙 권력에의 복속, 그리고 복속의 결과 빚어질 자유의 소멸 위험을 간과했다. 토크빌은 보수적 반동에도 분노했지만 사회주의자의 선동이 힘을 얻는 상황을 동시에 우려했다. 다음의 연설에 귀기울여보자.

"민주주의와 사회주의는 상호의존적 개념이 아닙니다. 서로 다를 뿐만 아니라 반대되는 철학입니다. (⋯⋯) 민주주의는 개인의 독립성을 확대시키지만 사회주의는 그것을 제한합니다. 민주주의는 개개인을 최고로 가치 있게 여기지만, 사회주의는 사람을 수단이나 숫자로 간주합니다. 민주주의와 사회주의는 평등에 대해서는 공통적입니다. 하지만 그 차이점을 잘 들여다봐야 합니다. 민주주의는 자유 상태의 평등을 목표로 합니다. 사회주의는 구속과 노예 상태의 평등을 열망합니다."(『1848년 9월 12일 의회 연설과 답변』)

토크빌에게 평등은 개인의 자유가 보장된 상태에서만 존중될 가치가 있다. 노예 상태의 평등은 민주주의의 기본 가치인 개인의 독립과 자유에 어긋난다. 군주정의 전제만 비민주적인 것이 아니라 민중이 자기 결정으로 개인의 자유를 반납하는 상태도 비민주적이다. 물론 사회주의자들은 이러한 생각에 즉각적으로 반대할 것이다. 현재의 자유는 자기기만에 불과하고 평등만이 '진실한' 자유로 이끈다고 사회주의자들은 200년 넘게 선전해왔다. 그러나 이 주장은 이론적으로 또 역사적으로 결함이 많다. 자유는 시민의 합의에 의해 폐지될 수 없는 기본 권리이다. 그러므로 정치적 결정으로 자유를 폐기할 수 없다. 또 현실에 존재했던 사회주의 체제는 그 어느 곳에서도 개인의 자유를 존중하거나 인정하지 않았다. 그것은 사회주의의 신념에 약간이나마 충실하고자 했던 옛 유고슬라비아 연방이나 헝가리 같은 동유럽의 일부 국가들은 물론이거니와 사회주의를 명목으로 인권 탄압을 일삼은 옛 소련, 알바니아, 루마니아, 중국, 북한 등에서 확인되었다. 이런 사회에서 살아가는 사람들도 행복할 수는 있다. 평등의 요구가 실현되고 물질적 욕구가 충족된다면 사람들은 자유를 반납하고도 불만을 갖지 않는다. 1970년대까지 사회주의 경제체제가 기능할 때 많은 시민들은 체제에 대한 자부심을 실제로 가졌다. 그러나 그에 만족하지 않고 시민들이 정치적 자유를 되찾기 위한 투쟁에 나섰을 때 체제의 수호자(곧 후견인 역할의 권력)는 그들을 무력으로 진압했다.

이는 사회주의국가만의 이야기가 아니다. 형식적으로 민주주의국가임을 내세운 대부분의 아시아와 남미 국가의 지배 세력들 역시 1980년대까지 국민의 합의라는 명목으로 국민의 자유를 억압했다. 구실은 다양하다. 중남미 국가들처럼 오직 사회주의 혁명을 막겠다는 약속 때문일 수도 있고, 아시아 국가들처럼 경제성장을 통한 물질적 행복을 누리게 하겠다는 약속 때문일 수도 있다. 한국은 이 두 가지를 겸했다는 점에서 독특했다. 구실이 다양했을지라도 그 지배의 기제는 사회주의와 다를 것이 전혀 없었다. 그들은 국민의 자유에 간섭하는 조건으로 물질적 평등을 주겠다고 약속했다. 남미의 포퓰리즘 국가들이나 한국의 개발독재 국가가 모두 그랬다. 그 가운데 한국의 경우 개발독재 기간 동안 경제적 불평등은 실제로 완화되었고 민중의 삶은 획기적으로 개선되었다. 이를 근거로 독재자들은 자유를 억압하는 것을 정당화했던 것이다. 그런데 이러한 비민주적 상태에 대한 절반의 책임은 경제성장과 평등이라는 대가를 지불받은 대중에게도

3부 토크빌 민주주의론의 재구성

있다. 만약 대중이 그러한 약속에 동의하지 않았다면 과연 한국의 독재 체제가 두 명의 군부 지도자가 약간의 시차를 두고 교체되는 동안 거의 30년 가까이 유지되었겠는가? 결국 시민 스스로 "노예 상태의 평등"을 원한 결과 자유를 포기했다는 현대의 '대중독재론' 주창자들의 평가를 인정한다면, 19세기 초중반에 살던 토크빌은 이미 그 이후 100여 년의 역사 진행을 정확히 예측했다고 평가할 수 있다.

사회주의와 개발독재는 현재의 불평등 상태를 전제로 소수의 조직화된 집단의 통치를 정당화한다는 공통점이 있다. 이를 토크빌의 표현으로 하면, "가난한 자들이 부자들의 재산을 강탈하려 하고 부자들은 가난한 자들을 쇠사슬로 묶어두는 것"(II-3-21)이다. "가난한 자들이 부자들의 재산을 강탈"하는 사회주의 혁명이라면, "부자들이 가난한 자들을 쇠사슬로 묶어두는" 것은 후발 자본주의국가의 개발독재에 해당한다. 역사적으로도 불평등은 혁명의 기본 조건이었다. 소수가 통치하는 국가에서는 역시 소수만 설득하고 확신시켜도 혁명이 가능했다. 비텐베르크의 마르틴 루터는 권력자와 군주를 청중으로 삼아 거대한 종교혁명을 성공시키지 않았던가! 사회주의와 개발독재는 경제적 불평등이라는 전제 조건과 함께 정치적·사회적 조건의 불평등이 심화된 국가에서, 곧 신분과 지위에서 상위의 소수가 권력을 독점한 국가에서 그것을 극복할 수 있는 전망을 다수에게 제공하면서 시작

민주주의의 탄생

한다. 따라서 혁명보다 앞서서 "평등의 원리"가 사회에 일반화되어야 한다. 평등의 원리를 알게 되면 불평등은 이제 견딜 수 없는 사회 조건으로 인식된다.

반면에 민주국가에서는 혁명이 쉽지 않다. 민주국가에서는 중간계급(토크빌의 표현으로는, "가난하지도 부유하지도 않으면서 질서 유지를 바랄 정도의 충분한 재산을 소유하고 있는 거의 동질적인 대중")이 사회 세력으로 두텁게 성장하는 평등화가 완만히 진행되었기 때문에 혁명에 대한 관심이 약하다. 또 이들 다수를 설득하기도 쉽지 않다. 그런 나라에서는 혁명보다는 점진적인 개혁을 추구한다. 물론 민주국가조차 혁명의 위기가 닥칠 수는 있다. 이는 주로 이들 국가가 불평등의 상태가 심한 시점이 아니라 막 불평등에서 평등으로 나아가는 개혁 정책과 조치를 시행하는 초기에 나타날 수 있다. 이런 시기에는 개혁주의자들에 의해 평등의 원리가 설파되어 그것이 국민의 마음에 자리 잡기 시작한다. 민주국가에서는 본래부터 정치적 야심을 가진 인물들이 있기 마련인데, 이들은 바로 이런 시점에서 상황을 장악하기 쉽다. 그러나 시민 문화가 발전한 사회에서는 이 경우에도 실제 혁명이 발생하기는 쉽지 않다. 야심적인 개혁가의 주장을 따를 추종자가 별로 없기 때문이다. 민주국가의 국민들은 누구나 동등하기 때문에 어느 한 사람이나 소수 집단을 지도자로 간주하면서 그에게 자신의 인격을 맡기고 따른다는 것을 부끄럽게 생각한다. 민주국가의 국민들은 늘 정치적 열정과 흥분에 자신을 내맡기지만 그것은 "직접적이고 신속하게 앞으로 나아가기보다 민첩하게 제자리를 맴도는"(II-3-21) 방식으로 정해진 절차와 원칙 내에서 행해진다. 잘못된 정책은 수정을 요구하면 되고, 수정을 거부하는 정치집단은 선거를 통해 심판하면 된다. 그것은 언제나 민주적 원칙과 상식 내에서 행해지는 '회전 운동'이다.

민주정치에서 다수의 문제

현실의 민주주의는 국민 '모두'가 아닌 '다수'가 지배하는 정치체제이다. 민주국가에서 다수에게 저항할 수 있는 것은 아무것도 없다. 한 국가가 민주주의 원리에 충실할수록 그만큼 다수의 권력은 커질 수밖에 없다. 민주주의에서 다수가 소수를 억압하는 것은 원리상 올바르다. 다수 지배의 원리가 '현실'이 되면, 민주주의 체제는 공포정치로 전락하기 쉽다. 그 체제에서는 다수라고 해서 안전을 보장받을 수 없다. 어제의 다수라고 해서 오늘 다수파에 속한다는 보장은 없기 때문이다.

토크빌은 자신이 태어나기 전에 부모들이 겪었던 프랑스대혁명의 공포에 대해 익히 알고 있었다. 혁명 세력들은 국민의 뜻을 앞세웠다. 이들은 국민 다수의 지지라는 명분을 내세워 새로운 형태의 독재를 실행했다. 토크빌은 미국의 민주정치에서도 과연 이런 일이 되풀이될지에 대해 큰 관심을 기울였다. 일반적으로 『아메리카의 민주주의』 I권 2부의 7~8장은 토크빌의 이러한 관심이 잘 나타난 부분으로 흔히 인용되어 왔다. 토크빌은 '다수의 폭정'의 위험성을 검토하고 미국이 그것을 제어하기 위해 마련한 제도적 장치들에 주목했다. 해당 부분에 나타난 토크빌의 논점을 요약하면 다음과 같다.

표면적으로 토크빌은 다수의 위험성을 크게 두 가지 방향에서 분석한 것으로 보인다. 하나는 입법부 다수파의 전횡이고, 다른 하나는 여론의 다수가 이끌어가는 폭정이다. 먼저 입법부의 다수파가 시도할 수 있는 폭정의 위험성을 살펴보자. 미국에서는 대통령으로 대표되는 행정부보다 국민의 대표들로 구성된 입법부의 힘이 원리상 우위에 있다. 모든 법률이 국민의 대표에 의해 제정되는 까닭에 다수의 의지는 입법권을 통해 국가를 지배한다. 민주주의 체제에서 다수는 권력의 근거이기 때문에 다수의 이해관계는 소수의 그것보다 마땅히 우대되어야 한다. 하지만 다수 대표 지배의 만능은 동시에 소수의 권리를 억압하는 경향을 낳을 수 있다.

"모든 정당은 다수의 권리를 인정할 채비가 되어 있다. 왜냐하면 정당들 모두가 언젠가 그러한 권리를 자기들에게 유리하도록 활용할 수 있기를 바라기 때문이다. 따라서 합중국에서 다수는 엄청난 사실상의 권위를 행사할 뿐만 아니라 이에 버금가는 상당한 여론상의 권위를 행사한다. 일단 어떤 문제에 대해서 다수가 마음을 정하고 나면, 다수가 앞으로 나아가면서 짓밟은 사람들의 하소연에 조금이라도 귀를 기울일 시간을 줄 수 있도록 다수의 돌진을 막아서지는 못하더라도 잠시 늦출 수 있는 장애물은 어디에도 없다. 이러한 사태의 결과는 미래를 위해서는 불길하고도 위험하다."(I-2-7)

그런데 다수의 만능에 의한 위험성은 겉으로 두드러지는 의회 내 다수파의 지배에만 한정되는 것이 아니다. 사실 의회의 일방적인 입법은 현실적으로 쉽지 않다. 양원제 의회제도를 채택한 국가에서 대체로 하원은 민의를 직접 대변하여 결정을 내리고 상원에서는 민의 자체보다 사안에 대한 공공적 수준에서 토론을 진행한다. 토론과 조율 과정에서 의회 다수파는 결국 자신의 본래 제안 수준을 낮춰 의회 소수파의 견해를 일부 수용하는 타협책을 마련한다. 일반적인 삼권분립 체제에서 볼 수 있는 대통령의 법률 거부권이나 대법원(또는 헌법재판소)의 위헌법률심사권 등의 장치 역시 의회 다수파가 다수의 이름으로 일방적으로 법안을 통과시키지 못하게끔 하는 데 큰 기여를 한다.

그런데 이 정도의 서술만으로 루아예콜라르가 『아메리카의 민주주의』를 "몽테스키외 이래 최고의 저술"이라고 극찬하지는 않았을 것이다. 이를 감안한다면, 의회 다수파의 전횡이라는 상식적인 우려 너머에서 비로소 '다수' 문제에 대한 토크빌 주장의 핵심을 찾는 것이 옳다. 토크빌이 더욱 우려했던 다수 문제는 정치제도 바깥의 것이었다. 곧, 다수가 여론을 독점하여 오직 하나의 견해만이 사회를 지배하는 상태가 갖는 위험성에 관한 것이었다. 본래 한쪽에 쏠리는 무제한의 권력은 그 권력의 소재가 군주에게 있거나 국민에게 있거나 관계없이 모두 위험하다.

"다른 사람들이 자기를 비난하기만 하면 그 즉시 자기 자신을 불신하게 된다. 자기가 강하다는 것을 믿지 않을 뿐만 아니라 자기가 옳다는 것도 믿지 않는다. 대다수 사람들이 그가 틀렸다고 말하면 그는 자기가 틀렸다고 인정해버린다. 다수 대중이 그를 강제할 필요가 없다." (II-3-21)

민주정치는 제도적으로 정치권력을 국민의 지배하에 둔다. 이에 더해서 일방적인 여론으로 공론장을 장악한 사회 권력까지 다수 국민이 지배하게 된다면, 그 위험성은 군주제하의 독재보다도 훨씬 클 수밖에 없다. "이 권력에 진로를 늦추도록 하고 스스로 자제하도록 하는 시간적 여유를 줄 수 있는 장애물이 전혀 없다면, 자유는 위험에 처할 것이다."(I-2-7)

토크빌 민주주의 이론의 정교함은 민주주의를 위협하는 힘이 민주주의 원리 자체에 내재해 있다는 점을 지적하는 데서 찾을 수 있다. 앞서 검토했듯이, 민주국가는 소수의 야심적 인물의 선동에 흔들리지 않게끔 다양한 장치를 마련해둔다. 미국은 민주주의를 수호하기 위한 방파제로서 연방제하에서 주 정부의 독립성, 지방자치제, 상원과 하원의 상호 견제, 의회에 대한 대통령의 견제, 최종적으로 사법부의 독자적 권위 등의 제도적 장치를 수립했다. 그런데 그러한 장치조차도 국민이 스스로 다수의 지배를 선택하게 되면 무력해질 수밖에 없다. 국민이 무제한한 권력을 가진다는 주권재민의 원리가 지배하는 민주국가에서는 다수 국민의 결정은 헌법기관조차도 무력화할 수 있기 때문이다.

민주국가의 내부적 붕괴는 대체로 무제한의 권력을 갖는 주권자인 국민 다수가 민주적 제도 바깥에서 활동하는 소수의 조직화된 선동 세력과 결합하는 순간에 발생한다.[9] 이러한 결합은 경제 위기 같은 돌발적 요인에 의해 순간적으로 진행되기도 하고, 조직화된 소수의 장기적인 헤게모니 장악 전략에 의해 서서히 진행되기도 한다. 전자가 가두 투쟁 같은 전면전이라면, 후자는 저항 문화를 내세우는 진지전이라 할 수 있다. 어떤 방식을 택하든지, 국민들은 자신들의 손으로 민주주의를 붕괴시켰다는 것을 사후적으로만 깨달을 수 있다. 아돌프 히틀러의 집권부터 제3세계의 군사 쿠데타와 공산주의 혁명에 이르기까지, 비민주주의 체제의 성립에는 열정적인 국민 다수의 뒷받침이 있었다. 이런 점에서 세습 독재를 제외한 모든 독재 체제는 '대중 독재'이다.

무제한한 권력은 그것이 군주 한 사람에게 있거나 다수에게 있거나에 관계없이 위험하다. 왕정 체제에서 군주가 도덕적 성찰을 요구받았다면, 민주정치에서는 국민들에게 다수의 위력에 휩쓸리지 않을 도덕적 용기와 이성적으로 사태를 판단할 지적 능력이 요구된다.

4

민주적 전제를 어떻게 극복할 것인가

비극으로서의 민주주의

민주주의 체제에서 입법부의 권력은 막강하다. 앞서 검토했듯이, 미국 연방헌법 1조는 의회에 관한 것이다. 국민의 대표로 구성되는 입법부는 그 원칙상 행정부와 사법부보다 훨씬 강력한 힘을 갖고 있다. 무소불위에 가까운 의회의 권력은 기타 헌법기관은 물론 대통령까지 손쉽게 무력화할 수 있다. 입법부에서 다수는 헌법적 권한뿐만 아니라 "도덕적 권위"까지 가진다. 미국 체류 중 만난 대표적 지성인 스파크스 목사와의 토론은 토크빌에게 이런 생각을 갖게 한 단초가 되었다. 토크빌의 노트에는 1831년 9월 29일 자신의 의문에 대한 스파크스의 대답이 상세하게 기록되어 있다.

토크빌: 미국 대통령이 정부를 이끌기 위해서는 하원(의회)에서 반드시 다수를 점해야만 합니까?
스파크스: 그렇지 않습니다. 오히려 그 반대 경우가 종종 발생합니다. 지난 하원에서 잭슨 장군(대통령)은 다수파이지 않았습니다. 이 나라의 정치적 도그마는 '다수는 언제나 옳다'는 것입니다. 우리는 그런 원칙을 채택하고 있다는 점에 만족해합니다. 하지만 실제 경험은 그것이 거짓이라는 것을 잘 보여줍니다. 때로 다수는 소수를 억압하려 듭니다. 다행스럽게도, 주지사에게 거부권이 있고, 특히 판사는 위헌적인 법 적용을 거부할 수 있어, 민주주의의 열정과 실수에 맞설 수 있는 보장책을 갖고 있습니다.(토크빌의 여행 노트, 「스파크스와의 대화: 다수의 전제에 대해서」)

스파크스는 미국이 다수의 전제를 극복할 수 있는 제도적 보완책을 제시한 다음에 식민지부터 독립에 이르는 역사를 거론하면서, 미국이 유럽보다 앞선다는 자신감으로 다음과 같이 말했다.

"우리의 선조들은 지역공동체가 국가에 앞선다는 것을 발견했습니다. 플리머스, 세일럼, 찰스턴은 매사추세츠 정부 이전에 존재했습니다. 지역들이 나중에 연합하여 심려 깊은 의지의 법률로써 정부를 만든 것입니다. (……) 우리를 모방하려는 사람들은 그들이 미국 역사 속의 선조들을 갖지 못했다는 것을 기억해야만 할 겁니다."

스파크스의 견해를 수용하여, 토크빌은 귀국 후 『아메리카의 민주주의』 I권에 다수의 폭정을 극복할 수 있는 제도와 문화를 소상히 제시했다. 입법부가 다수의 권력을 쉽게 행사하지 못하게끔 하는 제도적 보완 수단을 차례대로 나열하면, 하원을 견제하는 상원의 권위, 양원제를 통한 시간과 절차상의 심사숙고, 대통령의 거부권, 연방대법원의 위헌법률심사권 등이 그것이다. 연방정부 차원의 극복 방안 외에도, 실제 미국인의 삶에 더 영향을 미치는 개별 주 정부에서도 이러한 원칙은 대체로 적용된다. 토크빌이 자문했던 당대 미국의 지식인들은 이 정도의 방파제가 있다면 다수 전제의 파고는 충분히 막아낼 수 있다고 생각했다. 그런데 이러한 보완책이 무력할 때도 있다. 입법부의 결정과 최종 주권자인 국민의 여론이 일치하는 경우가 그것이다. 입법부의 다수와 국민 대다수의 생각이 일치한다면 그 어떤 보완 장치도 기능할 수가 없다.

토크빌은 그런 상황을 "다수의 폭정majority's tyranny, tyranny of the majority"이라 불렀다. 토크빌이 '다수의 폭정'에 대한 질문을 던졌을 때 실제의 보완책을 신뢰하던 미국인들은 대부분 그 뜻을 이해하지 못해 당황했다. 『아메리카의 민주주의』가 발간된 후에 스파크스와 에버렛은 토크빌의 다수의 폭정론에 대해 어리둥절해했고, 영문판을 편집한 존 스펜서는 토크빌의 우려를 앤드루 잭슨 식의 대중민주주의에 대한 비판적 반응 정도로 판단했다. 토크빌과 당시 미국 지식인들 사이의 이러한 견해 차이는 어디에서 유래하는지 그리고 얼마나 다른지 검토할 필요가 있다.

토크빌과 이들 보스턴 지식인 집단 사이에는 공통점이 적지 않다. 이들은 교양과 학식을 갖춘 당대 최고 지성들이었고, 미국 건국 초기의 귀족적인 정치인들이 그러했듯이 민주주의에 대한 확고한 신념을 가졌으되 실제 민중이 권력을 갖는 것에 우려했다. 하지만 토크빌과 이들 지식인 집단이 민주주의를 바라보는 태도에는 미묘한 차이가 있었다. 이는 앤드루 잭슨에 대한 태도에서 잘 드러난다.

1814년 뉴올리언스 전투의 영웅이라는 대중적 인기를 바탕으로 제7대 대통령에 당선된 잭슨은 취임하자마자 기존 버지니아 출신의 귀족 엘리트가 장악해왔던 정치 관행을 혁파하여 민중들이 직접 정치에 참여할 수 있는 정치, 곧 대중민주주의의 길을 열었다. 반엘리트적 정서는 제퍼슨의 노선을 계승한 것이지만, 제퍼슨과 달리 민중 출신이었던 잭슨은 그보다 한 걸음 더 나아가 정치권력 자체를 민중이 직접 지배하는 것이 민주주의 원리에 충실하다고 생각했다. 독점과 특권에 맞서 '다수의 지배'를 현실에서 확립시켰다는 점에서 잭슨은 미국 포퓰리즘의 효시에 해당한다.

공화주의의 전통을 잇는 당시 보스턴의 지식인들은 앤드루 잭슨의 민주주의적 개혁을 결코 인정할 수 없었다. 반면에 토크빌의 태도는 달랐다. 토크빌은 대통령 관저를 찾아 잭슨을 공식 방문한 사적인 기록을 남겼는데, 잭슨이 지적으로 인상적인 인물은 아닐지라도 믿음직하고 소탈한 지도자로 묘사했다. 일종의 외교사절인 토크빌 일행의 의례적 평가로 보기에는 적극적인 서술로서, 서민 출신 대통령 덕분에 비로소 미국 민주주의가 한 단계 더 발전한 계기적 사건을 마주한 프랑스 귀족의 놀라우리만치 담담한 묘사이다. 토크빌은 '잭슨 민주주의Jacksonian democracy'를 거부하지 않았다. 엽관제의 실행 같은 사소한 약점은 잭슨의 문제가 아니라 민중이 엘리트 관료제를 통제해야 한다는 민주주의 원리의 실현 과정에서 치러야 할 일반적 대가일 뿐이다. 이미 민주주의를 시대의 대세로 판단한 토크빌에게는 그것 역시 중립적 관찰의 대상이었기 때문에, 토크빌은 잭슨 시대의 작은 혼란조차도 민주주의를 향한 거대한 축제로 긍정적으로 묘사했다.[10]

그러므로 다수의 폭정론에 대한 토크빌의 관심이 이들 보스턴 지식인 그룹의 지적인 영향에서 파생된 것으로만 해석하기는 어렵다. 미국인들이 그들의 경험에 주로 의존했던 데 반해, 토크빌은 미국 여행의 경험을 자신의 조국 프랑스의 역사에, 나아가 민주화라는 거부할 수 없는 흐름에 있던 유럽 전체의 역사에 비추어 질문을 던진 것이다. 프랑스는 1789년의 대혁명, 1830년

민주주의의 탄생

의 7월 혁명 등을 통해 구체제를 무너뜨린 경험을 갖고 있었지만 민주주의는 지속되지 못했다. 유럽 전체를 통해서 민주주의 원리는 넘쳐났지만 현실은 반동의 시대를 초래했을 뿐이었다. 가장 앞선 영국조차도 민주주의는 부르주아계급에게까지만 열려 있었다. 따라서 민주주의에 대한 미국인과 유럽인의 태도는 다를 수밖에 없었다. 미국의 원로 역사가 솔버그_{Winton U. Solberg}에 따르면 당시 미국 사회는 낭만적 활력과 결합한 민주주의가 삶의 역동적 원리가 되어 있었다. 반면에 반동의 시대로 회귀한 유럽을 지켜본 토크빌에게 민주주의는 비극의 운명을 타고난 것처럼 보였다.[11] 미국인들은 민주주의의 '지속'을 당연시했으나 토크빌은 민주주의가 언제든 '소멸'할 수 있다는 우려를 그칠 수 없었다.

중앙집권화와 민주적 전제

토크빌의 미국 민주주의 정치제도에 대한 탐색은 충분했다. 다수의 폭정에 대한 토크빌의 질문은 미국인들이 경험할 수 없었던 가능성, 곧 절대왕정 시대를 거쳐 중앙집권화한 유럽 국가에서 민주주의를 시행할 때 발생할 수 있는 경우에 대한 것이다. 토크빌이 볼 때 민주주의의 위험성은 제도상의 취약성에서 유발되는 것이 아니라, 그 반대로, 제도의 막강함에 있었다. 이러한 생각은 언뜻 상식에 어긋나는 것처럼 보인다. 초보적인 민주제도하에서도 권력은 분산되어 있고 통치권은 그것을 위임한 주권자(시민)에게 규제될 수밖에 없기 때문이다. 하지만 민주주의와 중앙집권제가 결합된다면 어떻게 될까? 도덕적 정당성을 쥔 민주주의하의 집권 세력이 개인의 세밀한 부분까지 파악하고 있는 중앙 권력을 장악하게 된다면, 민주주의는 과거 절대왕정기의 권력과는 비교할 수 없이 큰 힘을 휘두르게 되지 않을까? 주권자들이 자기들의 필요에 의해서 또는 자기도 모르는 사이에 민주적인 방식으로 전제정을 선택하게 되지는 않을까? 이러한 문제 제기는 토크빌의 독창적인 기여이다. 이를 바탕으로 토크빌은 '민주적 전제 democratic despotism'라는 새로운 개념을 발전시켰다. 이는 『아메리카의 민주주의』 II권에서 처음 사용되기 시작하여 『구체제와 프랑스혁명』에서는 핵심 개념으로 격상되었다.

이제 토크빌의 '다수의 폭정'과 '민주적 전제'를 분명하게 구분할 단계가 되었다. 기본적으로 '다수의 폭정'론은 미국 정치제도에서 입법부 우위의 전통과 관련된 것이다. 국민의 대표로 구성되는 입법부의 권력과 권위가 막강하기 때문에 미국 헌법은 이를 견제하기 위해 대통령의 거부권과 대법원의 위헌법률심사권 같은 제도적 보완책을 마련해두었다. 하지만 입법부의 결정과 국민의 여론이 일치하거나 심지어 여기에 대통령의 결정까지 일치할 경우에는 사실상 그 어떤 보완 장치도 기능할 수 없다. 다만, 미국의 경우에는 제도적 보완책 외에도 시민 결사와 집회, 언론 자유, 자치의 오랜 전통 등을 통해 소수파 스스로 다수에 맞설 수 있는 민주적 습속을 내면화했기 때문에 다수의 폭정이 쉽게 현실화되지 않는다고 토크빌은 판단했다.

따라서 토크빌은 민주국가의 현실과 역사 일반에 적용할 수 있는 새로운 이론을 세우기 위해 다수의 폭정을 넘어서는 개념을 구상할 필요가 있었을 것이다.[12] 의회와 대통령 같은 헌법기관의 폭정이나 그것에 부가되는 국민 다수의 의견인 여론에 의한 폭정을 넘어서는, 분명히 서구 사회에서 서서히 꿈틀대기는 하지만 아직 명료해지지는 않은, 태동하는 민주주의 원리 자체에 내재하는 징후적 위험에 토크빌은 '민주적 전제'라는, 일종의 형용모순인 이름을 부여했다.[13] 이 용어는『구체제와 프랑스혁명』에서 비로소 명확한 정의를 갖게 되었는데, 사실 토크빌은 16년이나 앞서『아메리카의 민주주의』II권에서 상당한 분량을 할애하여 민주적 전제가 발생하는 원리를 충실하게 서술했다. 두 책의 서술 시기는 나폴레옹 3세의 전제정 전후로 나뉜다. 따라서『아메리카의 민주주의』II권 서술 시점에서는 민주적 전제를 경험하지 않았기 때문에 정확히 정의 내리기 힘들다고 독자에게 양해를 구할 수밖에 없었다. 경험한 적이 없었기 때문에 그것은 묘사되거나 설명될 수 없었고, 단지 논리적으로 추론되어야 했다.

"민주국가에서 봉착하게 될 압제의 종류는 여태껏 이 세상에 존재했던 것과는 전혀 다를 것이라고 나는 생각한다. 우리 현대인의 기억 속에서는 이와 비슷한 사례를 찾아볼 수 없다. 내가 머릿속에 떠올리는 개념을 정확하게 드러내주는 표현을 찾아보려 했지만 헛수고이다. 전제정치despotism나 폭군정치tyranny라는 단어는 적합하지 않다. 개념 자체가 새로우니만큼, 그것을 이름 붙이기가 쉽지 않다."(II-4-6)

따라서 '민주적 전제'의 의미를 정확히 포착하는 작업은 토크빌이 민주주의의 미래를 예측한 내용에서 시작할 수밖에 없다.[14] 『아메리카의 민주주의』 II권의 4부는 그 출발점으로 적절하다. 토크빌은 민주주의가 정치에 미치는 영향을 다루면서 특히 시민의 심리 상태가 어떻게 권력의 집중을 낳게 되는가를 분석하고 있다. 주된 논증 방법은 미시적 심리학이지만 서구의 역사적 사례에 비추어 거시적 전망을 내놓기도 했다. 책 전체의 결론을 겸한 이 부분의 내용을 종합하면, 토크빌이 민주주의 사회가 중앙집권화로 나아가는 원인으로 파악한 것은 다음의 네 가지이다.

① 독립된, 그러나 고립된 개인의 존재

민주 사회의 구성원들은 공권력이 개인의 사업에 개입하는 데 반대하면서도 동시에 자신의 사업에 국가가 도움을 주기를 갈망한다. 왜냐하면 그들은 지극히 독립적일수록 동시에 어떤 외부의 도움도 받지 못할 수 있기 때문이다. 이는 사업 영역뿐만 아니라 개인의 활동 전반에서도 마찬가지다. 개인주의적 사회에서 동정심은 미덕이 아니기 때문이다. 따라서 곤경에 처하게 되는 무기력한 이들은 정치권력의 도움을 받기 원한다. 이러한 열망은 자연스럽게 정치권력이 사회 영역에까지 확산될 수 있는 길을 열고, 그 결과 사회 모든 영역에 국가의 영향력을 확대한다.(II-4-3)

② 평등에 대한 열망

민주 정치체제의 시민들은 평등에 대한 높은 열망을 갖고 있다. 특권 신분의 존재는 물론 일부 구성원들이 우연히 누리는 아주 작은 특권에 대해서도 큰 반감을 갖는다. 역설적으로, 민주주의의 원리상 평등화가 진행되어 특권이 줄어들수록 특권에 대한 대중의 반감은 더욱 커지게 된다. 사회적 특권이 소멸되면 개인에 영향력을 미칠 수 있는 힘은 국가밖에 없기에, 시민들은 더욱 정치권력을 국가에 집중시키려고 한다. 중앙 권력은 그 경향상 평등을 옹호하는데, 평등이야말로 개인과 국가를 매개하는 중간의 사회 권력을 소멸시켜 중앙 권력의 영향력 행사를 특별히 쉽게 해주기 때문이다.(II-4-3)

③ 사적 행복에 대한 열망과 공적 업무에 대한 무관심

민주제도하의 시민들은 사생활 영역에 자신의 모든 관심을 쏟기 때문에 공공 생활에 참여할 시간이 부족하다. 따라서 이들은 공적인 일을 국가에 맡겨버리고자 한다. 국가가 개인들에게서 위임받는 공적 업무가 증가할수록 국가 권력은 확대된다. 이제 시민들이 물질적 행복을 갈망하면 할수록, 그 행복의 원천을 장악한 국가는 더욱 권력을 키워갈 명분을 얻게 되므로 시민들은 국가에 예속되어버린다.(II-4-5)

④ 산업화의 결과

공업의 성장은 사회 관계의 변화를 낳는다. 공장 노동의 결과 노동자들은 건강이 나빠지거나 생명을 잃게 될 수도 있다. 따라서 이를 통제 감독하기 위한 정부의 권력이 증대된다. 또한 공업화가 진행될수록 인프라 구축이 필요한데, 이런 대규모 사업을 진행할 수 있는 힘을 가진 기관은 국가밖에 없으므로 국가 권력이 증대된다. 또한 법인 회사가 증가하는데 이를 뒷받침하기 위한 법적 절차는 관료들이 주도하므로, 국가는 자기 목적에 맞게 법인 회사를 감독 규제하는 힘을 갖게 된다. "통치권자들은 오늘날 상공업이 세상에 만들어낸 이 새로운 힘의 대부분을 갈수록 더 많이 장악하고 자기들의 용도에 맞게 이용한다. 상공업은 우리를 이끌고, 통치권자들은 상공업을 이끄는 것이다."(II-4-5)

중앙집권화를 강화하는 이 네 가지 기제 가운데 ①~③은 민주주의 사회 구성원의 심리적 경향이 빚어내는 과정이고, ④는 민주화와 별개로 진행된 산업화 과정이 빚어내는 사회 변동과 관련된 현상으로 구분 가능하다. 이 기제들은 복합적인 과정으로서 실제로 각 요소들 사이의 명확한 선후 관계를 설정하기는 어렵다. 이 기제들은 서로를 매개하며 원인이자 결과가 된다. 중요한 것은 중앙집권화를 이끌어내는 이 네 가지 기제가 결국에는 민주적 전제를 낳는 요인이 된다는 데 있다.

민주적 전제론의 재구성

앞 절의 논의를 바탕으로 토크빌의 민주적 전제론의 틀을 원인, 과정, 결과로 재구성하면 다음과 같다.

우선, 중앙집권화의 발생 원인에 대한 토크빌의 추론을 살펴보자. 개인주의가 팽배한 미국에서 개인들은 상업적 이익에 주로 얽매이게 된다. 대개 상업이 발달한 곳에서는 개인의 독립과 관용의 정신이라는 민주주의의 사회적 기초가 마련된다. 그런데 이런 상태에서 구성원들은 이해관계의 충족을 위해 굳이 타인들과 정서적으로 결속될 필요가 없다. 이미 사라져버린 전통적 유대를 대체할 새로운 결속 관계가 존재하지 않게 되면, "그들 각자는 서로 분리되어 타인의 운명에 대해서 무관심하게 될" 가능성이 생긴다. 그리고 이런 사람들은 타인과의 사회적 관계를 통한 갈등 해결보다는 "후견인 같은 거대한 권력"인 중앙집권적 국가를 통한 손쉬운 권위적 해결을 바라기 쉽다.(II-4-6) 따라서 토크빌에게 민주적 전제의 출현의 조건이 개인주의의 확산에 따른 사회적 결속의 해체라는 점은 분명하다. 이러한 사회학적 해석은 훗날 약 60여 년이 흐른 후 에밀 뒤르케임의 『사회분업론』에서 비로소 정식화된다는 점에서 놀라운 통찰이다.

다음, 중앙집권화의 전개 과정에 대한 토크빌의 언급들을 종합하여 그 실제 내용을 살펴보자. 앞서 언급한 후견인 역할의 거대 권력은 국민들을 어린이로 묶어둔 채 그들의 안전을 보장하고 물질적 행복을 제공할 것이다. 그런데 이러한 보호에 익숙해져서 시민들이 공적인 업무에 참여하는 자치의 정신을 상실하기 시작하면, 이 권력은 그 밖의 사회적 관습에 해당하는 문제에도 개입하면서 개인의 자유를 발휘할 영역을 점차 축소시켜 나갈 것이다. 이러한 추론은 실제 유럽의 역사를 관찰해온 토크빌의 경험에서 우러나온 것이었다. "유럽에서는 모든 일들이 정부의 특권을 무한히 확장함과 동시에 개인의 독립성은 점점 약화·예속 내지는 위험한 상태에 처하게 하는 방향으로 작용하고 있다."고 토크빌은 우려한다.

"지난 반세기 동안 유럽은 수많은 혁명과 반혁명을 겪으면서 때로는 이리로 쏠리고 때로는 저리로 쏠렸다. 하지만 이 모든 움직임은 한 가지 점에서는 합류했다. 요컨대 모두가 부차적인 권력들을 뒤흔들거나 파괴하는 방향으로 나아간 것이다. (……) 내가 지적하고자 하는 것은 최근에 계급들이나 조합들 및 개인들에게서 차례차례로 빼앗아낸 이 모든 다양한 권리가 더욱 민주적인 토대 위에서 새로운 부차적인 권력들을 강화하는 데 도움을 주기는커녕 오히려 최고권자의 수중에 집중되어버렸다는 사실이다."(II-4-5)

이러한 과정은 옛 사회의 가장 중요한 성과마저 국가에 종속시키는 흐름으로 나타났다. 토크빌 시대에 이미 개인이나 동업조합의 몫이었던 자선 기관이 정부에 의존하기 시작했고, 국가는 빈곤과 질병 그리고 실업과 같은 "모든 불행의 유일한 구제자"로 자처했다. 교육과 종교의 영역도 국가에 의한 획일화 경향에서 예외일 수가 없었다. 그 결과 사회는 이제 거대 권력이 짜놓은 규칙의 그물에 갇히게 되고 개별 국민들은 "겁 많고 열심히 일하는 한 떼의 가축"으로 전락한다. 물론 국가는 그들을 기르는 목자가 된다.

마지막으로, 중앙집권화가 민주적 전제로 이어지게 되는 과정을 살펴보자. 개인의 행복을 위해 치밀하게 조직화된 국가에 사소한 것까지 의존하게 되는 습관이 자리 잡으면서 시민은 복종을 내면화한다. 그 과정에서 인간의 정신은 마멸된다. 이제 시민들

257

에게는 오직 통치자를 뽑을 권리만 남게 되는데, 자치의 습관을 포기한 시민들이 통치자를 제대로 뽑을 리 또한 만무하다. "통치권자의 꼭두각시"와 "통치권자의 주인" 노릇을 반복하다가, 마침내 시민은 통치자의 악덕과 스스로의 어리석음으로 파멸의 위험에 처할 수 있다. 이런 상황에서 "대표자에게 지치고 자기 자신에게 지쳐서, 이제 국민은 더 자유로운 제도를 만들어내든가 아니면 조만간 한 명의 주인의 발밑으로 되돌아갈 것이다." 이제 토크빌이 '민주적 전제'라고 이름 붙인 가상의 상황이 분명해진다. 그것은 바로 중앙집권화한 국가기구를 개인 또는 특정 집단이 민주주의의 이름으로 장악해버린 후 전횡을 일삼는 것이다.

> "이러한 통치 구조가 모든 권력을 집중시킨 후 그것을 아무 책임도 지지 않는 어떤 한 개인이나 집단에 내맡겨버리는 형태의 통치를 마냥 조장할 수 있다는 사실을 부정하지 않는다. 민주국가에서 나타날 수 있는 전제정치의 여러 형태들 중에서 지금 말한 이것이 단언컨대 가장 나쁜 형태일 것이다."(II-4-6)

이상의 논의를 종합할 때, 토크빌의 '민주적 전제' 개념은 민주주의론과 산업사회론을 결합하여 중앙권력화의 심화가 가져올 민주주의의 위기를 예측하기 위한 것으로서, 근대 사회과학의 주요 영역인 국가·시장·시민사회를 통괄하는 토크빌의 일반

사회이론의 핵심 요소이다.[15] 그렇기에, 토크빌의 '민주적 전제'론을 기존의 '다수의 폭정'론의 틀 안으로 환원시켜 해석할 수 없다. 다수 지배의 정당성에 기초해서 성립하는 민주주의 정치체제의 딜레마는 바로 체제의 본질에 내재해 있다. 민주주의에 대한 위협은 주권자인 시민의 다수 선택이 언제나 건전하고 올바른 것은 아니라는 데 있다. '민주적 전제' 역시 민주주의의 원리에 의해 성립한다. 시민들이 행복을 위해 자유를 포기할 때 민주주의는 언제든 전제정으로 전락할 수 있다는 조지 오웰의 경고는 토크빌보다 한 세기 이상 늦었다.

민주적 전제의 현실화

『아메리카의 민주주의』 I권이 출판된 지 13년 후(II권 출판 기준으로는 8년 후)인 1848년 혁명 와중에 작성된 제12판 서문은 토크빌의 미국 민주주의에 대한 변함없는 신뢰를 잘 보여준다. 미국의 경우로 한정한다면, '다수의 폭정'과 '민주적 전제'가 발생할 여지는 없어 보였다. 토크빌은 다시 한 번 민주주의 유지의 기본 요소를 "질서, 세력 균형, 진정한 자유, 권리 존중"의 네 가지로 간결하게 정리하고, 이러한 원칙을 준수할 때 민주주의에 대한 위협을 극복할 수 있다고 주장했다.

반면에 프랑스에 대한 토크빌의 우려는 매우 심각했다. 당시 프랑스는 "민주적 자유정"과 "민주적 전제"의 갈림길에 서 있었다. 실제로 미국 민주주의의 제도적·문화적 조건을 갖추지 못했던 프랑스에서 혁명은 민주주의의 발전으로 이어지지 못했다. 여타 주요 정파와 거리를 두고 독립적으로 활동한 정치인 토크빌도 그러한 상황에서는 무력했다. 1789년 '혁명적 전제'의 공포는 1848년 혁명을 민주적 제도화의 방향으로 나아가게 하는 데 도움을 주었지만, 민주정치에 대한 경험이 부족한 프랑스인들은 스스로 루이 보나파르트의 전제정을 낳게 될 일련의 '민주적이면서 그릇된' 선택을 하고 만다.

이러한 토크빌의 비관이 프랑스를 넘어서 서구 사회 전체에서 현실화하는 데는 그리 오랜 시간이 걸리지 않았다. 서유럽 국가가 경험했던 20세기 파시즘의 경험은 그들이 앞장서 발전시켰던 근대의 이상 자체를 반성하게끔 만들었다. 조지 오웰과 올더스 헉슬리가 소설가의 상상력으로 그려냈던 디스토피아는 공산주의 체제에서뿐만 아니라 자본주의국가에서 테크놀로지와 지배 권력의 결합을 통해 그 모습을 일부 드러내고 있다. 하이테크에 대한 예측이 부족할 수밖에 없었던 점을 제외한다면, 토크빌은 이 거대한 후견인 권력의 출현을 예측한 최초의 현대 사상가인 셈이다. 앞선 세대가 겪었던 새로운 형태의 전제정 경험 덕분에 우리는 토크빌보다 민주적 전제의 본질을 더 잘 이해할 수 있다며 어깨를 으쓱하곤 한다. 하지만 그런 위험을 겪고도 우리는 경제적 행복과 정치적 자유를 맞바꾸는 데 여전히 문제의식을 느끼지 못하고 있다.

한편, 민주적 전제라는 극단적 수준까지는 이르지 않지만 더 자주 출현하기 때문에 현실적 위협인 '여론을 통한 다수의 독재' 문제에 대해서 고찰해보자. 민주국가에서는 여론이 강력한 힘을 발휘한다. 정치과정이 여론에 개방적인 것은 기본적으로 긍정적이다. 그러나 비합리적 열정으로 촉발된 여론이거나 다수의 논리로 소수를 억누르려는 여론을 제도 정치에서 여과시키지 못할 경우 예기치 못한 문제가 발생한다. 다른 견해를 가진 개인이 독립심을 잃거나 소수의 견해가 짓눌리면서 건강한 민주주의를 달성하는 데 필요한 다양성이 소멸될 수 있기 때문이다. 인터넷 시대에도 여전히 여론 형성에 큰 영향을 미치는 언론기관과 그 종사자들이 자신들의 생각만을 정의롭다고 믿거나 스스로를 정의의 수호자로 자처하기 시작하면, 일반 시민은 물론 지식인조차도 그들에 맞설 수 없다. 진짜 전문가들은 언론이 내세우는 가짜들에게 진실을 감정할 수 있는 자격을 양보한 채 쓸쓸히 공론장에서 물러나 은둔하는 삶을 택하게 된다.

다만 토크빌의 비관적 예측의 논거를 뒤집어 보면, 민주 사회가 다수의 폭정 대신 '조용한' 또는 '부드러운' 지배로 나아가 자유로운 공화정을 이룰 수 있는 요소를 찾아낼 수도 있다. 『토크

261

빌의『아메리카의 민주주의』의 저술 과정』(1980)의 저자 슐라이퍼는 그 책 저술 26년 만에 쓴 글에서 토크빌 연구의 대가다운 통찰을 제시했다. 그의 토크빌 다시 읽기의 핵심은 크게 두 가지다. 하나는 산업화의 결과에 대한 토크빌의 진단으로서, 1830년대의 프랑스 모델인 중앙집권화와 관료적 전제 모델에 반대하여 미국처럼 공과 사의 균형과 상호 개입을 통해 국가로의 권력 집중 문제를 해결하고자 했다는 것이다. 다른 하나는 민주주의의 미래에 대한 것으로서, 특히『아메리카의 민주주의』 II권 전체가 당시 보수주의자들의 민주주의 비판에 맞서 민주주의를 옹호하기 위해 그들의 주장을 하나하나 재반박한 결과라는 점이다. 따라서 '민주적 전제' 개념의 비극성에만 주목할 것이 아니라, 토크빌이 민주적 전제를 극복하기 위해 제안한 내용과 대안에 더 큰 관심을 열어둘 필요가 있다. 이제 '다수의 폭정'과 '민주적 전제'를 극복할 수 있는 방법을 차분히 검토해보자.

다수의 '조용한' 지배가 가능하려면

현대 민주정치에서는 대체로 입법부 다수파에 의한 폭정에 대해 충분한 제도적 대비책을 가지고 있다. 토크빌이『아메리카의 민주주의』 I권에서 찾아냈던 제도적 보완책은 이제 상식이 되었다.

민주주의의 탄생

오히려 민주주의 경험이 부족한 국가의 지식인은 입법부가 본래의 독립성조차 상실하는 경우를 우려하기도 할 것이다. 적어도 주기적 선거가 제도화된 민주국가에서 의회 다수파의 폭정은 다음 선거에서 국민의 '심판'을 통해 해소되는 경우가 많다.[16]

그런데 민주주의 제도는 국민의 여론에 민감하게 반응하기 때문에, 일단 여론이 한 방향으로 쏠려 그것이 다수의 지지를 획득하는 경우 그 힘을 상쇄할 수 있는 보완책이 거의 없다. 따라서 현대 정치에서 다수의 문제는 일회적인 입법부의 폭정이 아니라 여론의 무책임한 (상시적인) 압력에서 주로 나타나게 된다. 그 압력에 특정 정치 세력이 편승할 경우 현대 민주주의에서 일반화된 대의제 시스템은 기능을 상실하게 된다. 더 두려운 것은 제도의 붕괴 못지않게 그런 상태를 막아낼 수 있는 위대한 영혼의 출현조차 어렵게 만든다는 점이다. 이제 민주화된 현대 국가는 지배자의 억압에 맞서는 것보다는 다수 국민의 여론 독재에 맞서게 되는 경우가 점차 많아진다. 도버해협을 가로질러 토크빌과 지적 우정을 맺었던 존 스튜어트 밀의 『자유론』(1859) 저술 배경 중 하나가 바로 이것이다.

밀은 19세기 사상계에서 "희귀한 예외자"였던 토크빌의 선구적인 저서들을 읽고 민주주의 사회에서 자유가 저절로 보장되지는 않는다는 점에 공감했다. 특히 새롭게 등장하게 된 '사회적 전제'에 맞서, '거짓 예언자'의 지도에 따라 다수가 소수의 의견을

263

억압하는 것에 맞서, 자유의 원리를 재구성할 필요성을 느꼈다. 밀은 『자유론』과 『대의정부론』(1861)의 저술을 통해 토크빌이 『아메리카의 민주주의』에서 경고했던 '다수의 문제'에 맞설 수 있는 민주적 자유의 논리를 체계화했다. 토크빌의 저작을 읽은 후 밀의 책을 읽으면, 그들의 문제의식과 대안을 훨씬 잘 파악할 수 있다.

밀의 정리대로, 토크빌이 우려하는 다수의 폭정은 정치 영역이 아니라 사회의 영역에서 실질적으로 발생한다. 정치가 절차적 정당성에 의해 운영되는 데 반해, 사회는 규범적 정당성을 통해 작동한다. 사회는 본래 대표가 없는 체계이다. 대신 사회는 규범적 당위가 개별 사안에 적용되어 집합적으로 판단된 결과로서의 여론에 의해 임의적인 대표 체계를 형성시킨다. 주권재민의 원칙상 정치는 사회에 굴복할 수밖에 없는데, 여론의 비등 상태를 이겨내기란 거의 불가능하기 때문이다.

다만, 민주국가는 시민사회의 소수 의견을 수렴하여 정치적인 힘으로 전환시키는 장치를 갖고 있다. 그것은 바로 결사와 정당이다. 토크빌이 결사의 자유를 다수의 전횡에 맞서는 소수의 권리로 이해했다는 점을 상기해보자. 미국이 다수 폭정의 가능성에 노출된 최초의 체제이면서도 그 위험을 줄일 수 있었던 것은 소수를 위해 결사의 자유를 보장하고 그들의 목소리에 귀 기울일 수 있는 언론의 다양성을 헌법적 권리로 보장했기 때문이다.

동시에 미국 헌법에는 규정조차 없지만 정치결사로서 출현하여 정치제도로 자리 잡은 정당이 소수의 견해를 결집시킬 기회를 제공한다. 토크빌 방문 시점에서 겨우 태동하기 시작한 미국의 거대 정당 체제는 여론의 힘을 적절히 제도 차원에서 수용하여 정책화하는 기능을 수행했다. 여기에 덧붙여, 시민 개인의 독립심과 자율성을 존중하는 종교 문화와 어린 시절부터 타운에서 형성된 자치의 정신 등을 통해 미국은 다수의 논리에 당당히 맞서는 소수의 도덕적 권위가 발휘될 수 있는 토양을 잘 배양했다. 타운 집회에서의 토론은 똑같은 주권자인 남의 의견을 잘 듣도록, 다수가 결정을 내리더라도 소수에게 충분한 발언 기회를 주도록, 소수가 숫자에서 밀리더라도 그들의 의견이 충분히 합리적이라면 그 의견을 충분히 반영하도록 하는 것이 올바른 민주주의임을 가르쳤다. 아테네의 페리클레스가 폴리스를 '민주주의의 학교'라고 불렀던 것에 비유하자면, 미국인들에게는 타운이야말로 민주주의의 학교였다.

동시에 미국인들은 자신과 남의 처지를 비교하며 선망과 질시를 오가기보다는 남의 노력의 결과인 기득권을 인정하고 자기도 스스로 그것을 얻기 위해 노력하는 태도를 가졌다. 기득권 철폐가 아니라 기득권 향유자의 수를 늘리는 것을 지향하는 온건한 개혁의 문화는 개인에게는 발전의 계기가 되었고 사회에서는 타협과 협력의 문화를 정착시키는 배경이 되었다. 미국에서 다수

265

의 폭정 대신 '다수의 조용한 지배'가 가능했던 데는 그러한 요인들이 작용했다.

"공화정은 더 깊은 뿌리를 갖고 있다. (……) 미국에서 공화주의자들은 습속을 높이 평가하고 신앙심을 존중하며 권리들을 인정한다. 그들은 무릇 인민은 자유를 누리는 바로 그만큼 도의적이어야 하고 종교적이어야 하며 절제할 줄 알아야 한다는 식의 견해를 피력한다. 미국에서 공화정이라고 부르는 것은 다수의 조용한 지배이다. 인정받고 존재감을 입증하는 시간을 거친 후에 다수는 권력의 공통 원천이 된다. 하지만 다수 자체가 전능한 것은 아니다. 다수의 위편에, 도의의 세계에는 인간성, 정의, 이성 따위가 있으며, 정치의 세계에는 기득권이 있다. 다수는 이 두 가지 장벽을 인정한다."(I-2-10)

이처럼 토크빌은 다수의 조용한 지배를 위해서는 윤리와 종교의 세계가 뒷받침되어야 한다는 것을 강조했다. 미국은 성서-공화적 개인주의 문화를 바탕으로 그런 문제를 해결해왔다. 그런 전통이 점차 약화되어가는 오늘 미국의 시민사회가 '월스트리트를 점령하라'는 시위로 상징되는 계급 갈등을 비롯하여 낙태와 동성결혼 등의 이슈로 문화전쟁cultural war을 치르는 '통합의 위기'를 겪는 것을 지켜보면, 토크빌의 관찰이 얼마나 정확했는지 알수 있다.

바르게 이해된 자기 이익의 원리

다음으로 검토할 문제는 민주 사회에서 개인주의가 초래할 수 있는 '민주적 전제'의 위험성에 관련된 것이다. 초시간적으로 늘 존재했던 '자기 이익에 대한 관심'을 표현하는 용어인 이기주의egoism와 달리, 본래 개인주의individualism는 근대 사회에서 비로소 출현한 것으로서 특히 사회로부터 개체의 분리를 나타내는 역사적 개념이다. 미국의 경우 개인주의는 평등화의 진행에 따라 촉진되었다. 토크빌이 누누이 자유의 기초로서 개인의 독립심을 강조했다는 것을 감안한다면, 개인주의는 공동체의 맹종을 강조하는 옛 집단주의와 전통주의를 극복하고 근대의 다수 지배 체제에 반대하는 시민 형성에 기여하여 다수 폭정에 대한 방파제 기능을 수행한다는 점에서 긍정적이다. 그런데 이러한 근대적 개인주의는 동시에 개인을 사적인 관심에만 치중하게 하여 결과적으로 공공의 삶에 대한 관심과 참여에서 멀어지게도 한다. 그 결과 근대를 가능하게 한 힘이었던 개인주의는 결국 이기심과 결합하면서 그 긍정성을 잃어버린다. "개인주의는 우선 공적 미덕의 원천만을 고갈시킨다. 하지만 개인주의는 종국에는 모든 다른 원천도 공격해서 파괴해버리며 마침내 이기주의 속으로 흡수되어버린다."(II-2-2)

이처럼 토크빌이 비판하는 개인주의는 이기주의로 전락할 가능성이 있는 개인주의, 곧 공공에 대한 관심을 배제시키는 '공리적 개인주의'이다. 그런데 실제 일상에서 미국인의 기본적인 삶의 태도가 바로 상인의 자세인 공리적 개인주의 아닌가? 그리고 그것은 결국 전통적인 '덕의 윤리'에서 볼 때 "모든 덕성의 씨앗을 말리는" 이기주의 아닌가? 그런데 이기주의자인 미국인들은 도대체 어떻게 민주주의를 유지할 수 있는가?

토크빌의 탁월성은 바로 여기서 나타난다. 모두가 개인주의가 불러올 덕성의 피폐를 걱정하고 공격할 때, 토크빌은 윤리학의 방법 자체에 도전하여 현실 상황에서 윤리를 재구성하고자 했다. 그리고 미국은 바로 그러한 형식논리상의 모순을 돌파할 수 있는 실제 사례를 제공한다.

미국인의 자기 이익 추구는 솔직하다. 그리고 실제로 자기 이익을 추구하는 일에 기꺼이 나선다. 그러나 그들은 동시에 "동료 시민의 이익과 결합"한다. 이러한 태도는 당시 유럽인의 그것과 구분된다. 유럽인들은 이미 사라져버린 귀족적 명예 때문에 겉으로는 이익 추구를 경멸하면서도 속으로는 더 심하게 자기 이익을 추구하며 사회의 공공 이익을 저버린다.(II-2-8) 특히 프랑스가 근대 초기에 상업과 산업의 발전을 통해 전체의 부를 증진시키고 부유한 부르주아 계급을 출현시켰으면서도 거대한 민중 혁명과 뒤이은 전제정의 출현을 막을 수 없었던 이유가 바로 거기에 있다. 이익 추구에만 매몰되어 자기들의 정치적 자유를 확

민주주의의 탄생

대시키지도 못했고 부의 증진을 다른 계급에 나눌 수 있는 윤리도 부족했다. 반면에 미국인들은 귀족적 덕성이나 진지한 윤리학을 발전시키지 않으면서도, 경험을 통해 '바르게 이해된 자기 이익의 원리'를 터득하고 관습화시켰다. 이 원리에 따라 각성된 자기 보호의 욕구는 경우에 따라서는 공동의 이익을 위해 자기 이익을 희생하는 것이 궁극적으로 이익이 된다는 판단으로 이어졌다.

"바르게 이해된 자기 이익의 원칙은 모든 철학 이론 중에서 우리 시대의 인간들의 필요에 가장 적합한 원칙이라고 나는 서슴없이 말할 수 있다. 이 원칙은 인간 자신으로부터 인간을 보호하기 위해 인간에게 남아 있는 가장 강력한 보장책이라고 나는 생각한다. 따라서 우리 시대의 모럴리스트들이 우선적으로 관심을 기울여야 하는 것은 바로 이 원칙이다. 이 원칙이 완벽하지는 않다고 판단하더라도 우선은 필요한 것으로 받아들여야 할 것이다."(II-2-8)

이런 생각은 고전경제학의 자유주의 사상과 언뜻 유사해 보인다. 일찍이 애덤 스미스가 강조했듯이, 개인은 사익 추구 과정에서 타자들과 호혜적 관계를 발전시킬 수 있고, 그 바탕에서 의도하지 않은 결과로서 오히려 전체적인 공익의 증가가 나타난다.[17] 실제로 토크빌이 만난 미국의 지식인들도 이러한 원리를 지지하고 있었다. 제퍼슨에서 잭슨으로 이어지는 농업 이익 중심의 민주주의에 맞서 상공업 세력의 이익을 대변했던 북동부의 지식인들은 자유주의 경제 원리를 잘 파악하고 있었다. 이들은 바로 그 때문에 민주주의에 대한 정당화조차도 공리주의적 원리로 설명했다. 『아메리카의 민주주의』에 언급된 이들의 논리를 분석적으로 검토하면 다음의 두 테제로 요약할 수 있다. ① 민주주의는 단기적 시민 선호에 반응성이 높기 때문에 장기적 이익에 대해 무지한 선택을 한다. 그러한 실패를 경험하면서 무엇이 자신들에게 장기적으로 이익이 될 것인지를 깨달아 올바른 선택을 할 수 있는 능력을 갖추게 된다. ② 민주주의의 시민은 자기 이익을 극대화하고자 한다. 그런데 그러한 이익 극대화의 추구 결과 공동의 이익은 물론 자기의 이익조차도 침해되는 결과를 경험한다. 이를 통해 공동의 이익과 개인의 이익을 조화시킬 수 있는 올바른 선택을 하게 된다.

①과 ②는 각각 장·단기 선호의 불일치 문제와 공·사 이익의 부조화 문제를 다루는 것으로서 언뜻 별개의 주장인 것처럼 보이지만, 개인들이 실패를 통해 이해관계를 바르게 이해하게 되어 장기적으로 민주주의에서 다수의 판단이 합리적이라는 것을 논리화했다는 점에서 같은 테제이다. 이러한 공리주의적 설명 방식을 토크빌 역시 상당 부분 수용하여 『아메리카의 민주주의』 서술에 이용했다. 그런데 이 논리에는 함정이 있다. 개인이 올바

른 이해관계를 깨닫는 데는 오랜 시간과 많은 시행착오가 뒤따라야 한다는 점이다. 만약, 시행착오를 통해 배우기도 전에 국가 붕괴 또는 전제정의 출현과 같은 결정적인 실패를 맞게 된다면 어떻게 할 것인가? 프랑스 민주주의의 좌절을 경험했던 토크빌은, 3장에서 검토했듯이, 결정적 실패가 민주주의를 돌이킬 수 없는 파국으로 내몰 수 있다는 것을 우려했다. 시민들이 민주주의를 자기 이익을 극대화하는 체제로만 이해할 경우, 민주주의는 시민들의 합리적 선택에 의해 전제정으로 몰락하게 된다.

사익을 규제하는 노력과 중간 집단의 활성화

토크빌은 미국 사회가 당장 민주적 전제로 나아갈 것으로 보지는 않았다. 하지만 자유주의 정치가 산업화와 맞물리게 될 미래에도 그런 낙관을 유지할 수는 없다고 토크빌은 생각했다. 사익 추구가 '저절로' 공익과 공공성을 증진시킬 것이라는 경제적 자유주의의 신화를 토크빌은 결코 믿지 않았다. 어떤 힘도 개인의 사익 추구 자체를 막을 수는 없다. 그러므로 사익 추구는 반드시 비경제적인 방식에 의해서 제한되어야만 한다. 토크빌은 공리주의적 경험 차원을 넘어선 곳, 곧 교육과 도덕 그리고 종교의 영역을 주목했다. 이익 관심 너머의 교육을 통해 이익 추구의 방향을 공적인 것으로 바꿔야 한다는 생각은 자유주의의 신화에 대한 강력한 거부이다. 물론 토크빌의 자유주의에 대한 진단과 해결책은 맑스와 달랐다. 맑스가 산업사회의 노동 소외와 계급 혁명에 초점을 맞춘 데 반해, 토크빌은 산업사회에 만연한 이기심이 도덕적 타락을 불러일으켜 민주주의 유지의 핵심인 공공 도덕의 붕괴를 가져올 수 있다는 점에 초점을 맞췄다. 따라서 토크빌의 대안은 교육을 통한 공공성 강화와 종교를 통한 절제 훈련으로 자연스럽게 귀결된다.

> "아메리카에서 설파되는 것과 같은 이 자기 이익의 원칙이 모든 측면에서 자명하다고 생각하지는 않는다. 하지만 이 원칙은 상당히 많은 명백한 진실들을 간직하고 있기 때문에 누구나 교육만 받으면 그원칙을 제대로 알아보게 될 것이다. 따라서 우선 교육을 받아야 한다. 그도 그럴 것이 맹목적인 희생과 본능적인 덕성의 시대는 이미 우리에게서 멀어졌으니 말이다. 그리고 자유나 공공 안녕이나 사회 질서따위가 교육 없이는 존재할 수 없는 시대가 다가오고 있으니 말이다."
> (II-2-8)

이러한 대안의 유효성은 미국 시민사회에서 활발하게 수행되는 자원봉사 활동을 통해 확인할 수 있다. 미국의 자원봉사자들이 개인의 양심에 의해 자연 재해로 피해를 입은 지역에서 재난구호 활동에 참여하는 것은 사실이다. 그 양심은 건강한 개인주의의 독립심에 기초한 것이다. 그런데 이들이 참여하는 방식은 매우 조직적이다. 지역별로 구성된 자원봉사 조직에 어린 시절부터 참여해서 훈련을 받은 이들이 일단 자원봉사에 참여하는 순간 오랜 공동체 훈련의 결과가 빛을 발하게 된다. 지극히 개인적인 자원봉사 활동조차도 단체를 조직해서 수행하는 미국인들의 참여 방식에서 미국 사회를 지탱하는 근원적 힘으로서 성숙한 공동체주의 문화의 한 단면을 엿볼 수 있다.

그런데 흔히 알려진 것과 달리, 토크빌은 이것만으로 개인주의의 원심력을 억제할 수 있다고 생각하지 않았다. 이는 토크빌이 『아메리카의 민주주의』에서 개인주의의 기원을 산업화와 관련하여 설명하는 방식이다. 토크빌은 유럽의 국가들이 점차 산업화되면서 전통적인 사회적 결속의 기반인 동업조합이 해체되거나 소멸된 사실에 주목했다. 실제로 프랑스에서는 1791년 혁명 정부가 르샤플리에Le Chapelier 법을 제정하여 특권의 상징인 동업조합을 해산하고 그 기능을 국가에 복속시켰다. 그런데 입법의 기대와는 달리 실제로는 동업조합에 내재되어 있던 전통적인 사회부조 기능과 복지 기능마저 사라지는 결과를 낳았고 노동자의 처지를 더욱 악화시켜버렸다. 이러한 상황에서 개인주의는 정치 혁명의 긍정적 결과가 아니라 사회 변화가 강제한 고립 상태의 표상일 뿐이었다.[18]

토크빌은 당시 프랑스에서 전통적 결속 방식이 해체되었지만 새로운 결속 양식은 아직 등장하지 않은 점을 우려했다. 사회로 나아가는 건강한 개인주의가 아닌 사회적 고립의 결과로서의 개인주의를 극복할 수 있는 두 번째 대안은 일종의 중간 집단으로서 시민단체의 강화이다. 미국에서는 타운의 자치 질서와 공동체 교육 훈련을 통해 개인주의가 시민사회의 기초인 공동체주의와 자연스럽게 결합할 수 있었다. 그런데 산업화의 속도가 빨라지면 이 첫 번째 대안만으로는 개인주의의 원심력을 극복하기 어려워진다. 그 이유는 다음과 같다. 우선, 산업화의 필연적 귀결인 도시화에 따라 지역 기반의 공동체 훈련이 설 자리를 잃게 된다. 다음, 이것이 핵심인데, 테크놀로지가 고도화되면서 노동자들 사이의 연대 기반이 약화된다. 따라서 발전된 산업사회에서는 토크빌이 제시하는 이 두 번째 대안에 더욱 귀 기울여야 한다. 주의할 것은 토크빌이 강조한 중간 집단의 강화가 결코 동업조합과 같은 옛 결속 방식으로의 회귀가 아니라는 점이다. 토크빌은 현대 사회에서 새로운 결속 방식의 실마리를 미국의 민주 사회에서 찾아냈다. 곧, 국가를 사회가 대체하는 것이 아니라 국가 권력의 일부를 대체할 만한 민주적 결속의 방법을 찾아내야 한다는 것이다. 그것은 바로 "개인 자격의 시민으로 구성된 잠정적인 하위의 공공 집단"의 결성이다. 이러한 시민 사회단체는 부분적으로 중앙 권력을 해체하고 그것을 대행하기도 한다. 그것은 과거 덕성 있는 귀족 신분이 수행했던 사회적 기능을 대체한다.

"단호하게 말해서 이 세상에 다시는 귀족제도를 재건할 수는 없을 것이다. 하지만 평범한 시민들이 서로 연합함으로써 아주 부유하고 아주 강하며 아주 영향력이 센 존재를, 요컨대 귀족계급의 역할을 할 실체를 구성할 수는 있을 것이다. (……) 정치 결사나 상공업 결사, 심지어 학문 결사나 문예 결사 등, 결사체는 마음대로 조종할 수도 은밀하게 억누를 수 없는, 계몽되고 막강한 시민이라고 할 수 있다. 이러한 결사들은 권력자의 강압에 맞서 자신의 개별적 권리를 지킴으로써 공동체의 자유를 구해내는 것이다."(II-4-7)

개인의 독립심을 강조하면서도 공동체에의 관심을 환기시키는 교육과 종교, (이익집단이 아니라) 사회의 다양한 부문에서 일어나는 자발적 결사를 통한 참여와 저항, 이 두 가지 요소야말로 토크빌이 관찰한 미국이 공리적 개인주의의 원심력을 극복할 수 있는 힘이면서 동시에 현대 사회에서 개인을 시민사회의 일원으로 변화시킬 수 있는 궁극의 대안이다. 이러한 대안이 작동될 때 비로소 민주주의는 민주적 전제의 출현을 제어할 수 있다. 역사적 통찰과 비교사회학적 논의를 통해 민주주의에 대한 대안적 결론을 제시했다는 점에서 토크빌은 당대 정치사상의 이념 대립을 뛰어넘어 현대의 시민사회론을 개척한 창의적 사상가였다.

토크빌과
현대 민주주의

『아메리카의 민주주의』 I권과 II권에서 토크빌의 관심은 미국이 민주 사회를 형성하고 유지한 요인을 분석하여 곧 다가올 민주 사회의 위험성을 예측하고 이를 극복하는 방법을 탐색하는 데 있었다. 그러나 이러한 『아메리카의 민주주의』의 핵심 내용을 파악하는 일이 쉽지 않은 이유는 이 책을 읽을 때 취하는 독특한 독서 방식과 관심 때문이다.

이 책의 독자들은 최소한 네 겹의 중층적 관심을 갖는다. 첫 번째 수준은 1830년대 미국의 민주적인 제도와 습속에 대한 지적 관심이다. 그런데, 독자들은 곧바로 토크빌 자신의 관심에 따라 미국과 프랑스에 대한 비교정치학적 관점을 더해 책을 읽게 된다. 이것이 두 번째 수준이다. 이어서, 세 번째 수준으로, 2010년대 시점의 독서인으로서 1830년대 토크빌의 예측과 지난 두 세기의 세계사에 대한 자신의 지식을 연결하여 그 분석의 타당성을 검토한다. 마지막이자 네 번째 수준으로, 대한민국 시민으로서 토크빌의 이론을 1987년 민주화 이후의 민주주의에 적용하면서 읽는다. 1992년 복학생으로서 고전읽기 모임인 '작은대학'에서 처음 『아메리카의 민주주의』에 접했을 때 필자 역시 이런 중층적 관심으로 읽었다. 첫 번째와 두 번째 수준의 독법을 일반적으로 텍스트 내재적 독서라고 부르고, 세 번째와 네 번째 수준의 독법을 텍스트 외재적 독서라고 부른다. 『아메리카의 민주주의』에 대한 내재적 독서와 외재적 독서는 긴밀하게 연관되어 있다. 그리고 네 가지 독법의 모든 수준에서 독자들은 자신의 정치 이념과 편견에 대면해야 한다.

"결함은 쉽게 눈에 띄지만, 장점은 ……"

그런데 『아메리카의 민주주의』를 읽기도 전에 책과 저자에 대해 반감을 갖는 경우가 있다. 1980년대 후반 대학가의 반미 감정이 특정 정치 세력의 유용한 정서적 자산으로 자리 잡은 이후에는 굳이 문제가 많은 미국을 모범으로 쓴 책을 읽어야 하느냐는 항의도 있었다. 세계적인 토크빌 부흥의 분위기와 무관하게, 지난

30년간 한국에서 토크빌에 대한 연구와 저술은 손에 꼽을 만큼 제한적이었던 이유가 그것이다. 그 결과 『아메리카의 민주주의』는 대중의 관심 밖에 있게 되었다. 대개 반미 감정이 강한 나라의 국민들은 미국 사회의 장점보다는 단점에 대해 잘 알고 있다. 그런데 미국의 역사와 현실에 대한 비판적 작업은 미국 바깥이 아니라 미국 '내부'의 성찰의 결과였다. 자국의 역사에 대한 급진적인 비판과 반성을 담은 책이 베스트셀러가 되는 나라가 미국 말고 어디에 있는가?

이 책에는 토크빌이 언급한 미국 내부의 문제점을 극복하려 했던 초기 공화주의자, 연방주의자는 물론이거니와 그 이후 미국 정치사와 사회운동사의 중요 인물인 마틴 루터 킹 목사와 버락 오바마 전 대통령 등이 등장하는데, 이는 미국에서 민주정치가 작동할 수 있었던 가장 깊은 수준의 문화적 배경인 개신교 전통의 힘을 강조하기 위해서였다. 물론 보수와 진보를 아울러 진지한 미국인들이 갖는 태도로서 미국의 헌법 정신과 가치에 대한 높은 존경심이야말로 그들 사회를 변화시킨 힘이었다. 처음부터 '미국은 백인 남성의 것'이라고 비판하는 방식으로 손쉽게 인기를 끌려는 유혹을 뒤로 하고, 마틴 루터 킹 목사는 백인 남성인 토마스 제퍼슨을 언급하며 그의 '만인은 평등하게 태어났다'는 '독립선언서'에 담긴 헌법 정신이 흑인을 포함한 모든 인간에게 적용되어야 한다는 방식으로 미국인을 설득하는 어려운 길을 선택했다. 미국 역사의 중요한 순간에 등장하는 모든 위대한 개혁적 정신들은 헌법과 그 정신을 매순간 새롭게 해석하여 스스로를 반성하고 주류 질서의 포용 범위를 넓히는 방식으로 세상을 바꿔 나갔다.

토크빌도 1830년대 미국의 문제점이 셀 수 없이 많다고 수시로 언급했다. 하지만 그런 사례들에만 주목하여 미국을 깔보던 당시 유럽 지식인들과 달리, 토크빌은 미국인들이 그 문제점을 어떻게 스스로 극복해 갔는지를 찾아내 살펴보면서 그 작동 '원리'를 제시하려 했다. 토크빌이 "민주주의의 결함은 금세 눈에 띄지만 그 장점은 한참 후에야 드러나는 것이다."(I-2-6)라고 한 말은 그런 뜻이다. 무언가를 비난하는 것은 매우 쉽다. 토크빌도 방문 1주일 만에 미국인의 이기적 상업 정신을 발견했다. 그러나 남은 9개월간의 여행을 통해 미국의 진면목을 찾아냈고 그 원리를 분석하기 위해 몇 년의 시간을 투자한 후에 비로소 I권 저술을 완료할 수 있었다.

어느 정도 편견에서 벗어났다고 해도 토크빌의 『아메리카의 민주주의』를 읽으며 현재의 미국을 떠올리지 않는 독자는 없다. 당시 미국은 독립한 지 50여 년밖에 안 되는 신생국가로서 그 영향력은 멕시코와 스페인을 북아메리카의 서남부에서 밀어낼 정도에 불과했을 뿐 유럽에는 전혀 미치지 못했다. 미시시피강 너머 땅의 대부분은 소수의 탐험대를 제외한 백인의 발걸음을 허락

민주주의의 탄생

하지도 않았다. 그런데도 20세기 대부분의 시간을 미국은 옛 소련과 함께 세계를 양분하여 지배했다. 토크빌은 그 유명한 예언을 통해 이를 예견하기도 했다.

"아메리카인은 농사꾼의 쟁기로 정복하지만, 러시아인은 병사의 칼로써 정복한다. (……) 전자의 주요 행동 수단이 자유라면, 후자의 그것은 예종이다. 이 두 나라의 출발점은 서로 다르며 가는 길도 다르다. 하지만 이 두 나라는 언젠가 세상 반쪽의 운명을 각자의 손에 넣도록 하늘의 계시를 받은 듯하다."(I-결론)

물론 이는 선언적인 수준의 예언으로서, 미국의 민주주의를 러시아 로마노프 왕조의 전제정과 비교한 것일 뿐이다. 토크빌은 실제로 미국이 20세기를 넘어 21세기까지 세계 유일 강대국이 되리라고는 믿지 않았다. 한동안 미국이 곧 세계였다. 조지 부시 2세가 대통령으로 재임하던 2001~2008년 동안 반미주의는 세계적인 현상이 되었다. 경제의 세계화에 따라 반미주의도 세계화되었다. 그러나 반미주의자들은 자신의 국가들이 '아류 미국'이 되었다는 것을 인정하기 싫어한다. 프로이트 심리학으로 설명하자면, 미국에 대한 비판은 일종의 방어기제인 '투사projection'로서, 내부의 결함을 외부로 돌려 내부의 심적 안정을 얻으려는 무의식적 술책에 불과하다.

지성적인 반응으로서의 반미주의는 설득력이 없지는 않다. 반미주의에는 미국 주도의 세계화와 특히 그것을 이끄는 힘인 신자유주의 경제 질서에 대한 비판이 담겨 있기 때문이다. 이런 진지한 반미주의는 곧 경제의 세계화에 대한 비판적 대안으로서 '시민사회의 세계화', '공정무역', '시민참여형 국가 운영civil governance' 등을 제시하고 실천할 수 있었다. 그러나 감성적이고 비합리적인 반미주의에 사람들은 더욱 주목하기 마련이다. 북한, 이란, 베네수엘라 등의 반미주의는 그 기원과는 무관하게 현재는 해당국의 독재 체제를 유지하는 데 이용되고 있다. 이들의 선전물은 반미주의와 제국 미국의 적대적 의존 관계를 입증하는 사례에 불과하다. 『아메리칸 버티고』의 저자인 베르나르-앙리 레비가 그려냈듯이, 유럽의 반미주의 또한 세계 질서에서 자신들의 영향력을 회복하려는 이기적 본성에 의한 것이었을 뿐이다. 미국에 대한 비판은 사실 유럽 스스로에 대한 비판 없이는 불가능하다. 더구나 비판을 하기 위해서는 미국의 실체를 꿰뚫어봐야 하지만, 수세기를 이어온 유럽인의 뿌리 깊은 미국에 대한 편견으로는 그것조차 쉽지 않다.

오늘의 미국을 전체적으로 조망하고 분석하는 작업은 어렵다. 우리는 언제나 자신의 관심으로 짠 이론의 틀을 통해 걸러진 외부 대상만을 인식할 수 있기 때문이다. 사정이 그러하다면, 토크빌이 그러했듯이 먼저 미국인들 스스로가 인식하는 미국을 탐색

민주주의의 탄생

하는 것이 우선일 듯하다.

미국인들이 인식하는 미국

조지 암스트롱 커스터George Armstrong Custer는 미국 남북전쟁 당시 23세의 나이로 북군 장군이 되어 남군의 항복을 이끌어낸 전쟁 영웅 중 한 명이다. 전쟁이 끝나고 퇴역했다가 복귀한 커스터는 1876년 유명한 '제7 기병대'를 이끌고 리틀 빅혼 강 전투에서 인디언 2개 부족과 맞서 싸우다 전사했고 그의 기병대도 전멸했다. 유례없이 부대 전체가 전멸했다는 비극성 때문에 이 전투는 여러 차례 영화화되면서, 미국인들의 뇌리에 커스터라는 이름을 새기게 되었다. 미국 정부는 이를 기려 그가 전사한 전투 지역을 '커스터 장군 전투 유적' 공원Custer Battlefield National Monument으로 이름 붙였다. 훗날 인디언들은 이에 반발하여 개명운동을 벌였지만 좀체 뜻을 이루지 못하다가 1991년 콜로라도주의 연방 하원의원 벤 캠벨Ben Nighthorse Campbell(훗날 인디언 출신 첫 연방 상원의원이 됨)에 의해 그 유적지의 이름을 '리틀 빅혼 국립공원Little Bighorn National Battlefield Park'으로 바꿔야 한다는 법안이 통과됐다.

필자가 주목하는 것은 그 법안의 처리 과정이다. 유럽계 이민자 중심의 미국 역사에 익숙한 대부분의 동료 하원의원들에게

4부 토크빌과 현대 민주주의

인디언 출신 캠벨 의원의 제안은 낯설게 보일 것이 뻔하다. 논리적으로는 캠벨 의원의 제안이 당연히 옳다. 공원 명칭은 상징적 대표성을 갖춰야 하는데, 거기에는 리틀 빅혼 계곡이 있기 때문이다. 캠벨 역시 속마음은 이랬을 수 있다. '커스터는 인디언 학살자이다. 그런 자를 추모하는 유적지는 사라져야 한다. 더구나 그 전투의 승자는 인디언이었어!' 그러나 캠벨은 미국 주류 사회가 익숙한 방식으로 접근했다. 대중예술에서 이미 커스터가 희화화된 지 오래였지만, 캠벨은 그 역사적 인물에 대해 인신공격을 하지 않았다. 대신 캠벨은 자신의 생각을 미국 주류의 형이상학적 원리와 역사적 맥락에 위치시켰다. 벤 캠벨의 법률안 제안 연설을 요약하면 다음과 같다.

'백인들의 직선적 역사관은 문명화된 그들이 야만인인 인디언을 추방 또는 개종의 대상으로 취급하는 것을 정당화해왔다. 반면에 인디언은 순환적인 시간관을 갖고 있다. 부족의 삶은 자연의 리듬에 맞추어져 있다. 대립 다음에는 공존의 시간이 온다. 이런 대안적인 세계관에서는 리틀 빅혼 전투에서 죽어간 백인과 인디언 모두를 추모해야 한다. 커스터와 그의 기병대뿐만 아니라 그 전투에서 죽어간 선조 인디언들도 동등하게 추모해야 한다. 그것이야말로 미국 대륙에서 벌어진 수백 년의 갈등을 종식시키는 실질적 계기를 마련할 것이다. 리틀 빅혼 공원으로의 개명은 여럿이 하나를 이룬다는 미국의

정신에 맞는 새 시대를 열어가는 초석이다.'

　결과는 성공적이었다. 인디언의 생각을 미국 주류의 정신세계로 편입시키는 방식의 설명에 공감한 동료 백인 의원들은 캠벨이 제안한 법안을 의결했다.(법안 통과 이후 오랜 미적거림 끝에 2003년에 비로소 새 이름의 공원이 공식 개원했다.) 미국에서 개혁적 운동은 이처럼 스스로 시민들을 설득할 수 있는 논리를 개발하는 과정을 거쳐야만 비로소 공민권을 획득한다. 길거리 투쟁만으로는 시민들을 설득할 수 없고 나아가 현실 정치에서 힘을 가질 수도 없다.

　2004년 존 케리를 민주당 대선 후보로 추대하는 전당대회에서 기조연설을 맡은 초짜 상원의원 버락 오바마는 "우리는 하나의 국민"이라는 명연설로 순식간에 차기 대선 후보감으로 각인되었다. 그는, 마틴 루터 킹 목사가 그랬듯이, 제퍼슨이 기초한 '독립선언서' 속의 문장들을 낭독하고 그것이 미국의 "진정한 정신"임을 확인했다.

　"오늘밤 우리는 미국의 위대함을 확인하러 이 자리에 모였습니다. 그 위대함은 마천루, 군사력, 경제 규모 때문만이 아닙니다. 우리의 자부심은 200년 전에 작성된 '독립선언서'에 요약되어 있는 무척 간단한 전제에 근거하고 있습니다. '우리는 다음을 자명한 진리로 간주한다. 모든 인간은 평등하게 태어났고, 창조주에 의해 몇 가지 양도

할 수 없는 권리를 부여받았다. 그중에는 생명과 자유, 행복 추구의 권리가 있다.' 이렇게 단순한 꿈들에 대한 확인, 작은 기적들에 대한 역설이야말로 진정한 미국의 정신입니다."

자신의 위대함의 근원을 부국강병이 아니라 민주주의와 헌법 정신에서 찾을 수 있는 나라, 그것이 미국이다. 때로 그것은 신화에 불과할 수도 있다. 그러나 그 신화는 미국 사회에서 하나의 상징적 실재가 되어 스스로의 오만과 부족함을 자성하고 넘어서려는 사람들에게 실질적인 힘을 제공한다.

따라서 최소한의 합의인 이 헌법 정신에서 벗어나려는 세력이나 생각은 공공 담론에서 배제된다. 어떤 진지한 사회 비판도 이 틀을 넘어서지 않는다는 점에서 그것은 미국의 한계일 수 있다. 노예의 자식들이 자유인이 되기 위해서도 '나는 애국자'임을 먼저 선서해야 하는 나라, 기독교인이면서도 자신이 무신론자가 아님을 끊임없이 '신'을 거론하며 간접적으로 입증해야 하는 나라, 그것이 미국이다. 이어지는 오바마의 그 연설은 미국을 넘어서기 위해서라도 미국을 긍정해야 하는 개혁적 세력의 처지를 인상적으로 보여준다.

"오늘밤 저는 그들에게 전합니다. 민주당의 미국과 공화당의 미국이 따로 있는 게 아니라, 하나의 미국만이 있을 뿐이라고 말입니다.

민주주의의 탄생

흑인의 미국, 백인의 미국, 라틴계의 미국, 아시아계의 미국이 따로 있는 게 아닙니다. 오직 하나의 미국만이 존재할 뿐입니다. (……) 모닥불에 둘러앉아 자유의 노래를 부르던 노예들의 희망, 머나먼 땅을 향해 출발하던 이주민들의 희망, 메콩강 삼각주를 용감하게 정찰하던 젊은 해군 대위(존 케리)의 희망, 과감하게 가능성에 도전하는 공장 노동자 아들의 희망, 미국이 자신의 나라이기도 하다고 생각했던 '버락'이라는 우스꽝스러운 이름을 가진 말라깽이 꼬마의 희망 말입니다."

'수정 헌법'이라고 불리는 27개의 조항을 삽입한 것을 제외하고는, 240여 년의 긴 시간 동안 건국기의 헌법을 그대로 준수하고 있다는 점에서 미국은 제도상 가장 보수적인 나라이다.[1] 그렇지만 미국인들은 자신들이 가장 자유로운 나라에서 살고 있다고 믿는다. 그 이유는 그들이 강조하는 헌법 정신의 무한한 현실 적응력에 있다. 최소한의 보편적 합의를 담을 수 있는 구절과 조항 몇 개만으로도, 이들은 그 실질적인 내용을 변화시켜왔고 앞으로도 그러할 것이다. 만인의 평등함에서 배제되었던 인디언과 흑인, 그리고 히스패닉계와 아시아계 이주민이 '평등한 만인'이 되었고, 점차적으로 그 권리는 여성, 동성애자를 포함한 성 소수자, 그 밖의 대안적 가치의 주창자들에게로 확대되었다. 물론 그 확대의 역사는 결코 평화롭지 않았다. 수많은 희생과 오랜 시간이 걸린 운동을 통해서 비로소 얻어진 것이었다. 그러나 그러한 변화는 철저하게 헌법 정신과 제도적 질서에 따른다.

무엇이 변했고 무엇이 변하지 않았는가

제도 수준에서 미국은 건국기와 현재 사이의 큰 변화를 찾기 어렵다. 앨 고어와 조지 부시 2세가 격돌했던 2000년의 대통령 선거에서 처음으로 선거인단 제도의 문제점과 선거 재판 절차의 한계가 드러났고 가까이는 2016년의 대선에서도 그런 일이 되풀이되었지만, 여전히 민주주의를 유지할 수 있는 그 밖의 제도적 장치는 잘 작동하고 있다. 유럽이 19세기 후반 이후에 보통선거권의 도입(남성에 국한됨)에 의해 정치 구도가 좌우파의 공존으로 변화했지만, 미국은 일찌감치 백인 남성들이 평등한 선거권을 누렸기 때문에 선거권의 확대로 등장하는 대중민주주의 시대에도 정치문화의 변화가 크게 없었다. 토크빌이 미국 민주주의를 유지하는 핵심으로 지적했던 개신교 문화는 (유럽에서 제도종교로서 개신교의 쇠퇴와 달리) 여전히 활발하게 살아 숨 쉬고 있다. 토크빌 여행 시기보다 미국의 면적과 주의 숫자는 두 배, 인구는 스무 배 넘게 팽창했지만, 외형 확대와 동시에 문화적 동질화가 이뤄졌다. 제도와 문화 모든 영역에서 정치적 다원주의는 더욱 확산되었다. 선거 때마다 미국 지도는 민주·공화 양당을 지지하는 색깔로 쪼개지지만, 선거 종료와 함께 연방의 결속은 한층 강화된다.

19세기의 유일한 예외는 토크빌 방문 이후 최초의 대사건인 남북전쟁이었다. 놀랍게도 토크빌은 그 예외조차 예측했다. 남부와 북부 사이의 문화적 차이와 노예제의 경제학적 비효율성 때문에 갈등이 생길 것을 예견했고, 그것이 연방의 존립에 유일한 위협 요소가 될 것이라고 경고했다. 하지만 남북전쟁이 종료된 후 미국사에서 연방 탈퇴는 주 정부의 연방에 대한 압력 수단으로 유효할 뿐 실제 고려의 대상이 되지 않았다. 그러면서도 처음 연방이 결성될 때의 약속대로, 각 주는 나름의 문화적·제도적 차이를 갖고 개성적으로 존재한다. 연방 정부의 기능과 권력이 확대되었지만, 그것 역시 토크빌의 예측대로 주 정부와의 심각한 갈등 없이, 차이 속의 결속을 유지하고 있다. 토크빌이 말했듯이, "미국에서 종교, 철학, 도덕, 심지어 정치에서까지 일반 원칙들은 결코 변하지 않는다. 변하더라도 숨은 노력에 의해서 눈에 잘 띄지도 않을 정도로 약간 변할 뿐이다."(II-3-21)

그런데, 자세히 들여다보면, 그 일반 원칙(관념)은 변하지 않았을지라도 그 원칙의 세부 구성 요소들이 20세기 이후 모두 급격하게 변화했다. 미국인의 종교적 삶은 여전히 개신교 문화권에서 가장 경건한 편이지만 더는 사회 통합에 필요한 도덕적 활력을 제공하지 않는다. 20세기 후반에 공리적 개인주의가 확산되면서 미국인의 습속의 핵심이자 정치적 통합의 원천을 이루던 성서-공화적 개인주의 전통의 자리를 서서히 대체하기 시작했다. 프래그머티즘은 사회 설계의 지적 원리로서 작동하고 있지만 안팎으로 종교적 원리주의의 도전을 받으며 쇠퇴해 가고 있다. 시민 연합을 통한 자치와 결사의 문화적 습속은 급격히 고갈되어 '홀로 볼링치기' 같은 현상이 벌어졌다. 퍼트넘_{Robert D. Putnam}은 자신의 책 제목이기도 한 이 비유를 통해 미국의 시민 참여 문화의 쇠퇴를 정확히 포착했다. 미국의 위상 변화도 큰 영향을 미쳤는데, 미국이 유일 강대국으로서 세계 정치에 막대한 영향력을 발휘하면서 본래의 공화적 애국주의와 세계주의가 충돌하게 되었다. 1930년대 뉴딜 정책 이후 시장에 대한 국가 개입이 정당화되었는데, 이때부터 미국 경제는 더 이상 순수한 시장경제 체제를 유지할 수는 없었다. 토크빌은 이런 변화 가운데 일부만 예견할 수 있었을 뿐이었다. 미국 사회의 변화가 본질적인 수준의 것이라면 토크빌 논지의 유효성은 상실될 수밖에 없다. 이 소절에서는 미국 사회의 변화와 연속성을 경제와 종교 측면에서 점검할 것이다.

첫째, 토크빌 여행 시기에는 자명한 원칙이자 현실이었던 '사회 상태의 평등'이 무너졌다. 1990년대 이후의 실증적 통계는 예외 없이 미국이 주요 산업국 가운데 가장 불평등이 심한 나라임을 잘 보여주고 있다. 소득5분위 분포를 이용한 불평등 비교 결과, 미국은 그 수치가 11 정도다. 서유럽 국가가 6~7 정도임에 비교할 때 그 불평등의 정도가 무척 심하다. 이는 지니계수를 이용한 조사에서도 마찬가지다.[2] 2000년대 이후의 조사 결과는 미국의 불평등이 더욱 심각해졌다고 일러준다. 2004년 유엔 조사 결과에 따르면 미국의 지니계수는 0.45로서 1990년대의 0.34에 비해 불평등의 정도가 급격히 심화되었다. 이는 서구 국가에 비해 상대적으로 불평등의 정도가 높을 뿐만 아니라 심지어 브라질이나 멕시코의 불평등 수준까지 악화되었다는 것을 의미한다.[3]

그런데도 미국의 복지 지출은 유럽 국가 평균의 3분의 1에 불과하다. 언뜻 보면 절망적으로 보이지만, 미국 사회에서 하위 계층의 시민들은 그럭저럭 살아가며 자신의 처지에 큰 불만을 갖지 않는다. 이런 일이 가능한 이유는 민간 기구에 의한 부조와 봉사 활동이 국가가 책임지지 않는 영역을 보충해주기 때문이다. 베르나르-앙리 레비가 제시한 자료에 따르면, 민간기구의 복지 충당분을 합치면 미국과 유럽의 복지 지출은 같아진다. 세금을 거둬 국가가 복지를 수행하는 유럽의 사회주의 방식 대신 미국인들은 자선을 통해 민간이 수행하는 방식을 여전히 선호한다. 그런 까닭에 미국인들은 그러한 불평등을 조세정책을 통해 재분배하려는 것에 대부분 무관심하다.

대신 미국인들은 사회 상태의 평등 대신 공정한 '기회의 균등'

을 보장하는 사회에 관심을 기울였다. 1990년대 말의 조사를 보면, 미국인들의 93퍼센트가 '열심히 노력하면 성공할 수 있다'고 믿고 있고, '나도 성공할 가능성이 있다'는 질문에도 79퍼센트가 '그렇다'고 답했다. 백인과 아시아계 이민자보다는 낮은 비율이지만, 흑인 집단에서도 성공에 대한 확신은 높았다. 인터넷과 SNS의 발전에 의해 이러한 관념도 서서히 변화하고 있지만, 뿌리내린 '아메리칸 드림' 때문에 미국 사회에서 부자를 끌어내리는 방식의 평등을 주장하는 좌파적 대안의 호소력은 제한적이다. 그러나 언제까지 관념이 현실을 지배할 수는 없다. 미국의 불평등은 상대적으로 진보적인 민주당 오바마 정권이 등장하게 되는 사회적 요인의 하나로 작용하기는 했지만, 현실적으로 집권 기간 동안 오바마 대통령은 이것이 경제 문제가 아니라 오랜 전통을 갖는 문화적 가치의 문제였다는 것만 확인할 수 있었다. 미국 사회에서 근원적인 수준의 경제적 개혁 시도가 성공하려면, 그전에 국가 개입을 거부하는 개인적 자립의 문화와 결별해야 한다. 그 경우, 미국 민주주의 유지에 필수적인 문화적 자원 하나가 사라지는 것을 각오해야 한다.

심각한 불평등 상황이 정당화되는 것을 사회주의적 평등 관념이 지배적인 유럽과 구별되는 미국 사회의 공화주의적 평등 관념을 통해 설명할 수도 있다. 공화주의적 평등의 핵심은 소득과 재산의 산술적 평등이 아니라 시민적·정치적 권리상의 평등에 있다. 그렇다고 해서 공화주의자들이 경제적 불평등에 무관심한 것은 아니다. 심각한 경제적 불평등은 자연스럽게 사회와 정치상의 불평등으로 이전되어 개인의 자유와 자존감마저 파괴하여 공화정의 기초를 무너뜨리기 때문이다. 루소에 따르면, 공화국에서의 가난은 자신의 자유를 팔아버리지 않아도 될 만큼만 허용되어야 한다. 부유한 자들이 돈으로 시민을 굴종시켜서는 안 되기 때문이다. 그래서 공화주의적 국가는 시민들이 자명한 정치적 권리를 행사하여 개인의 존엄과 자존심을 지키고 살아갈 수 있도록 사회적·경제적 조건들을 보장해야 할 의무를 갖게 된다. 미국인들은 자기 역사의 아픈 상처였던 노예제와 인종차별 문제를 해결하여 정치적 평등뿐만 아니라 공정한 기회 균등의 원칙을 실현하는 데 노력을 집중했다. 오바마의 집권은 그런 수십 년간 미국 사회의 집합적 노력의 성과였다. 이러한 시민적·정치적 평등 관념이 미국인의 성숙한 문화에 기인하는 것인지 아니면 자본주의의 지배 이데올로기인지를 구별하는 것은 오롯이 독자의 관점에 달려 있다.

둘째, 토크빌이 미국의 민주주의를 유지하는 데 핵심 요소라고 평가했던 종교 상황에서도 변화가 생겨났다. 식민지 시기 미국 기독교는 교회를 중심으로 타운의 지역 자치와 시민의 도덕성 형성에 가장 큰 영향력을 미쳤다. 건국 이후 토크빌 방문 시점에서도 여전히 미국의 개신교 교회는 시민들이 민주적 참여를 훈련하는 공동체로서 기능했다. 토크빌이 볼 때 미국의 개신교는 종교적 자유를 정치적 자유로 전환시키는 체계적인 정치 교육의 산실이었다. 물론 토크빌은 오하이오강 서부 변경 지역을 중심으로 발전한 성령 중심의 복음주의 교회에서 순회 전도사들에 의한 거대한 부흥 집회의 광신주의를 목도하며 미국 교회의 또 다른 모습을 보기도 했다.[4] 그럼에도 토크빌은 미국인의 정신적 영역을 이끌어가는 개신교의 힘에 경탄을 아끼지 않았다.

현재도 기독교는 미국의 주류 문화를 이끌고 있다. 전체 국민의 94퍼센트가 신의 존재를 믿고, 공식 신도 수는 전체 국민의 60퍼센트에 가깝다. 여전히 초월적 실재를 통해 미국사를 해석하고 현실을 성찰하는 성서-공화주의 전통의 시민종교의 중핵에 기독교가 자리 잡고 있다. 그런데 그 사이에 미국 교회 일부의 정치적 신조가 일변하여 정치적 자유와 공동체 훈련의 터전이었던 것이 이제는 문화적 보수주의의 진지가 되고 말았다. 1960년대의 민권운동에 뒤이어 등장한 히피들의 극단적인 반문화운동의 성장에 위기를 느낀 복음주의 개신교단은 그에 맞서기 위해 스스로를 더욱 도덕적으로 재무장하기 시작했다. 나아가 이들은 문자 그대로의 성서 해석을 고수하여 이를 근거로 사회 변화에 저항하고 있다. 낙태와 동성결혼 반대, 줄기세포 연구 반대 등을 주요 실천 활동으로 삼은 이들은 구체적으로 정부 정책과 학교 교육에서 근본주의 교리를 실행하고자 한다. 조지 부시 2세 대통령의 당선을 위해 앞장선 것도 이들이었다. 이러한 종교적 태도는 2009년 이후 오바마의 큰 정부 전략에 반대하며 작은 정부와 시민 자유를 강조하는 '티 파티Tea Party'의 형성과 발전에도 영향을 미쳤다. 정치적 자유 대신 종교적 열정으로의 후퇴로 말미암아 미국의 민주주의의 한 축에 균열이 생기기 시작한 것이다.

불평등의 심화와 종교의 보수화라는 커다란 변화에도 불구하고 미국 사회가 여전히 민주정치 체제를 유지하는 까닭은 자유와 개인의 독립심에 대한 강한 믿음을 유지하고 있기 때문이다. 자유의 내용은 사실 어느 정도 변질되었다고도 해석할 수 있다. 토크빌 방문 시에 미국에서 자유의 핵심은 정치적 자유였다. 미국인들은 상업적 활동에 대한 국가 개입에 반대하는 태도를 지녔지만, 동시에 경제적 자유를 정부 규제 대신 정치적 자유의 관념에 의해 자발적으로 억제하는 관습을 가질 수 있었다. 오늘날 미국은 경제적 자유의 관념이 지배적이 되었지만, 여전히 미국 사회에는 경제적 자유의 관념을 억제하는 정치 공동체의 관념이 살아 숨 쉬고 있다. 헌법 정신은 그것의 발현에 유효한 기초로서 존중되고 있다. 삼권분립을 통한 견제와 균형의 원리, 상하원의 분리, 연방대법원의 높은 지위와 권위는 제도적으로 미국이 한쪽 방향으로 급속하게 쏠리는 것을 막아준다. 돈의 영향에 좌우된다고 비판받는 각종 선거조차도 궁극적으로는 언론의 자유와 언론기관의 다양성, 그리고 시민사회의 압력에 개방성이 높다.

정치적 자유에 대한 미국인의 믿음이야말로 경제적·종교적 보수화에도 불구하고 미국이 민주주의를 유지하는 핵심 요인이 된 것이다. 버락 오바마를 선택한 것도, 도널드 트럼프를 선택한 것도 같은 미국이다.

정파적으로 양분된 미국의 민주주의가 시련을 겪고 있는 것은 분명하지만, 헌법 질서를 존중하는 미국의 정치 문화로 볼 때 붕괴로 이어지지는 않을 것이다. 오히려 민주주의의 급속한 붕괴는 국가에 과중한 책무를 부과한 국가들에서 먼저 나타날 것 같다. 국가가 약속했던 복지 체제가 경제 위기나 경제 쇠퇴로 작동하지 않게 될 때 대중의 불만을 이용해서 민주 정체를 붕괴시키려는 극우 또는 극좌 집단이 준동하게 되는데, 그런 국가들에는 이를 막아줄 독립된 개인이 이미 사라졌기 때문이다.

토크빌과 한국의 민주주의

서구의 민주화 연구자들 사이에서 한국은 '독재에서 민주주의로의 이행'의 가장 성공적인 모델의 하나로 평가되어 왔다. 1987년 6월 시민항쟁에 사실상 항복한 전두환 정권이 재야 세력의 대통령직선제 개헌안을 수용하면서 민주화의 과정에 들어섰는데, 급진적인 혁명부터 개헌을 통한 온건한 정권 교체까지 다양한 길이 열려 있었다. 야당 지도자와 재야·운동권 세력 등 중요 정치 참여자들이 어떤 선택을 하는가에 따라서 한국의 운명이 갈릴 수 있었던 것이다. 카리스마적 리더였던 김영삼과 김대중은 적절히 재야 세력을 통제하면서 개헌을 통한 정상적인 제도 내의 정치 변화를 선택했다. 이러한 정치 세력들의 '협약에 의한 민주화' 방식은 사회경제적 개혁을 불완전하게 했다는 점에서 제한적 민주화라는 비판도 받았지만, 적어도 향후 한국 정치에서 주기적 선거를 정착시키는 기초를 만들었다는 점에서는 나름 민주화에 기여한 선택이었다.

대표적인 민주화 이론가 기예르모 오도넬Guillermo O'Donnell(2011년 작고)의 분류에 따르면, 한국은 민주주의로의 '부드러운 길soft line'을 걸었다. 더불어 우리 국민들은 지난 20년간 선거를 통한 평화적 정권 교체를 세 차례(1997년, 2007년, 2017년)나 이뤄냈는데, 이는 비교정치학계의 거장 새뮤얼 헌팅턴Samuel Huntington(2008년 작고)이 제시한 민주주의 공고화의 최소 강령적 정의를 충족시킨다. 물론 절차적 차원에서의 최소 조건으로 아담 쉐보르스키Adam Przeworski가 언급했던 "우리 동네에서 할 수 있는 유일한 게임"으로서 패자가 선거 결과를 존중하는 태도는 여전히 정착되지 않았지만, 적어도 노골적으로 선거 결과를 거부하려는 시도는 존중받지 못했다. 오늘 그 누구도 한국의 민주적 헌정질서가 쿠데타나 민중혁명과 같은 비일상적인 방식으로 중단되리라고는 생각하지 않는다. 이런 점에서 절차적 민주주의의 수립이라는 과제는 일단락되었다고 평가할 수 있다.

문제는 민주주의가 만능은 아니라는 데 있다. 민주화 이후 한국 정치는 민주주의의 실행을 둘러싼 갈등을 더욱 격화시켰다. 후발 민주화 국가가 시장 자유화를 추진할 때 나타나는 부작용, 곧 불평등의 심화 문제를 한국만 비켜갈 수는 없었기 때문이다. 1997~98년 외환위기 해결 과정에서 채택한 신자유주의적 세계화 전략 때문에 2000년대 중반 5분위로 계산한 최상위 계층의 처분 가능소득은 최하위 계층의 6배를 넘어섰는데, 이는 과거 1980년대 독재 정권하의 소득 격차 수준의 1.5배에 해당한다.[5] 같은 시기에 4대 사회보험이 완비되면서 사회 안전망이 갖춰지기는 했지만, 커져만 가는 불평등과 그 해결 방법의 차이 때문에 사회는 완전히 분열되었다. 인터넷으로 대표되는 정보화의 물결과 맞물려 사회의 분열상은 더욱 빠른 속도로 전파되었다. 사회 갈등은 한국의 정치 갈등에 그대로 연장되어, 2000년대 이후 대화와 타협 대신 대결과 투쟁이 정치인의 유일한 '민주적' 행동 양식이나 되는 양 포장되기 시작했다.

지난 30년간 민주주의가 국가 운영과 일상의 기초 원리로 정착되었지만 그것만으로 사회 갈등을 해결할 수는 없다. 민주주의가 사회 갈등을 드러내고 문제화하는 데 기여한다는 점과 민주주의가 갈등을 해결할 수 있다는 것은 애초에 서로 다른 차원의 사안이다. 앞의 것은 정당성의 문제이고, 뒤의 것은 능력의 문제이다. 민주주의 체제하에서 누적된 무능력의 경험은 갈등을 고착화시켜 민주주의 체제의 정당성까지 훼손시킬 수 있다. 그렇다고 해서 민주적 원칙을 포기하면서까지 갈등을 해결할 수는 없다. 민주 체제가 무능력해지면 국민은 국가 자체가 붕괴하는 것을 지켜보거나 아니면 민주적 방식으로 민주주의를 포기하고 새로운 압제를 수용할 것이다. 이런데도 민주주의는 항상 옳다며 목소리를 높이는 것만으로는 민주 체제를 지킬 수 없다.

과거 독재 체제에 맞서기 위해 우리는 민民을 마치 신처럼 무류無謬한 존재로 격상시켰다. 하지만 근현대사는 민주주의 체제가 국민의 실수로 붕괴될 수 있다고 가르친다. 과거에 주권자인 왕에게 극간極諫하는 사람은 목숨을 버릴 각오를 했는데 그래도 이들은 군주가 언젠가 정신을 차리면 사후에라도 자신을 복권시킬 것이라고 기대했다. 30여 년 전까지 독재자에게 맞섰던 투사들은 '역사가 자신을 무죄케 하리라'고 외칠 수 있었다. 실제로 민주화 이후 이들은 재심으로 무죄판결을 받기도 했다. 그런데 오늘 주권자인 국민에게 맞서면 극한의 비난에 직면하게 되는데 그 억울함을 호소할 곳은 어디에도 없다. 더 큰 문제는 이러한 민주주의의 한계를 과장하여 국가가 국민의 후견인 행세를 하며 자유로워야 할 개인의 사생활 영역까지 규제하려고 하는 데서 발생한다. 사회 갈등을 사회 내에서 해결하지 못하면 결국 국가가 그 문제를 해결하겠다고 나서는데, 이것이 예외가 아니라 원칙으로 자리 잡게 될 때 문제가 생겨난다. 분쟁의 당사자 가운데 한쪽이 공권력의 힘을 빌려 손쉽게 해결하려는 유혹에 빠지게 되고, 이 틈을 타서 개입하려는 국가에 의해 사회의 자율성이 사라지게 된다.

오늘 우리 사회는 민주주의를 자명한 원리로 수용하고 있지만 민주주의가 결코 완전한 체제가 아니라는 것을 망각하고 있다. 민주주의 정치 체제의 운영 원리의 핵심이 '다수의 지배'라는 것은 장점이면서 곧 단점이기도 하다. 민주제도에서 정당성의 근거는 다수에 있을 수밖에 없지만 모든 사안이 다수의 의지에 따라 결정되고 집행되는 것은 시민에게 위협이 될 수도 있다. 공공의 일에 대한 시민의 무관심이 증가할수록 시민은 공론장에서의 토론과 협의를 생략하고 손쉬운 방식을 선택하려는 유혹에 빠진다. 개인과 시민사회가 맡아왔던 공공복지 기능까지 담당하는 중앙집권화된 거대 국가기구는 민주적 위임에 의해 국민의 일상 영역까지 직접 규제한다. 민주화의 진행과 평등화의 강한 압력을 기초로 민주주의하의 국가권력은 과거의 어떤 절대주의 국가도 갖지 못했던 지배력을 국민 전체에 행사한다.

민주주의하의 시민들은 이러한 국가권력을 자신들이 민주적으로 통제할 수 있다고 믿는다. 보기를 들어, 2012년 18대 대통령선거에 후보를 낸 주요 정당이 모두 한 목소리로 '경제 민주화'

를 외치게 한 것이 바로 국민이 국가 정책 방향을 통제할 수 있는 사례라고 보는 것이다. 그런데 그러한 평등 지향 정책이 추진될수록 커지는 것은 국가의 권력뿐이다. 국가는 민주주의적 평등의 원리이자 기초인 보편주의 대신 관료제의 속성이면서 평등의 타락한 측면인 획일주의에 기초해 움직일 것이고, 그것을 국민의 뜻이라고 정당화하면서 정부 기능을 더욱 확대시키다가 마침내 우리의 가족주의 문화와 결합하여 지배 세력들끼리 권력을 사유화하게 될 것이다. 이제 좌우 어느 세력이 집권하든, 국가 권력은 과거 산업화 시기보다 더 큰 힘으로 국민의 삶에 개입하는 것을 정당화할 것이다. 이러한 흐름에 맞서려는 소수파의 존재는 거의 무시될 것이다. 초기 민주화를 이끌었던 자유의 활력이 모두 사라지게 되는 순간 껍데기만 남을 민주주의는 과거 명멸했던 수많은 정치체제 형식보다 강력한 '지배 체제'가 될 수 있다. 좌우 극단주의의 선동가들이 그 권력을 그냥 지나칠 리 없다.

토크빌의 민주주의론은 바로 이 시점, 곧 일단 민주주의가 제도적으로 수립된 상태에서 빚어지게 될 민주주의의 한계를 극복해야 하는 상황에서 더욱 그 중요성이 빛을 발한다. 그의 관심은 민주'화'가 아니라 민주주의의 '유지'에 초점이 맞춰져 있기 때문이다. 물론 토크빌에 대한 다양한 해석 때문에 토크빌의 논리 가운데 무엇에 주목해야 하는지에 대해 학자들마다 제각각의 결론을 내린다. 어떤 학자들은 토크빌의 분석에서 제도적 실천의 중요성을 읽어내고, 이를 토대로 한국의 민주주의가 길거리와 광장 대신 정치제도 수준에서 대화와 타협을 통해 작동되어야 한다고 말한다. 반면에 어떤 학자들은 토크빌에게서 시민의 결사와 참여를 통한 사회 민주화의 가능성을 읽어내고, 이를 토대로 참여민주주의를 강화하여 민주주의의 질적 심화를 이뤄나가야 한다고 주장하기도 한다. 관점과 이념은 다르지만, 두 가지 모두 토크빌의 중요한 이론적 기여를 잘 반영하는 대안이다.

그러나 어떤 관점을 채택하든지, 토크빌이 가르친 최상의 대안은 바로 분권화와 시민 자유의 확대라는 점을 잊어서는 안 된다. 민주주의의 자유는 (좌파처럼) 평등을 위한 수단이어서도 안 되고, (경제적 우파처럼) 번영을 위한 수단이어서도 안 된다. 전자는 민주적 전제를 낳고, 후자는 향락과 안일의 개인주의가 되어 곧바로 이기주의로 전락하기 때문이다. 자유가 좌우파의 정치적 이념 구현의 수단이 될 때 본질적인 정치적 자유는 사라지고 민주주의는 타락한다. 현재의 상황에서 볼 때, 민주주의적 국가 운영에 대한 공리주의적 정당화에 맞서는 노력이 우선적으로 필요하다. 빈곤과 불평등의 문제에 대해서 국가와 전문가가 후견인 행세를 하는 것에 맞서 당사자 스스로 정책 결정에 참여할 수 있도록 공공 정책을 말 그대로 공공의 손에 맡겨야 한다. 집권하는 세력은 삶을 영위할 필수 조건 제공과 공평한 기회 제공 같은 당위를 넘어서서 직접 국민의 요구를 들먹이며 의회를 무시하는 포퓰리즘 전략을 사용할 것인데, 이에 맞서기 위해서는 정파적 중립성을 갖춘 독립적 지성이 공론장을 주도할 수 있도록 용기를 내야 한다. 민주주의를 습관화한 시민과 독립적 지성이 시민사회에서 합류하여 협력할 때 비로소 민주주의는 본래의 활력과 도덕성을 유지할 수 있을 것이다.

자유에 대한 열망을 바탕으로 자율적이면서도 공공정신이 투철한 강한 시민사회를 형성하기 위해서는 무엇보다도 시민 개개인의 의식적·실천적 노력이 필요하다.[6] 토론을 통해 사실과 거짓을 구분하는 논리적 훈련, 일상의 삶에서 참여와 자치를 습관화하는 경험 쌓기 등은 민주주의에 필수적인 시민 미덕 습득의 출발점이다. 나아가 타자의 삶에 대한 공감과 소수 견해에 대한 존중을 통해 중용의 덕을 갖게끔 교육 프로그램을 강화하는 것도 필수적이다. 정치를 탓하기에 앞서 스스로 그러한 노력을 얼마나 기울였는지에 대해 먼저 성찰하는 방식으로, 민주주의의 결과가 아닌 원인으로서 시민은 민주 정치에 책임을 져야 한다.

"신은 인간을 완전히 독립된 존재로 창조하지 않았으며, 완전히 예속된 존재로 창조하지도 않았다. 신이 개개 인간에게 넘어설 수 없는 어떤 숙명의 테두리를 그어놓았다는 것은 사실이다. 하지만 이 넓은 테두리 안에서 인간은 막강하고 자유롭다. 국가도 인간과 마찬가지이다. 오늘날 어느 나라든 조건들이 평등해지는 것을 막을 수 없을 것이다. 하지만 이 평등이 이들을 예종 상태와 자유, 문명과 야만, 번영과 빈곤 중에서 어디로 이끌어갈지는 전적으로 이들 자신에게 달려 있다."(II-4-8)

조지 오웰은 에세이 「자유와 행복」에서 예브게니 자미아틴 Yevgeny Zamyatin의 소설 「우리들」을 언급한다. 이 소설의 배경인 26세기의 유토피아에서 국가의 의무는 개인의 자유를 통제하는 데 있다. 단일국에서는 이렇게 말한다. "에덴동산에서 인간은 '행복'했지만 어리석게도 '자유'를 요구했다가 황야로 쫓겨나지 않았던가. 이제 단일국은 인간의 자유를 제거함으로써 행복을 되찾아준 것이다." 조지 오웰은 이 단일국의 지도 원리가 "자유와 행복은 양립하지 않는다"라는 것을 상기시키면서, 20세기의 역사적 경험을 통해서 자명해진 우려를 우리에게 전한다. 인간은 얼마든지 물질적 행복을 위해 자유를 기꺼이 버릴 용의가 있다고.

그동안 우리는 정치적 자유를 반납하는 대가로 행복을 누리는데 익숙해졌다. 권위주의 시절 우리는 행복을 위해 자유를 반납했고, 민주화 이후에는 천박한 평등에의 열정과 이를 빌미 삼아 거대해진 국가에 모든 것을 맡기기 위해 자유의 가치를 배제해왔다. 그리고 신자유주의의 물결 앞에서 경제적 번영과 사생활의 만족을 위해 정치적 자유의 가치를 훼손시키고 있다. 불평등을 바로잡자고 외치지만 그 일을 국가의 역할이라고 여기고 그 과정에서 생겨나는 국가의 간섭은 불가피한 비용이라는 선전물을 보며 편안해한다. 자유와 행복은 둘 다 소중한 가치이다. 그러나 둘 중 하나를 선택해야만 하는 고독한 순간이 온다면, 용기 있게 자유의 편에 서야 한다. 그것이 토크빌의 결론이다.

필자는 1992년 5월에 '작은대학'에서 토크빌의 『아메리카의 민주주의』를 처음 읽었다. 작은대학은 1991년 10월에 당시 제도권 대학의 풍조를 반성하고 대학 본연의 모습을 되찾기 위해 박영신, 진덕규, 정인재, 김학수, 고 윤여덕 교수님께서 창립했는데, 교수와 학생들이 스무 권의 고전을 2주에 한 권씩 읽고 함께 토론하고 마지막에 논문을 제출하여 졸업하는 프로그램을 운영했다. 이후 2013년 28기 학생들의 수료식을 끝으로 잠시 운영을 중단할 때까지 22년간 작은대학 세미나를 거쳐 간 학생은 거의 2,000명에 달했다. 중간에 장동진, 정갑영, 이홍균, 김성진 선생님 등이 운영에 참여했고, 김상봉, 이승훈, 서정혁 선생님을 비롯하여 약 30여 분께서 틈틈이 세미나를 맡아 지도해주셨다. 1기생으로 작은대학에 참여한 필자와 동기생들은 교수님들의 분에 넘친 사랑을 받으며 학술은 물론이고 인격적으로도 성장할 수 있는 은혜를 입었다. 플라톤의 『국가』로 시작된 작은대학 1기의 세미나는 이후 사회계약론 전통의 고전과 독일 관념론 전통의 고전을 거쳐 토크빌의 『아메리카의 민주주의』에 이르렀다. 그때까지 맑스주의에 경도되어 있었던 필자는 세미나 사회를 맡아주신 이윤희(인천대) 선생님의 가르침을 통해 토크빌의 생각에 처음으로 관심을 갖게 되었다. 이듬해인 1993년에 작은대학 동료들과 함께 토크빌 학술대회 결과물에 대해 토론하면서 토크빌의 삶과 생각에 빠져들기 시작했다. 이 책의 바탕이 되는 생각은 작은대학 스승님들의 가르침과 이경호, 김장호, 도영훈, 박현정, 김은홍, 권진희, 류정아, 김모란, 임형택, 이희욱, 이원재 등 작은대학 동료·후배들과의 토론과 대화 과정에서 싹튼 것이다.

전공을 바꿔 대학원을 사회학과로 진학하여 사회이론과 문화·종교사회학 관련 공부를 시작하면서 토크빌에 대한 필자의 관심은 더욱 깊어졌는데, 『아메리카의 민주주의』 II권의 가치를 일깨워주신 민문홍 선생님과 『구체제와 프랑스혁명』의 핵심을 가르쳐주신 정수복 선생님 덕분이다. 박사학위를 마친 필자가 자유주의와 공화주의로 사상의 폭을 넓혀가도록 이끌어주셨을 뿐만 아니라 작은대학 공동대표를 맡아 헌신하신 정갑영, 이홍균 선생님께도 감사한다. 우연히 뵌 자리에서 욘 엘스터의 토크빌 연구서를 소개하시고 조언을 주신 최장집 교수님께 뒤늦게 지면으로 감사한다.

작은대학 졸업생으로서는 처음으로 2002년부터 작은대학 운영에 참여하여 『아메리카의 민주주의』세미나를 담당하게 되면서 필자는 토크빌의 민주주의론을 학생들에게 쉽게 전달할 수 있는 체계적인 교재의 필요성을 느꼈다. 2008년 여름부터 토크빌이 남긴 글과 최신 관련 서적까지 찾아 읽으며 집필에 매달려 1년 만에 원고를 마무리했다. 필자의 작은대학 시절부터 대학원 수학 기간에 이르기까지 토크빌 민주주의론의 핵심이 시민 참여의 문화에 있음을 깨우쳐주셨을 뿐만 아니라 이 책의 저술 계획에 대해 격려를 아끼시지 않으신 박영신 선생님의 가없는 은혜에 엎드려 감사한다. 이 책의 논지 가운데 반짝이는 것을 독자분이 발견한다면 그 대체가 스승의 통찰에서 비롯한 것이라고 이해하면 된다.

이런저런 사정으로 출판이 늦어진 데다가 필자가 근현대 한국 유교정치운동사 연구에 전념하게 되면서 1차 원고는 8년여 간 잠들어 있었는데, 필자의 『군자들의 행진』을 간행한 아카넷의 관심과 후의로 마침내 졸고가 빛을 볼 수 있게 되었다. 그 사이 세월은 무섭게도 빠르게 흘러, 존 매케인과의 대결에서 승리하여 막 대통령에 취임했던 버락 오바마는 두 차례의 임기를 마치고 백악관에서 물러났다. 벌어진 시차 때문에 1차 원고의 현재성이 상실된 점을 발견하고 낙담하기도 했지만, 편집진의 격려로 마음을 추스르고 옛 원고를 한 문장 한 문장 읽고 고쳐 2010년대의 변화한 정치 상황까지 담아내고자 노력했다. 기획에서 출판까지 수고를 아끼지 않은 편집진께 감사한다.

한국사회이론학회의 김광기, 김정규, 문상석, 신동준, 임영빈, 김주호 선생님은 미국 사회와 세계 정치에 대한 저술을 통해서, 때로는 격의 없는 대화를 통해서 필자가 최근의 상황에 대한 감각을 잃지 않도록 도와주었다. 아울러 '민주주의의 사회인문학적 이해' 강좌에서 필자의 편견에 맞서 당당히 반론을 전개하며 새로운 생각을 일깨워 준 숙명여자대학교 순헌융합인문학전공 학생들, 늘 허물없이 현실정치에 대해 논쟁하며 생각을 가다듬게 해준 신상규, 김병구 선생님과 한결같이 곁을 지켜준 김병길 선생님을 비롯한 숙명여자대학교 기초교양대학의 전·현직 교수님들께 감사한다. 별밤을 지새우며 정의와 민주주의를 논했던 연세천문회의 벗 김경호와 박종천은 출판이 지체되는 기간 동안 이 책의 내용에 대한 훌륭한 비판자로서 필자의 논지 보완에 도움을 주었다. 조금이나마 덜 부끄러운 책을 독자제위께 선보이게 된 것은 모두 후기에 언급한 분들 덕분이다.

2018년 봄 망원동 우거에서

이황직

주석

2부

1 독자들에게 추천할 한글 번역본은 이용재 교수가 불어판에서 직접 옮긴 『아메리카의 민주주의』(아카넷, 2018)이다. 1983년에 영역본을 중역하여 간행된 한길사판 『미국의 민주주의』(박지동 옮김)도 그동안 독자들에게 큰 도움을 주었다. 토크빌의 불어판 원본은 영어판과 달리 I권을 2개의 부로 나누었다. 이 책에서는 원저인 불어판을 기준으로 하여, 인용부의 출처를 '권-부-장'의 순서로 괄호 안에 표시할 것이다. (I-1-5)는 'I권 1부 5장'을 뜻한다. 참고로, 옛 한길사 판 『미국의 민주주의』 I권의 1~8장과 9~18장은 각각 불어판 I권의 1부 1~8장과 2부 1~10장에 해당한다.

2 종교를 별도의 장 대신 각 장의 서술에 녹여내는 이 구조는 결과적으로 종교와 정치, 종교와 사회 간의 연관 관계를 더욱 세밀하게 분석할 수 있게 했다. 엄밀히 말해서, 미국 사회의 원형은 종교사회로서, 종교야말로 미국 사회 분석의 알파이자 오메가이다. 종교에 대한 독립된 장이 없다고 해서 토크빌이 종교를 중시하지 않았다고 판단하는 서술은 모두 오류이다.

3 이 연구 방법은 오늘날 문화를 강조하는 신제도주의 연구 방법론의 효시로 평가

받고 있기도 하다.

4 토크빌이 임종 직전에 아내의 권유로 가톨릭으로 귀의했다는 보몽의 기록이 있지만, 막상 보몽도 토크빌의 회심을 진지하게 믿지 않았다. 혹시라도 회심했다면 임종 직전 죽음에 대한 두려움 때문이었거나 아내의 요구에 마지못해 답한 수준이었을 것이다. 자식처럼 여겼던 조카 위베르가 문병차 방문했을 때 토크빌은 자신이 신앙에 소홀했던 것을 후회한다고 말하면서 신이 만약 건강을 회복시켜준다면 다시 신앙을 갖겠다고 말했다. 하지만 이미 죽음을 예지했던 토크빌이 그런 조건을 달았다는 것은 결국 신앙을 거부하겠다는 뜻이나 마찬가지다. 종교에 대한 토크빌의 관심은 성례전과 기적 같은 전통적 요소가 아니라 영성으로 이어지는 내적인 경건함에 있었다. 극작가 라신과 함께 17세기 장세니슴의 대표자였던 블레이즈 파스칼에 대한 토크빌의 관심은 이러한 종교적 태도 때문이었다. 절대왕정기에 법복귀족의 세계관으로 수용되었던 장세니슴에 대한 토크빌의 관심에서 법복귀족 가문인 모계의 영향을 엿볼 수 있다.

5 『사회계약론』에서 루소는 타운 같은 시민들의 자치단체와 다양한 형태의 시민연합(사회단체, 이익단체 등)이 특수의지를 갖는 불완전한 상태이므로 국가의 일반의지가 될 수 없다고 생각했다. 그런데 이러한 추상적 관념의 세계에서는 인간의 심리적 역동성을 볼 수 없다. 토크빌은 시민들이 연합의 훈련을 통해서 자기이익을 넘어서 사회 공동의 이익을 향해 나아가는 경험을 하게 되고 국가에 맞서시민의 권리를 수호하는 능력을 배양하는 역동성을 미국에서 발견했다. 루소의일반의지가 민중 혁명과 동시에 전체주의를 옹호한다면, 토크빌의 시민 연합은민중 혁명과 전체주의를 막는 방파제에 해당한다.

6 이 문서집은 『페더럴리스트 페이퍼』라는 한 권의 책으로 묶여 미국인들의 각별한 관심을 받아 왔다. 토크빌은 미국 여행을 시작하는 뉴욕에서 이 자료를 구해서 서남부 여행에도 휴대하면서 틈틈이 읽다가 귀국 후에 본격적으로 연구에 활용하기위해 숙독했다.

7 이런 우려 때문에 토크빌은 1848년 혁명 이후 들어설 제2공화정의 헌법 기초위원으로 활동하면서 대통령 연임 금지 조항을 삽입할 것을 주장하여 관철시켰다. 하지만 다수의 폭정을 막기 위해 삽입했던 그 조항은 의도하지 않게 공화정의 종말

민주주의의 탄생

을 앞당기기는 데 기여했다. 그 헌법으로 대통령에 당선된 루이 보나파르트는 이 조항을 수정하는 데 실패하게 되자 '브뤼메르 18일'에 쿠데타를 감행하며 황제에 올랐던 삼촌 나폴레옹을 그대로 본받아 친위 쿠데타를 일으켜 황제에 올랐다.

8 미국 여행 기간 동안 법관의 신분이었던 토크빌에게 사법부는 특별한 관심의 대상이었다. 그래서 토크빌은 1부 8장에서 미국 헌법과 헌법기관들을 설명하기 이전에 이미 1부 6장에서 미국 사법부의 특징을 따로 상세히 서술하기도 했다.

9 토크빌의 언급대로, 헌법에 명시된 권한이라고 해서 입법부가 대통령에 대한 탄핵을 실제로 시도하기는 어렵다. 탄핵 사유가 반란죄나 뇌물죄라면 국민 대부분이 동의하기 때문에 당연히 탄핵시켜도 되겠지만, 그렇지 않은 경우라면 심사숙고가 필요하다. 미국 닉슨 대통령의 경우, 이른바 워터게이트 사건 자체보다는 그것을 은폐하려는 시도 때문에 하원이 탄핵소추하려고 하자 스스로 사임했다. 클린턴 대통령 역시 성추문이 아니라 그 사실을 은폐하기 위해 위증을 교사했다는 점 때문에 하원에서 탄핵소추되었다가 상원에 의해 부결되었다. 특히 클린턴 탄핵이 공화당의 당파심에서 비롯된 과도한 시도였다는 점 때문에 일반 국민들은 한동안 공화당에 등을 돌리기도 했다. 우리나라의 경우에는 대통령 탄핵 심판을 헌법재판소에서 판결한다. 미국에서 헌법 제정 당시 대통령 탄핵 심판을 어느 기관 관할로 할 것인지에 대해 숙고했는데, 결과적으로 대통령과 대중 모두에게서 비교적 자유로운 상원에 맡기게 되었다. 우리나라에서 탄핵 심판을 헌법재판소에 맡긴 이유도 그러한 독립성을 강조하기 위해서였는데, 문제는 기관이 독립적이라고 할지라도 재판관들이 정치세력이나 여론 앞에서 독립적이기는 쉽지 않다는 데 있다.

10 그렇다면 과연 우리나라에서도 연방제가 가능할까? 우선, 북한과의 연방은 연방제도의 기초 이론에 어긋난다. 몽테스키외와 토크빌은 모두 연방 성립의 기초로 동질적 사회 제도와 문화를 들고 있는데, 남북 사이의 이념과 정치체제의 차이를 감안하면 현실성이 없다. 교류가 활성화되어 우호의 경험을 충분히 쌓은 다음에 비로소 논의될 사안이다. 다음으로, 지방자치의 활성화를 위해 연방제를 실시하자는 주장이 선거 때마다 주기적으로 나오는데, 이는 방법상으로 문제가 있다. 조선시대 이래의 중앙집권 문화를 깨뜨린다는 데서는 의미가 있지만 기존의 한 국가가 역으로 여러 지역에 할거하는 국가로 분리된다는 데서 문제가 더 많다. 더구나

315

연방 창설의 목적이 작은 국가들의 연합을 통한 국가적 방어력의 향상에 있다는 점에서 볼 때 연방제 논의는 실익이 전혀 없는 정치 캠페인에 불과하다. 실제로 지방자치가 목적이라면 지역의 자율성을 키워 경쟁력을 높이거나 토크빌이 강조한 것처럼 지역자치의 시민 문화를 발전시키는 것으로 충분할 것이다.

11 9장에서 전체 내용을 포괄하는 체계적인 논문을 제출한 다음, 10장에서는 책 구조상 빠뜨릴 수밖에 없었던 흑인 노예와 원주민의 상황에 대해 상술하고 그것이 훗날 미국의 갈등 요인으로 작동할 수밖에 없다는 점을 지적한다.

12 휘그당은 침체기를 거쳐 공화당으로 바뀌었는데, 노예해방을 주장한 링컨을 대통령 후보로 선출한 후 성장하기 시작했다. 이후 미국은 공화당과 민주당의 양당 체제가 굳건하게 자리 잡았다.

13 물론 다수의 결사 권리도 보장된다. 하지만 다수자의 의견은 그 자체가 이미 권력이고 또 그 의견은 입법화되기가 무척 쉽고, 다수의 권리는 결사의 자유를 통하지 않고도 이미 보호받고 있으므로 굳이 결사를 만들지 않아도 무방하다. 다수자를 위한 결사를 시민단체라고 하지 않고 일종의 이익단체 또는 정치단체로 보는 것이 올바른 이유이다.

14 미국에서 투표권 자격 부여 여부는 전적으로 주의 권한에 속한다. 당시 미국은 여성과 노예에게 투표권을 허용하지 않았지만, 성인 남성들에게 재산 유무와 관계없이 투표권을 허용했다는 점에서 18세기 후반에서 19세기 중반의 시점에서는 세계에서 가장 선진적인 선거제도를 채택하고 있었다. 흑인들은 1870년 비준된 수정헌법 15조에 의해 연방 차원에서 투표권을 부여받았지만, 실제로 남부 주에서 흑인이 자유롭게 투표할 수 있게 된 것은 95년이 더 흘러 1965년 투표권법이 통과된 이후였다. 여성의 참정권은 1920년 비준된 수정헌법 19조에 따라 인정되었다. 민주주의 발전사에서 선거권 확대 정도는 가장 중요한 지표이다.

15 토크빌은 미국 여행 후반기에 의회를 방문한 직후의 감상을 노트에 기록했는데, 『아메리카의 민주주의』에서 상원에 대한 서술은 실제 관찰했던 내용보다는 훨씬 우호적이었다. 사적 노트보다는 공적으로 간행된 저서의 체계적 서술의 신뢰성이 높으므로, 우리는 당시 미국 상원의 토론 수준이 실제로 매우 높았다고 판단할 수 있다.

16 상원의 높은 수준은 현재에도 지속되고 있다. 이들은 정치적 견해 차이에도 불구하고 상대 의원의 인격을 존중하는 신사적인 매너를 지킨다. 마음에 들지 않는 의원을 지칭할 때도 항상 "유능하고 학식이 깊고 저명하신 ○○○ 의원님"이라는 수식어를 붙인다. 상원의원들 역시 자기가 속한 정당의 의견을 따르지만 국가적 사안에 대해서는 정파를 초월하는 경우가 많이 있다. 2008년 9월 말 금융위기 때 하원이 몇 개월 앞으로 닥친 선거를 의식하여 정부의 긴급구제금융법안을 부결시키자 상원이 먼저 법안을 의결하여 하원의 의결을 촉구한 것이 대표적인 보기이다.

17 훗날 사회학자 에밀 뒤르케임은 이를 각각 '기계적 결속'과 '유기적 결속'이라는 용어로 구체화했음을 기억해두자. 토크빌과 뒤르케임은 모두 대혁명이 파괴해버린 중간 집단의 중요성을 강조하고 자유에 기초한 시민들의 결속을 통해 사회를 강화시키려는 대안을 제시한 점에서 공통점이 많다.

18 2부 9장에서는 요약만 하고 있어서 분량이 극히 적지만 책 전체에서 지속적으로 강조하고 있는 핵심 내용이다.

19 '습속' 개념의 정확한 의미는 이 책의 3부 2장에서 다룬다.

3부

1 토크빌의 습속 정의에 따르면, '마음의 습관'은 습속의 하위 범주이다. 이 개념 또한 잘 알려지지 않았지만 현대 미국 사회과학의 문화 분석 분야에서 핵심적인 개념으로 자리 잡았기 때문에 한국의 지성계에서도 관심을 기울일 필요가 있다. 토크빌은 평생 동안 파스칼에 대해 연구했다. 이를 감안했을 때, 마음heart은 데카르트의 이성reason과의 대척점에서 인간의 근원 수준에서 지식이 형성되는 일상적인 가능성을 강조하기 위해 사용된 용어로 볼 수 있다. 이런 뜻에서 마음은 단순히 감정 상태를 말하는 것이 아니다. 성서의 용례에서 마음은 지성, 의지, 의향 등의 의미를 포괄하는 폭넓은 개념이다. 따라서 '마음의 습관'은 2013년 타계한 원로 사회학자 로버트 벨라의 언급대로 「로마서」 2장 15절의 '마음에 새겨진 율법'의 의미로 해석하는 것이 타당하다. 이 해석을 따른다면 '마음의 습관'은 사실상 습속

과 같은 개념으로 볼 수 있고, 굳이 구분하자면 습속의 형이상학적인 차원을 대표한다고 볼 수 있다. 한편, 벨라는 그의 제자들과 함께 미국 시민들을 심층 면접한 결과를 바탕으로 『마음의 습관』(1985)을 저술했고, 이 책이 사회과학 서적으로 드물게 베스트셀러가 되면서 이 개념이 습속 개념보다 더 유명해졌다. 토크빌 이후 미국의 마음의 습관 연구를 대표하는 이 책에서 벨라는 미국인들의 문화적 표현 형태가 건국기의 성서-공화적 개인주의 전통에서 공리적 개인주의와 표현적 개인주의로 이동하고 있다는 것을 포착하고 우려를 표했다.

2 몽테스키외와 토크빌의 전통에서 고전 사회학을 완성시킨 에밀 뒤르케임의 '도덕성la morale' 개념이 바로 그것이다.

3 '기독교의 세속화' 문제에 대한 필자의 생각은 다음과 같다. 서구 교회의 세속화가 신앙의 내면화를 통해 세속 사회를 성화聖化시키는 방향으로 전개된다면, 한국 기독교는 거꾸로 세속의 원리에 의해 교회가 영향을 받아 운영된다. 한국의 교회들이 회사 조직을 흉내 내고 입시철이면 유명 학원 강사를 불러 입시설명회를 하며 대형화와 세습을 시도하는 것이 그런 경우에 해당한다. 이런 상황에서는 교회가 세속 사회를 이끌거나 긴장을 불러일으킬 수 없다.

4 만약 미국의 사회 갈등에 종교가 직접 개입한다면, 그것은 세속 사회 전체에 대해 벌이는 전쟁이 될 것이다. 1980년대 이후 미국의 문화전쟁에서 한 편이 우파 복음주의자들이었는데, 이들은 미국식 좌파인 리버럴 진영의 낙태 찬성, 동성 결혼 허용 등의 문제를 기독교 신앙 전체에 대한 도전으로 받아들였다.

5 이 첫 번째 원리에 대한 서술은 민문홍(2008)의 토크빌 이해에서 큰 도움을 받았다.

6 그렇다면 한국의 습속은 어떠한가? 필자는 2002년부터 2년간 박영신 교수(연세대 사회학과 명예교수)가 주도한 '한국의 문화적 습속과 삶의 유형 연구팀'의 일원으로 참가했었다. 연구팀은 박영신 교수 외에, 문은희(한국알트루사 여성상담소 소장), 송재룡(경희대 사회학과 교수), 정재영(실천신학대학원대학교 교수), 그리고 필자까지 총 5명이었다. 한국 습속에 대한 경험적 연구로는 현재까지도 유일한 이 연구의 성과물은 학술지 《현상과 인식》 2004년 겨울호 '특집'으로 실렸다. 연구 방법과 성과를 요약 소개하면 다음과 같다.

연구진은 1차로 무작위로 추출된 1,000여 명을 설문조사하여 그들의 가치의식을 특징짓는 것이 가족주의 가치관임을 확인한 후, 2차로 각자의 연구 영역(여성, 가족, 교육, 민중운동, 시민운동)에서 각각 스무 명가량의 시민들을 심층 면접했는데, 자유로운 면담 과정에서 피면접자들이 자신의 생각을 연구자에게 이해시키기 위해 어떤 이야기 틀과 문화적 자원을 사용하는가를 분석했다. 이 과정에서 연구진은 주로 서사 분석을 실시했다. 한 문화에 참여한다는 것은 결국 그 문화가 만들고 지속시킨 특정한 내러티브를 재생산하는 것이기 때문이다. 연구자는 피면접자들에게 자신의 삶에서 소중했던 경험이 무엇이었는지, 그 일을 하게 된 동기 체계는 무엇이었는지, 그런 일을 옳다고 믿고 또 그것을 계속하게 되는 정당화의 체계는 무엇인지 등을 질문했다. 이렇게 축적된 면담 결과를 통해서 우리는 피면접자들의 삶의 세계에서 기존 우리 사회의 문화적 습속을 재생산하는지, 아니면 그것을 돌파했는지를 분석할 수 있었다.

이러한 주제 영역별 심층 면접 결과를 바탕으로 수차례에 걸쳐 토론한 결과, 연구팀은 한국 사회의 습속은 1차적으로 '가족주의'를 중심으로 구조화되었다는 것을 확인했고, 그것이 오랜 기간 강한 사회적 규범으로 작동하여 '민족주의'와 '성장주의'라는 2차 언어로 작동하고 있다는 결론을 내렸다. 면접에 응한 한국인들은 대체로 한국 사회의 부정적 습속에 대해서 인지하고 있었지만 기존 언어를 극복하는 새로운 문화적 표현을 아직 찾지 못했다. 다만, 젊은 세대의 사회운동 참가자들을 중심으로 옛 습속에서 비교적 자유로운 새로운 언어 찾기가 모색되고 있었으며, 이들의 경험과 성찰이 축적되면서 새로운 습속화가 진행될 희망을 찾아낼 수 있었다. 자세한 연구 결과는 앞에 소개된 학술지에 실린 연구진 각각의 논문에 소개되어 있다.

7 폴리스의 민회 출석률은 의외로 높아 대개 전체 시민의 3분의 1 이상이 참가했다. 한 개인의 견해가 실제 정치에 반영될 확률이 높으면 그만큼 정치 참여의 의욕이 커지게 되는데, 당시 그리스에 존재했던 폴리스들의 평균적인 시민 수는 수만 명에 불과했으므로, 그만큼 시민들의 정치에 대한 기대 수준도 오늘과는 비할 수 없을 만큼 높았을 것이다.

8 '일반 관념'은 II권 1부의 3~4장에서 자주 사용되었다. 이 맥락에서의 의미는 귀족국가와 대비되는 민주국가의 특징으로서, 비슷한 부류의 사람들끼리 구성된 민주

국가에서는 그 공통성에 기초해서 사유나 표현 형식들 모두에서 보편성에 기초한 원리가 발견된다는 것을 말한다.

9 비교정치사회학자 찰스 틸리Charles Tilly(2008년 작고)는 『위기의 민주주의』에서 민주주의 체제의 붕괴(탈민주화)는 대중들이 민주주의에 대해 환멸을 느껴서가 아니라 엘리트들이 자신들의 권력 위기에 대응하면서 변절하기 때문이라고 분석 했다. 대체로 1980년대 전 세계적인 민주화의 물결을 타고 준비 없이 민주주의를 수용한 국가에서 그런 경향이 있다. 그런데 틸리의 생각은 20세기 초반의 독일 제3제국, 20세기 후반의 남미 국가, 21세기의 베네주엘라 등 가장 전형적인 탈민주화 국가들의 사례를 설명할 수 없다. 반면에 토크빌의 '다수의 폭정'은 앞 사례들을 여전히 잘 설명할 수 있다.

10 토크빌이 우려하는 것은 민주주의가 초래하게 될 중앙집권화 경향이다. 당시 잭슨 민주주의는 엘리트에 대한 민중의 지배 원리 회복이 중점이었고, 미국 지식인들 역시 이 문제에 초점을 맞췄다. 반면에 토크빌은 민주주의의 장기 경향에 더 관심을 가졌다. 민주 정치에서 중앙집권화는 꽤 오랜 시간에 걸쳐 진행되는 과정으로서, 토크빌처럼 서구 세계 전체의 역사에 관심을 가질 때 비로소 관찰될 수 있는 현상이었다.

11 역사를 일종의 서사로 본 헤이든 화이트Hayden White에 따르면, 거대한 정치적 사건을 구성하는 플롯은 얼마든지 달라질 수 있다. 보기를 들어, 우리 사회에서는 영웅담처럼 그려질 '혁명'도 얼마든지 로망스나 풍자의 서사로 그려질 수 있다. 화이트는 토크빌의 혁명 서사를 '비극'으로 분석했고, 필자는 이를 따랐다.

12 슐라이퍼는 『아메리카의 민주주의』 II권과 작업 초고를 비교하면서, I권에서 미국의 '다수의 폭정' 제어에 대한 낙관이 II권에서 프랑스의 경험 때문에 민주주의의 실패가 아나키가 아닌 '민주적 전제'로 현상할 것이라는 비관적 예측을 하게 되었음을 포착했다. 한편, 멜빈 리히터Melvin Richter는 토크빌이 민주주의에서 자유를 위협할 것으로 예측한 전제정의 종류를 다섯 가지로 분류했다. i) 입법부의 전제, ii) 다수의 전제, iii) 시저형 전제, iv) 민주적 전제(행정적 전제), v) 군사적 전제. 그런데 앞서 슐라이퍼의 논증에서 시저형과 군사적 전제에 대한 토크빌의 관심이 일시적이었다는 점을 감안하면, 실제 남는 것은 입법부의 전제(i), 다수의 전제

(ii), 민주적 전제(행정적 전제, iv) 세 가지이다. 그런데 입법부의 전제(i)와 다수의 전제(ii)가 '다수의 폭정'에 해당하므로, 실제 토크빌의 '민주적 전제' 개념은 '행정적 전제'로 파악할 수 있다는 것이 필자의 제안이다.

13 미국의 경우 '다수의 횡포' 사례가 있지만 기본적으로 공화적인 민주제도와 온건한 민주적 습속을 가진 미국이 민주적 전제로 나아갈 것이라고 토크빌은 크게 우려하지는 않았다. 그리고 자기 시대에는 민주적 전제를 아직 경험하지 않았다고 분명히 말했다.

14 민주적 전제의 개념적 이해를 위해서는 『구체제와 프랑스혁명』보다 『아메리카의 민주주의』 II권에 더 집중할 필요가 있다. II권 4부 전체가 사실상 민주적 전제에 대한 서술이기 때문이다. 해당 부분에서 '민주적 전제'라는 표현 대신에 주로 민주국가의 '행정적 전제administrative despotism'라는 표현이 사용되었는데, 중앙집권화를 초래하는 민주주의의 속성과 관련시킬 때 이는 사실상 민주적 전제 개념의 핵심에 해당한다.

15 이상의 분석적 재구성 방법은 욘 엘스터의 구상에서 착안했지만 세부 분석의 틀과 내용은 필자의 것이다. 한편 필자가 주로 중앙집권화와 민주적 전제의 관련성을 다룬 데 반해, 민문홍(2008)은 필자보다 더 큰 틀에서 민주적 전제를 초래하는 요인으로 다음의 네 가지를 제시했다. i) 자유보다 평등의 우선시, ii) 자유보다 질서를 우선시, iii) 개인주의와 다수의 횡포, iv) 공공정신의 약화와 정치적 무관심.

16 입법부 폭정의 대표적 사례인 '대통령 탄핵'의 경우를 보면 쉽게 알 수 있다. 1998년 미국의 클린턴 대통령을 탄핵했던 공화당은 다음 하원 선거에 참패했고, 2004년 노무현 대통령 탄핵을 주도했던 한나라당과 민주당은 한 달 후의 국회의원 선거에서 국민의 버림을 받았다. 적어도 주기적 선거가 안정화된 민주주의 국가에서는 의회 다수파라고 할지라도 국민의 뜻에 반하는 전횡을 일삼기 어렵다는 것을 알 수 있다.

17 이러한 윤리학적 통찰은 『국부론』뿐 아니라 『도덕감정론』에서 더 정밀하게 탐구되었다. 18세기 중반 이후 발전된 스코틀랜드 계몽주의자로서 애덤 스미스는 경제학자이기 전에 먼저 도덕철학자였다.

18 본래 사회는 강한 국가와 약한 개인 사이에서 개인을 결속시켜 국가에 맞서게

하는 힘을 가지는데, 국가가 사회를 대체하면서 개인은 고립되고 국가는 전제화한다. 사회를 무력화시킨 국가는 마침내 개인의 사적인 영역에까지 개입하기 시작한다. 유언과 상속, 심지어 자선의 영역에까지 국가가 개입하게 된 것을 현대인들은 자연스럽게 여길 정도가 되었다.

4부

1 앞서 1787년 연방헌법 제정의 역사를 설명한 바 있는데, 이때 제정된 연방헌법은 현재까지 그대로 유지된 까닭에 세계에서 가장 오래된 성문헌법의 영예를 누린다. 미국인들은 기존의 헌법 조항을 고치기보다는 새로운 조항을 보충하는 방식의 수정 방식을 택해서, 현재까지 27개 조항이 새로 덧붙여졌다. 그 가운데 개인의 권리를 보장한 수정 헌법 1~10조를 따로 '미국의 권리장전'으로 부른다.

2 소득 최상위 계층 20퍼센트의 합산 소득을 최하위 20퍼센트의 계층의 합산 소득으로 나눈 값으로 측정하고, 당연히 그 수치가 클수록 불평등의 정도가 심하다.

3 2008년 금융위기 이후 더욱 심화된 미국의 불평등 상황에 대해서는 김광기의 『부자는 어떻게 가난을 만드는가』(2016)에 잘 정리되어 있으니 참고하기를 바란다. 다만, 필자는 경제 문제에 대한 분석에서 놓치기 쉬운 두 가지 유의할 점을 덧붙이고자 한다. 첫째, 미국 사회의 불평등을 진단하기 위해서는 포디즘의 효과가 끝난 1970년대 산업계의 참담한 몰락과 1980년대 이후 통화주의 정책 채택과 자본의 세계화로 이어지는 일련의 경제사적 사태를 미국 정재계가 내린 '현실적 선택'으로 바라봐야 한다. 교과서와 달리 현실의 경제 정책은 한 이론만을 적용할 수 없다. 국정 책임자는 자신의 정치적 목표 달성을 위해 다양한 정책 혼합을 실시하지 않을 수 없다. 둘째, 경제 현상들을 하나의 요인이나 개인의 탐욕 같은 심리 요인만으로 설명할 수 없다. 빌 클린턴 대통령 집권기에 지니계수가 오늘 수준으로 급속하게 상승했던 것은 자본의 세계화에 IT 버블이 맞물린 까닭이었고, 이 버블의 붕괴로 인한 혼란을 극복하기 위해 저금리를 유지하면서 생겨난 유동성 과잉 때문에 아들 부시 정권 말기인 2007~08년 서브프라임 모기지론 사태가 터졌다.

민주주의의 탄생

4 토크빌 방문 50여 년 후 마크 트웨인은 『허클베리 핀의 모험』에서 이 교회들에서 행해지는 세계 복음화 설교와 비합리적 열정의 허황함을 풍자하기도 했다.

5 후발 민주화 국가들이 동시에 시장 자유화를 추진하면서 발생한 경제력 집중이 야기하는 경제와 정치 사이의 갈등을 분석한 에이미 추아Amy Chua의 연구를 원용하면서 법학자 김철(2001)은 1987년 민주화 이행 이후 대한민국의 경우도 이와 크게 다르지 않다면서 한국의 민주화의 한계를 지적했다. 자유주의적 민주화의 진행 과정은 오히려 빈부격차를 키웠고 경제적 약자에 대한 배려 없는 '노동 없는 민주주의'를 낳았다고 정치학자 최장집(2012)은 진단했다.

6 어렵게 성취한 제도적 민주주의를 유지·발전시키는 것을 시대적 의무라고 할 때, 토크빌이 경고한 '다수의 폭정'과 '민주적 전제'를 제어할 수 있는 시민의 역량을 키우는 것은 오늘 우리에게 가장 중요한 과제이다. 민주주의 실행의 주체인 시민 다수의 정치의식과 문화의식의 수준을 높이는 것은 늘 기초에 해당한다. 이런 진단에 기초해서 사회학자 박영신(2017)은 전통적 가치와 결탁한 민주주의의 한계를 극복하기 위해서 초월의 삶과 공공의 가치에 헌신할 수 있는 시민을 요청했다.

참고문헌

곽준혁, 「민주주의와 공화주의」, 《한국정치학회보》, 39권 3호(2005), 33~57쪽.

권용립, 『미국의 정치문명』(서울: 삼인, 2003).

김광기, 『우리가 아는 미국은 없다』(서울: 동아시아, 2011).

김광기, 『부자는 어떻게 가난을 만드는가』(파주: 21세기북스, 2016).

김정규·신동준, 「이민사회와 범죄」, 《사회이론》 39호(2011), 113~162쪽.

김 철, 「법과 경제질서」, 《세계헌법연구》 17권 3호(2011), 235~258쪽.

너스봄, 마사 외, 『나라를 사랑한다는 것: 애국주의와 세계시민주의의 한계 논쟁』
    (오인영 옮김)(서울: 삼인, 2003).

노재봉, 『시민민주주의―또끄빌의 연구』(서울: 박영사, 1975).

달, 로버트, 『미국 헌법과 민주주의』(박상훈·박수형 옮김)(서울: 후마니타스, 2004).

뒤르케임, 에밀, 『사회분업론』(민문홍 옮김)(서울: 아카넷, 2012[1893]).

라보르드, 세실·존 메이너, 『공화주의와 정치이론』(곽준혁 외 옮김)(서울: 까치글방,
    2009).

루소, 장 자끄, 『사회계약론』(이환 옮김)(서울: 삼성출판사, 1990).

르벨, 장 프랑수아, 『미국은 영원한 강자인가?―반미 강박관념』(조승연 옮김)(서울:
    일송북, 2003).

325

민문홍, 『사회학과 도덕과학』(서울: 민영사, 1994).

민문홍, 『현대사회학과 한국 사회학의 위기』(서울: 길, 2008).

밀, 존 스튜어트, 『자유론』(서병훈 옮김)(서울: 책세상, 2005).

박영신, 「저항 정신으로서의 민주주의」, 《현상과인식》 40권 1·2호(2016), 17~39쪽.

박영신, 「어떤 국민인가?」(서울: 여울목, 2017).

박영신, 『하벨의 정치철학과 한국의 시민사회』(서울: 경희대학교출판문화원, 2017).

방문숙, 「토크빌과 자유주의」, 이화여자대학교 사학과 박사학위논문(1997).

방문숙, 「돌아온 토크빌」, 《서양사론》 69호(2001), 159~182쪽.

비롤리, 모리치오, 『공화주의』(김동규 옮김)(서울: 인간사랑, 2006).

서병훈, 『위대한 정치―밀과 토크빌, 시대의 부름에 답하다』(서울: 책세상, 2017).

서보명, 『미국의 묵시록』(파주: 아카넷, 2017).

솔버그, 윈턴 U., 『미국인의 사상과 문화』(조지형 옮김)(서울: 이화여대출판부, 1996).

쉐보르스키, 아담, 『민주주의와 시장』(임혁백·윤성학 옮김)(서울: 한울아카데미, 1997).

스미스, 애덤, 『도덕감정론』(박세일·민경국 옮김)(서울: 비봉출판사, 2009 개역판).

아롱, 레이몽, 『사회사상의 흐름』(이종수 옮김)(서울: 홍성사, 1980).

안윤모, 「미국 민중주의의 기원: 제퍼슨, 페인, 잭슨의 경우」, 《미국사연구》 13집(2001), 29~44쪽.

오바마, 버락, 『담대한 희망』(홍수원 옮김)(서울: 랜덤하우스코리아, 2007).

오웰, 조지, 「자유와 행복」, 『동물농장』(도정일 옮김)(서울: 민음사, 1998).

이용재·박단 외, 『프랑스의 열정: 공화국과 공화주의』(서울: 아카넷, 2011).

이황직, 「공동체의 도덕적 기초에 대한 사회이론적 고찰」, 《사회이론》 24호(2003), 144~180쪽.

이황직, 「토크빌의 제도와 습속의 방법론 연구: 『미국의 민주주의』를 중심으로」, 《사회이론》 36호(2009), 147~175쪽.

이황직, 「공화적 애국주의를 통한 한국 민족주의의 전유」, 《사회이론》 40호(2011), 31~65쪽.

이황직, 「토크빌의 '민주적 전제'론의 분석적 재구성」, 《사회이론》 43호(2012), 3~38쪽.

임지현·김용우(엮음), 『대중독재』 1~3권(서울: 책세상, 2004; 2005; 2007).

정수복, 『시민의식과 시민참여』(서울: 아르케, 2002).

조지형, 『헌법에 비친 역사』(서울: 푸른역사, 2007).

진덕규 외, 『알렉시스 드 또끄빌을 찾아서』(서울: 학문과사상사, 1996).

진덕규, 『한국 정치와 환상의 늪』(서울: 학문과사상사, 2006).

진, 하워드, 『미국민중저항사』 1·2권(조선혜 옮김)(서울: 일월서각, 1986). 고침판은
    『미국민중사』 1·2권(유강은 옮김)(서울: 이후, 2008).

최대권, 「평등─그 실현의 도덕적 및 사회적 기초」, 《사회이론》 7호(1989), 114~132쪽.

최병권·이정옥(엮음), 『아메리카─미국, 그 마지막 제국』(서울: 휴머니스트, 2002).

최장집, 『민주화 이후의 민주주의』(서울: 후마니타스, 2001).

최장집, 『민주주의의 민주화』(서울: 후마니타스, 2006).

최장집, 『노동 없는 민주주의의 인간적 상처들』(서울: 폴리테이아, 2012).

토크빌, 알렉시스, 『미국의 민주주의』(박지동 옮김)(서울: 한길사, 1983).

토크빌, 알렉시스, 『구체제와 프랑스혁명』(이용재 옮김)(서울: 일월서각, 1989).

토크빌, 알렉시스, 『빈곤에 대하여』(김영란·김정겸 옮김)(서울: 에코리브르, 2014).

토크빌, 알렉시, 『아메리카의 민주주의』(이용재 옮김)(파주: 아카넷, 2018).

한국미국사학회(엮음), 『사료로 읽는 미국사』(서울: 궁리, 2006).

틸리, 찰스, 『위기의 민주주의』(이승협·이주영 옮김)(서울: 전략과문화, 2010).

퍼트넘, 로버트 D., 『나 홀로 볼링』(정승현 옮김)(서울: 페이퍼로드, 2009).

해밀턴, 알렉산더·제임스 매디슨·존 제이, 『페더랄리스트 페이퍼』(김동영 옮김)
    (파주: 한울아카데미, 2005).

헌팅턴, 새뮤얼·로렌스 해리슨(함께 엮음), 『문화가 중요하다』(이종인 옮김)(서울:
    김영사, 2001).

헌팅턴, 새뮤얼, 『새뮤얼 헌팅턴의 미국』(형선호 옮김)(파주: 김영사, 2004).

홍태영, 「토크빌과 민주주의의 패러독스」, 《한국정치학회보》 35집 3호(2001), 67~83쪽.

홍태영, 『국민국가의 정치학』(서울: 후마니타스, 2008).

홍태영, 『몽테스키외 & 토크빌』(파주: 김영사, 2006).

화이트, 헤이든, 『19세기 유럽의 역사적 상상력』(천형균 옮김)(서울: 문학과지성사,
    1991).

Bellah, Robert N. · Richard Madsen · William M. Sullivan · Ann Swidler · Steve M. Tipton, *Habits of the Heart* (Berkeley: University of California Press, 1996 고침판).

Brogan, Hugh, *Alexis de Tocqueville: A Life* (New Haven: Yale University Press, 2007).

de Dijn, Annelien, *French Political Thought from Montesquieu to Tocqueville: Liberty in a Levelled Society?* (Cambridge: Cambridge University Press, 2008).

Durkheim, Emile, *Durkheim on Politics and the State* (ed. by A. Giddens)(Stanford: Stanford University Press, 1986).

Elster, Jon, *Alexis de Tocqueville, The First Social Scientist* (Cambridge: Cambridge University Press, 2009).

Epstein, Joseph, *Alexis de Tocqueville: Democracy's Guide* (New York: HarperCollins Publishers, 2006).

Henderson, Gregory, *Korea, The Politics of the Vortex* (Cambridge: Harvard University Press, 1968).

Huntington, Samuel, *The Third Wave: Democratization in the Late Twentieth Century* (Norman: University of Oklahoma Press, 1991).

Levi, Bernard-Henry, *American Vertigo: Traveling America in the Footsteps of Tocqueville* (tr. by Charlotte Mandell)(New York: Random House Trade Paperbacks, 2007).

Mansfield, Harvey C. · Delba Winthrop, "Tocqueville's New Political Science", Cheryl B. Welch (ed.), *The Cambridge Companion to Tocqueville* (Cambridge: Cambridge University Press, 2006).

Montesquieu, Charles, *The Spirit of Laws* (tr. by Thomas Nugent)(New York: Cosimo, 2011[1750]).

Nolla, Eduardo, *Liberty, Equality, Democracy* (New York: New York University Press, 1992).

Pierson, George Wilson, *Tocqueville in America* (Baltimore: Johns Hopkins University Press, 1996). 원저는 *Tocqueville and Beaumont in America* (Oxford:

Oxford University Press, 1938).

Richter, Melvin, "Tocqueville on Threats to Liberty in Democracy", (ed. by Cheryl B. Welch), *The Cambridge Companion to Tocqueville* (Cambridge: Cambridge University Press, 2006).

Riley, Jonathan, *Mill on Liberty* (London: Routledge, 1998).

Schleifer, James T., *The Making of Tocqueville's Democracy in America* (Indianapolis: Liberty Fund, 2000).

Schleifer, James T., "Tocqueville's *Democracy in America* Reconsidered", (ed. by Cheryl B. Welch), *The Cambridge Companion to Tocqueville* (Cambridge: Cambridge University Press, 2006).

Tocqueville, Alexis de, *Journey to America*, (ed. by J. P. Mayer)(tr. by George Lawrence)(New Haven: Yale University Press, 1960).

Tocqueville, Alexis de, *Democracy in America* (tr. by George Lawrence, ed. by J. P. Mayer)(Garden City: Anchor Books, 1969).

Tocqueville, Alexis de, *Recollections — The French Revolution of 1948* (ed. by J. P. Mayer and A. P. Kerr)(New Brunswick: Transaction Press, 1987).

Welch, Cheryl B. (ed.), *The Cambridge Companion to Tocqueville* (Cambridge: Cambridge University Press, 2006).

Zunz, Olivier · Alan S. Kahan (ed.), *The Tocqueville Reader* (Malden: Blackwell Publishers Ltd., 2002).

Zunz, Olivier, "Tocqueville and the Americans: *Democracy in America* as Read in Nineteenth-Century America", Cheryl B. Welch (ed.), *The Cambridge Companion to Tocqueville* (Cambridge: Cambridge University Press, 2006).

Zunz, Oliver (ed.), *Alexis de Tocqueville and Gustave de Beaumont in America: Their Friendship and Their Travels* (tr. by Arthur Goldhammer)(Charlottesville: University of Virginia Press, 2010).

Valenzuela, Samuel, "Democratic Consolidation in Post-Transitional Settings: Notion, Process, and Facilitating Conditions," Scott Mainwaring · Guillermo

참고문헌

O'Donnell · J. Samuel Valenzuela (ed.), *Issues in Democratic Consolidation: The New South American Democracies in Comparative Perspective* (Notre Dame: Notre Dame University Press, 1992), pp. 57~104.

인명 색인

민주주의의 탄생

인명 색인

민주주의의 탄생

대우휴먼사이언스 023

민주주의의 탄생
왜 지금 다시 토크빌을 읽는가

1판 1쇄 찍음 | 2018년 7월 9일
1판 1쇄 펴냄 | 2018년 7월 16일

지은이 | 이황직
펴낸이 | 김정호
펴낸곳 | 아카넷

출판등록 | 2000년 1월 24일(제406-2000-000012호)
주소 | 10881 경기도 파주시 회동길 445-3
전화 | 031-955-9511(편집) · 031-955-9514(주문)   팩시밀리 | 031-955-9519
www.acanet.co.kr | www.phildam.net

ⓒ 이황직, 2018

Printed in Seoul, Korea.

ISBN 978-89-5733-596-3 03340

이 도서의 국립중앙도서관 출판예정도서목록(CIP)은 서지정보유통지원시스템 홈페이지(http://seoji.nl.go.kr)와
국가자료공동목록시스템(http://www.nl.go.kr/kolisnet)에서 이용하실 수 있습니다.(CIP제어번호:CIP2018020503)